狂気への
グラデーション

稲垣 智則 著

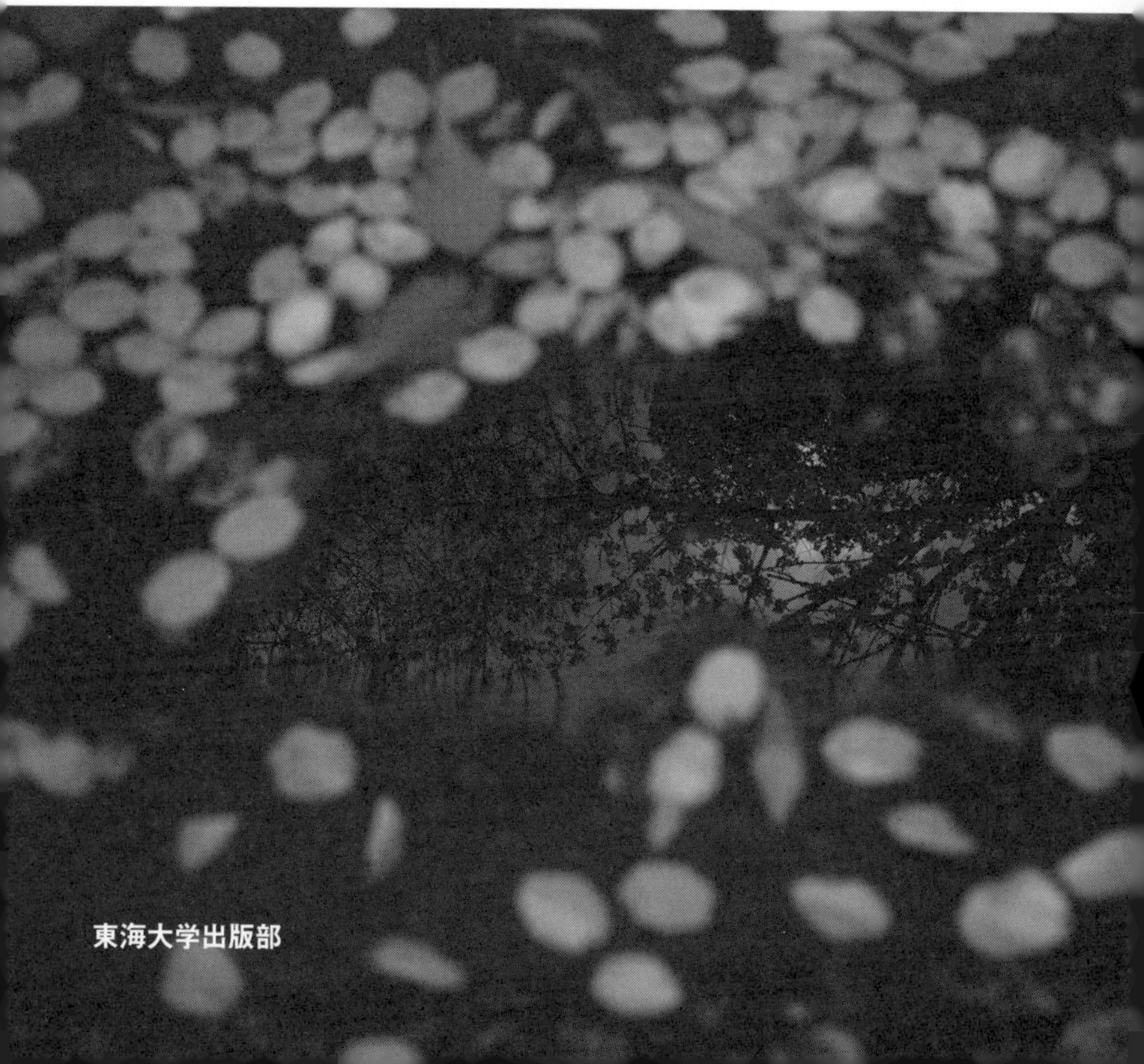

東海大学出版部

まえがき

電車の中や喫茶店で、様々な人が、様々なやり取りをしている。それはどこでも聞くような、どこでも見られるようなものばかりだったかもしれない。しかし、私はそこに「狂気へのグラデーション」を感じ取ってしまうことがあった。

狂気とは特別なもののように感じられる言葉である。ただ、私にはそう思えなかった。大学で心理学を教え、カウンセラーなどをやっているので、精神疾患と狂気を結びつけて考えることも多かった。しかし「本当の狂気」は、疾患とはまた別の、異なったものなのではないかという気がしていた。

どこからが狂気で、どこからが正常なのか、私にはわからなくなる。お金が稼げていて、自分ではそこまで困っていなくて、他者もそこまで困っていなければ、多分正常の範囲に含まれるのだろう。しかし、少なくとも私の中には狂気と呼んでもおかしくないものがあり、それがいつ表に出てきてもおかしくないと思えて仕方がないのである。

私が見た市井の人々は、自らが狂気に入りはじめているとは思っていなかったのではないかと思う。私が勝手に「狂気へのグラデーション」だと感じてしまっただけでもあろう。おそらく、私が用いる狂気の定義が広いのだろう。

しかし私は、狂気というものが特別なものではなく、常に日常生活に隣接していること、自らの内部に秘められているということを考えていた。それが「道端の狂気」だった。私は、私が「狂気へのグラデーション」の只中にいることを思い出すために、私が遭遇した出来事を起点として、そこから連想したものや考えたものを記していた。

いわば、ここに記されている内容はすべて自戒の文である。私が、私自身に向けて、「忘れるなよ」という気持ちを込めて記した文章である。私自身が、「自らの中にある狂気を忘れないように」という意識で書き続けていたものである。そして、自分自身ができないことだからこそ、できるようになりたいと願って書き記していたものであった。

これらは私が三十五歳から三十七歳までに記したものが主である。そのため、私自身が到達している年齢を基準にした部分があるので、考察範囲も狭いものとなっている。私の読書は偏り、さらには誤読も多いと思われ、読者の皆様から御指導御鞭撻頂ければ幸いである。

目次

まえがき iii

序　狂気について

不条理の中で

喫茶店にて。

隣で話しているのは二十歳前後の女性二人（AとB）。彼女たちは、知人の既婚女性（C）について話し始めた。

既婚女性Cの夫は年上で、同じ会社内にいるのだという。そして、Cが夫とは別につき合っている彼氏もまた、同じ会社にいる。その彼氏はCと同世代。

A「彼氏は、自分からは誘わないいんだって。Cが買い物にいこう、って言って、そのときにたまたま彼の時間が空いてたら、行く感じみたい」
B「まぁ、結婚してるんだもんね、Cの方が」
A「うん。それで彼氏の方は、Cがあなたなんかもういらない、って言ったら、それでいいんだって」
B「へぇ……。なんか……、C、頭良いって感じはするけど……。でも、それって、彼氏要るの？」
A「さぁ……」
B「どっちが本命なんだろ？　結婚はお金のため？」
A「いや、旦那のことは好きみたい。でも、結婚する前に彼氏と会ってたら、多分結婚してた、って」
B「うーん。本命とか、そういう考え方じゃないのかな……。ちょっと良くわからない……」

A「うん……」

私は、カミュの『シーシュポスの神話』になぞらえて聞いていた。

ギリシャ神話におけるシーシュポスとはどういう存在か、ということについて。カミュのまとめを記す。

神々がシーシュポスに課した刑罰は、休みなく岩をころがして、ある山の頂まで運び上げるというものであったが、ひとたび山頂にまで達すると、岩はそれ自体の重さでいつもころがり落ちてしまうのであった。……ホメーロスの伝えるところを信じれば、シーシュポスは人間たちのうちでもっとも聡明で、もっとも慎重な人間であった。しかしまた別の伝説によれば、かれは山賊をはたらこうという気になっていた。……シーシュポスは瀕死の床で、不謹慎にも妻の愛情をためそうと思った。……ただ言いつけにしたがうだけであった妻の振舞いに腹をたてて、妻をこらしめるために地上に戻る許可をプルートンから得た。しかし、この世の姿をふたたび眺め、水と太陽、灼けた石と海とを味わうや、かれはもはや地獄の闇のなかに戻りたくなくなった。……それ以後何年ものあいだ、かれは、入江の曲線、輝く海、大地の微笑をまえにして生きつづけた。……使者としてメルクリウスがやってきて、この不敵な男の頸をつかみ、その悦びから引きはなし、刑罰の岩がすでに用意されている地獄へとむりやりに連れ戻った。

（カミュ『シーシュポスの神話』新潮文庫　pp. 210-213）

シーシュポスは、「緊張した身体があらんかぎりの努力を傾けて、巨大な岩を持ち上げ、ころがし、何百回目も、同じ斜面に繰り返してそれを押上げ」る。途方もない時間の果てに、その目的は達せられる。「するとシーシュポスは、岩がたちまちのうちに、はるか下のほうの世界へところがり落ちてゆくのをじっと見つめる。……かれはふたたび平原へと降りてゆく」。

カミュは続ける。「こうやって麓へと戻ってゆくあいだ、この休止のあいだのシーシュポスこそ、ぼくの関心をそそる」。

ここでいうところの「岩」は何を指すのだろう。

『シーシュポスの神話』には、「ドン・ファンの生き方」という章がある。カミュは記す。

かれは女たちを、いつも同じように熱中して、そのたびごとに自分のすべてをもって愛するからこそ、かれは、そのようにして自己を捧げ、そのようにして愛を深く窮める行為を繰返さなければならないのだ。……彼女らのひとりが叫ぶ。「とうとうあなたに本当の愛をさしあげましたわ。」するとドン・ファンが笑って、『とうとう、だって？　とんでもない。一回ふえたまでさ』……たっぷりと愛するためには愛する度合いをすくなくしなければならぬ理由がどこにあろう。(pp. 124-125)

量と質の問題ではある。量的に生きることではなく、質を求めて生きること。確かに重要である。しかし、質の高いものをたくさん求めることはあり得る。極端に質の高いものであればひとつで満足することはあっても、それは既にこの世のものではないのかもしれない。現実世界にあるもので、たったひとつで完全な満足が得られるようなものは、もしかしたら存在しないのかもしれない。少しでも完全に近似のものを、何度も、いくつも感じ取りたいと思うことは、それほど不自然ではないように思う。ドン・ファンにとっては、その対象が女性であったということ。先述の既婚女性にとっては、それが男性であったということ。つまり、岩とはこの場合、女性であり、男性であるということだろうか。

カミュは続ける。「健康な人間ならだれでもひとりで何人分もの生を生きようとめざす」(p. 125)。なるほど、確かにそうかもしれない。特に「天才というもの、つまり自己の境界を知っている知力」(p. 125)を持つものにとっては、それが数十人分に達する場合もあろう。たとえば、私が参照することが多い井筒俊彦、ユング、中井久夫などは、少なくとも数ヶ国語を操り、凄まじい量の本を読み、大量に書物を記している。それは、数十人では足りないかもしれない量を生きている。しかも、それらひとつひとつの質も計り知れない。異性に対する肉欲に限らないということだ。善行のようなものであっても、質の高いものをたくさん享受したい、という方向性は十分にあり得る。善行であっても岩になり得る。

カミュが標的として定めるのは、それらの行為そのものではない。それらの行為を意識し続けて行っているかどうかである。何を意識するのか。それは、不条理を、ということになる。

この世界はそれ自体としては人間の理性を超えている、――この世界について言えるのはこれだけだ。だが、不条理という言葉のあてはまるのは、この世界が理性では割り切れず、しかも人間の奥底には明断を求める死物狂いの願望が激しく鳴りひびいていて、この両者がともに相対峙したままである状態についてなのだ。(p. 42)

割り切れないもの。それは、生きていたいのに死んでしまうということ。何をしても、結局は死んでしまう。死ぬ時期が早かろうが遅かろうが、とにかく死んでしまう。死刑囚と死刑囚でないものの違いは、ただその時期が、本人に明断に示されているかどうかの違いのみであるということ。結局、私たちはいつ死ぬか知らされていないだけの死刑囚である。

それが、割り切れない。

そして、その割り切れないことから決して目を逸らさないこと。誤魔化さないこと。死に、安易に意味を見出さないこと。そこに意味などない。死後の世界のために生きることなどしたくない。なぜなら、見たことがないし、確かでもないから。何らかの証言があったとしても、私が見ることができない以上、確信することはできない。哲学も神学も教義も何もかも、私を納得させられなかった。それは、言ってみれば最後に飛躍してしまうようなものだった。キルケゴールも、フッサールも、ハイデガーも、ドストエフスキーも、みな、途中までは頑張っているものの、最後に目に見えない「あちら側」や天国のようなものに一気に飛躍してしまう。その飛躍する部分だけが論理的に説明できていない。それでは私を納得させられない。私が納得できるのは、目に見えて、手にすることができて、確実なものだけだ。それは、この肉体と、生きていたいという感覚と、にも関わらず必ず死ぬという不条理である。だから、そこから逃げず、徹底的に見つめ続ける。一貫して見つめ続ける。それが真の努力というものだ。そう、カミュは記す。

なるほど一理ある。私はそう思ってしまう。

件の既婚女性Cが、この不条理を見つめ続け、生きている間に何人分もの生を生きようとしていたとするならば、「岩を押し上げる」ことは、新しい男性との関係を持つことなのかもしれない。そして、ある男との関係が終われば、「岩は落ちて行く」。次の男性を見つけに行くまでの間、彼女は「ふたたび平原へと降りてゆく」「休止のあいだ」にいるのかもしれない。

そのとき、彼女は何を思うだろう。

新しい男との関係は、何を生み出すわけでもない。いや、「死ぬ」ということを考えるのであれば、結婚しようが子どもを産もうが何をしようが、結局「死ぬ」のである。そこに意味はない。少なくとも、生きている彼女にとって、死んだ後のことは意味を失う。死んだ後の彼女は、その後の世界を確認することも愛でることもできないことになる。なにせカミュ的考え方によれば、死後の世界は存在するかどうか確認できないのであるから、それをあてにすることはできないのだから。確実なことのみを礎とする以上、このようなパターンに入らざるを得ない。

カミュは記す。「はたして思考はこのような砂漠のなかで生きられるのだろうか、ぼくはまずそれを知りたい」(p. 43)。そう。私も知りたい。いや、それだけが知りたいと言っても良い。私は延々ともがいているのだ。

『異邦人』の終盤、死刑が決まった後のムルソーは、生きたいと望む。ギロチンへ連れていかれる間にどのように逃れ、生き続けるかを考える。たとえ追われて銃殺されるとしても逃れることを考えざるを得ない。確かに、死期を宣告された後なら私もそう考えるだろう。まだ生きたいと望むだろう。もっと量を求めるだろう。それも、なるべく質の高い量を。

こんな文章を書いたところで、論文を書いたところで、授業をしたところで、カウンセリングが上手く行ったところで、私は死ぬ。「ゲーテの作品さえ一万年後には塵埃と帰し、その名前も忘れられる」(p. 138) のであれば、「二千年後に起るであろうことを考察する」(p. 111) のであれば、いや私が書いたものなど百年後には確実に失われているだろう。だとすれば、この作業自体が、そういう途方もない長期的な目で見た際まさに徒労である。意味など消えてなくなる。

しかし、それでもなお、そういう徒労を見つめ続けて、山の頂から笑みを浮かべ、見開いた目と嘆息、あるいは高笑い、あるいは嗚咽とともに平野まで降り、再度全力を尽くして岩とともに山頂まで戻る。意味がないことを見つめ続けながら、繰り返す。決して、自殺などという「逃避」を選択せず。

なるほど。納得してしまう。その観点からすれば確かにそういうことになる。

しかしどうなのだろう。その生き方はあまりにも苦しすぎやしまいか。かといって、この論理に対抗し得るだけの武装が手に入らない。カミュの言葉が私の耳にずっと残っている。その在り方は狂気なのだろうか。正常なのだろうか。

「はたして思考はこのような砂漠のなかで生きられるのだろうか、ぼくはまずそれを知りたい」。

狂気について

狂気という用語は随分色々な使われ方をしている言葉なので、どう考えて良いのかも難しいところである。しかしたとえば「ふつう、こんなことしねーだろ」と思われることをあえてやってしまうことが狂気であるならば、これは至る所に転がっていることになる。

こんな例を考えてみよう。

彼女と喧嘩をした。そのために、携帯を壁に投げて壊した。

これは、案外ありそうなことである。しかし、数万するものを壁に投げつけて壊すという行為自体は、「ふつう、しねーだろ」という行為ではある。それを「あえて」やっていることになる。原因が何であれ。

次の例である。

せっかく買ったケーキ四個であるが、彼女とのやり取りに極めてむしゃくしゃしたので、路上で箱ごと踏みつぶした。

他者が見ている前で行われることであるため、際どい印象を受ける。このような行為を路上で行う人を見かけたら、少し離れた方が良いだろう。

次の例である。

駅のホーム。電車がやって来るアナウンスが入る。線路の上にあえて携帯を投げ捨てることをしてみる。

これもかなり際どい印象である。しかし、頭の中に「浮かんでしまう」ことぐらいはあるのではないか。「こんなことしちゃったりして……」という形で。もちろん実行には移さないことの方が大多数であろうが、頭に浮かぶくらいはある。これが、「前に並んでる人を押して、電車に飛び込ませちゃったりして……」に変わっても同じである。普通はしない。しかし「こんなことしちゃう可能性だってあるんだよな……」という思いくらいは浮かぶことはある。誰でも浮かぶかどうかは別としても。

ドストエフスキーの『悪霊』にスタヴローギンという登場人物が出てくる。年齢的には三十五歳前後。実家は極めて有力な家系、容姿端麗、運動能力抜群、頭脳明晰。しかし、社交界の場で少々高飛車な老人の鼻に手を突っ込んで引きずり回したり、その行為を諭すためにやってきたお偉方の耳をいきなり噛んだり、とんでもない行為をする。また、知的に遅れがあり、おそらく精神病を患う女性と「あえて」結婚したりする。それらの行為が無機質に行われるところが極めて不気味なのであるが、それらが忘我の状態で行われていない、という点が特徴である。非常に明晰な意識のもと、「あえて」行われている。

これは『罪と罰』におけるスヴィドリガイロフ（五十歳前後。容姿端麗だが、「仮面」のような顔）の行為にも共通する。ただし、スヴィドリガイロフはさらに先を行っており、悪行だけではなく、慈善事業なども同様に「こんなことしねーだろ」なことを「あえて」行っている。

つまり、ドストエフスキーの提出する例に沿う限り、狂気とは、悪の方向だけではないことになる。ある種の境界を踏み越えることが狂気であるならば、それが悪行となるか、善行となるか、それは他者が、そしてそのときの文化が判断するだけのことである。実際には善も悪もないのかもしれない。ただし、それが量的に消費される「超え出ること」なのか、質的に問われる「超え出ること」なのかは熟慮されなければならない。

量的に消費される場合には超え出る体験の「数」が問題となる。回数が問題となる。どれだけ違法行為を行ったかを勲章のように語る反社会的人物の場合、それは量的ではあろう。

質的に超え出る場合には、何らかの信念があった上で、それに基づいて何かが行われることが関係しているかもしれない。

いずれにしても何らかの線を超え出ることが狂気の構造だとするならば、「英雄的な行為」も、「度を超した禁欲」も、一種の狂気といえる。これは確認しておく必要がある。

ジョルジュ・バタイユは『エロティシズム』の中で、禁止されていることを侵犯する際に恍惚感（エロティシズム）が訪れる、と記す。しかもそれが度を超している際には、死を垣間みるのだと主張している（バタイユの『目玉の話／マダム・エドワルダ』には、そのような内容が仔細に描かれている）。そのためエロティシズムと死は、切っても切り離せないものなのだという。それが真実か否かは保留するが、「禁止」されていることを「侵犯」する際に、ある種の恍惚感があるだろうことは想像できる。「禁止」をしているものが何かによって、その呼び名は変わる。法的なものを破るのであれば、違法行為になる。法では定められてはいないものの、倫理的なものを破るのであれば、ある種宗教的な罪になる。自分で決めただけの規則を破るのであれば、神経症的なものとなる。自分の身を過剰に犠牲にして他者を守るというような献身的な行為の場合、生物としてビルトインされている本能的な禁止に背くということになる。ただし、それらに恍惚感が随伴される可能性については、一考の価値があるだろう。

おそらく「禁止されているものを侵犯する」場合の恍惚感にもいくつか種類がある。大きく分ければ、

（一）自分が堕ちて行くことに対して、自虐的に恍惚を感じるパターン

（二）霊的に上昇していると感じる恍惚のパターン

ということになるだろうか。

（一）の「堕落パターン」の方が、おそらく手っ取り早い。さほどの勇気がいらない。勢いさえあれば、何とかなるものが多い。賭け事、薬物、盗み、暴力、性的逸脱など。その分、量的に消費することも可能である。しかも厄介なことに、「超え出た」という妙な自負により、他者より優れた地点に進んだという誤解があるため、自分は（二）に進んだのだ、という思い上がりまで生じる。

問題は（二）である。プロティノスが「一者との合一」と称していたり、プラトンが洞窟の外に出て太陽

の光を浴びることに比しているものを指すとすれば、それがある種の宗教的なものであることはわかる（付録「アウトサイダーについて」参照）。religion、re（再び）lig（結ぶ）である（注）。

ただ、これらが「演技」によって行われるということを考えなければならない。映画で殺人者を演じる者は、ある部分で（一）の恍惚感を体感する必要がある。宗教的な映画や芝居において、天才と呼ばれる役者であれば（二）ですら看取しながら演じることができるということなのだろう。ニジンスキーなどはそのような例としてとらえることもできるのかもしれない。

舞台の上であれば擬似的に「恍惚」にシフトできるという点に関しては、ある程度理解できるように思う。「舞台」という装置は、これら狂気に分類されるものを「保護」するフレームとなり得る。そして、「遊び」という区分は、日常生活にこの「舞台」を提供する場合がある。もちろん限度はある。ただ、たとえば私が四歳になる息子と遊んでいたって、私がドキンちゃんの役をやりながら、バイキンマン役をしている息子をたしなめたりしているのである。「遊び」というフレームがない状態でこのようなことを行えば「どうかしている」。しかし、ごっこ「遊び」というものは、そこに強力なフィールドを生成する。「遊び」の持つ重要な特性はこの「フィールド生成機能」にある。

現実の世界で、リアルに「ふつーしねーだろ」を超え出ることは極めて危険である。しかし少なくとも、同型の恍惚を、「遊び」の中でならある程度体得することはできる。

まずは、遊べるようになること。次に、「遊び」のフィールドが弱いと現実世界に狂気が漏れ出てしまうため、「厳格に」遊べるようになることが必要になるのだろう。

注

『ジーニアス英和辞典』（大修館）をひくと、宗教の英語であるreligionは「re（再び）lig（結ぶ）」が語源とある（たとえばligamentは「靱帯」、ligatureは「くくること」）。「再び結ぶ」ということは、一度接続が失われていることが前提である。「何と」接続が失われたのかが問題になるが、私は「目には見えない超越的なものとの接続が失われた」ということだろうと考えている。それを神と呼んでも良いが、無意識、自然の摂理、気、異界、彼岸、何とでも呼べる。私は一応心理学者の端くれであるため、無意識、特にユングのいう集合的無意識の構造を念頭に置く。そして私は、自分が実感できる範囲で、それを「エネルギー体」と呼んでいる。

狂気のフリを続ける狂気

「演じる」タイプの狂気について記したが、ここにも問題がある。「演じているだけなんだから、それは狂気ではない」と言えるかどうか。準備ができていない者が真似をすると、本当に呑み込まれる。

たとえば、映画『ダークナイト』でジョーカー役を演じたヒース・レジャーは、死因に関しては様々な説があるようだが、何にしても「死んでしまった」。享年二十八歳。

『CUT』二〇〇八年九月号に、ヒース・レジャーが亡くなる二ヶ月前に収録されたインタビュー記事が載っている。

主寝室の床には口の開いたバッグが置いてあり、そこから服が溢れ出している。「ちょっとした引越し中毒なんだ」とレジャーは言った。……興味のある物はいつも持ち歩いているので、キッチンテーブルは物で溢れていた。……そこには〝ジョーカー日記〟もあった。これは『バットマン』撮影開始の4ヶ月前に彼が書き始めたものだ。そこには、ジョーカーの生い立ちを理解するのに役立ちそうなイメージや思いつきがびっしりと書かれている。たとえば、ジョーカーが面白がりそうなことのリスト（エイズもそのうちのひとつ）も載っていた。（p. 103）

やり過ぎていた。『ダークナイト』を見ればわかるが、ヒース・レジャーが演じるジョーカーは尋常ではない。「狂気そのもの」である。蒸留を何度も繰り返し、無駄なものをすべて取り除いた後に残った狂気とは、あの感じであろう。悪ですらない。純粋に「狂」である。

あんなものを演じるためには、狂気そのものに取り憑かれなければ無理である。おそらくヒース・レジャーは、それを行ってしまった。多分そういうことだろうと思う。ただし、ヒース・レジャーは「狂人」ではないので、その極端な元型的エネルギーに耐えることができなかったのだろう（付録「個人的無意識と集合的無意識」参照）。

舞台の上だけではなく、日常生活にまでそのエネルギーを敷衍してしまうと、極めてまずいことになる。舞台の上限定であったとしても、「わたし」の境界（自我境界）がしなやかな弾力を持っていなければ、舞台外の場面にも漏れ出ることになる。

映画撮影という長期にわたるもののために、あのような際どいレベルの狂気を、疑似体験しながら日記まで書き続けることは極めて危険である。どれほど強力な「わたし」の境界があっても、あのようなレベルの狂気を招き入れることに耐えられる人間などほとんど存在しないだろう。あるいはヒース・レジャーの「わたし」強度が尋常ではないほど強かったために耐えることができてしまった、ということなのかもしれない。そのために、クランクアップまで演じきることができてしまったのかもしれない。

ヒース・レジャーの場合はおそらく、あまりに強力な狂気を招き入れてしまったために「わたし」が破壊されてしまった例なのであろう。しかし、巨大な狂気かどうかは相対的なもので、その人の持つ「わたし」強度によって変わる。一般化すれば、自分の「わたし」強度以上の狂気を招き入れれば「わたし」は壊れてしまう、ということなのだろう。

狂気を招来してしまう一つの方法は、「狂気のフリを続ける」ことである。単発ではなく、そのフリを「続ける」というところにポイントはある。

狂気のフリを「続ける」ことは、狂気である。

たとえば、私は技術的に、大学の廊下を素っ裸で「すいかくん」と名乗り、「あっそびにいっこう」と歌って踊りながら闊歩することは可能ではある。しかし当たり前だが、やらない。ただ「すいかくんのフリなんですよ。狂ったわけではないんですよ」と言い張り、それが「遊び」であると言い張って行うことは、「技術的には可能」なのである。度胸を振り絞れば（あるいはしたたかに酔っていれば）、五秒ぐらいは何とかなるかもしれない。これを、たとえば二十分続けることができたとしたら、それは既に狂気である。

「狂気」か「遊び」か、それは区別が難しい場合はある。何とか「遊び」として確立されるためには、舞台のような環境の強固さと、「わたし」というもののしなやかな強度、どちらも必要である。

怖がる勇気

教育実習事前指導において教員からの説明が一段落し、事務職員からの話に移るとき。学生が一人、カバンを持って後ろの方からサッと抜けて行った。私たち教員につかまって、学生番号を控えられることになった。

授業でも、途中でトイレに行くフリをして教室を抜け、タバコを吸いに行ったりする学生を見かける。ただ教育実習事前指導の圧力は他の授業とは違う。私たち専属の教員が総出で、これからが実習の本番であるということを強力に伝えた「後」での話なのである。

バレなければ良い、というぐらいの感覚なのかもしれない。どれほど強力な圧力であっても別に大差ない、という感覚なのかもしれない。しかし、私はそういう感覚の学生、いや学生に限らず、そういうタイプの人がとても怖いのだ。

バレないのであればと、平気で公費で女と遊び、ニセ出張をし、盗みを働く人。違法な薬物に手を出せる人。違法な取引をできてしまう人。

私は幼いころ、万引きをしたことがあった。何らかの法にひっかかることをやったこともおそらくある。

しかし「わかった上で」やっていた。立入禁止と書かれたところへ、危険であることがわかった上で入っていた。私はビビっていた。

だから、禁止されている理由が本当にわからず、禁止という事項がまったく歯止めとして成立しないタイプの人が、本当に怖いのである。上手く理解することができないのである。

極端なことをいえば、人を殺した後に逮捕されて「悪いとは言われているけどね。ま、見つかっちゃったから仕方がないよね」とでも言うような人。ここまでいえば、私が怖がっているその怖さの性質が伝わるだろうか。

図太いなどといっていられるだろうか。かつて私は「本物の」非行を相手にしたことがあった。暴力団からスカウトされている中学生だった。私はその人に、今まで記しているような怖さを感じていた。人間が相互に分担作業をして成立させているシステムを、そもそも維持するつもりがないかのような印象を受けた。本当に自らの欲望以外、処理の対象となっていないような人であった。

とても怖いのだ。一体どうすればそういう人とやり取りが成立するのだろう。もちろん、相手の性質に合わせ、できる限りその人の目から見た世界を観ようとはする。共感しようとはする。しかし、どうしても似たような景色すら見えないのである。その人には何か巨大な欠損があるように感じられる。とても巨大な虚無が巣食っているように感じる。私には、それほど巨大な虚無を通して世界を眺めることができない。

身体的であっても、金銭的であっても、精神的であっても、強力な暴力によって物事を解決しようとするタイプの人に対して感じる怖さ。「情性欠如」「サイコパス」などと名前をつけたところで、私の恐怖は変わらない。漫画『闇金ウシジマくん』を読むと、主人公のウシジマくんに、同じようなものを感じる。

いつも潔癖に、正しいことだけを行って生きることができるのであれば、むしろ楽かもしれない。しかし、何らかの困難な状況を切り抜けるために、やむを得ずグレーな場所を通らざるを得ない場合もあるだろう。そのときには「禁止されている」ことを破る、立入禁止の場所に入り込むときの、肌がヒリヒリするような感覚を失ってはならない。慣れてはいけない。そして、わかった上で腹をくくって入り込まなければならない。「立入禁止って書いてあるから何だ。そんなの誰が決めてんだよ」と、禁止事項などどうでも良いかのように、その看板を蹴飛ばして平気で入るような者になってはならない。

怖がる勇気を持たなければならない。それは勇気なのである。

麻痺していれば、怖いと感じることなく立入禁止区域に入り込めてしまう。それは勇気ではない。ただの無謀である。

薬物も、不倫も、盗みも、何もかも、「ちゃんと怖がらなければならない」。常に失うものを意識しなければならない。怖がることから逃げてはならない。怖がることを麻痺させてはならない。

一　ヒトとモノ

マネキン

喫茶店に入る。隣の席に二人の男性が座った。二人とも体格が良く、丈夫な服をまとった業界人風の出で立ち。慣れた様子で注文をすると、年長の男性が電話をかけ始める。

「うちは、モデルと接触しないというのを徹底して来て、お客さんからの信頼を得て来た経緯があるんです。まぁ、私が許してもね。お客さんが見てるんですよ。あなたのスタンドプレーが目につく、と言って来ているんです。うん、だからね、あなたが物を渡したりとか、そういうのを見られてるんだよ。……うん……はい。だから、そういうのは温泉旅行とか、そういうときにしてくれない？　とりあえず、今後あなたと、あなたのファンとは接触しないような日取りで組んで行くから」

向かい側に座っている年下の男性が「あれ、また何かあったんですか？」と問う。年長の男性は苦虫をかみつぶしたような顔で「まぁね……」と言う。

そして、年長の男性はおもむろに女性の写真を取り出し、「この子、都合つけられる？」と問う。新しいモデルなのだろうか。「わかりました。大丈夫ですよ」。

良くある光景、とまでは言わないものの、そのくらいのやり取りは見ることがある。しかしその日、私は「怖い」と感じた。「業界風」の厳しい雰囲気に怖さを感じたのだろうか。それもあるかもしれない。その太々しい態度に？　それもあるかもしれない。

しかし、もしかしたら、「モデル」という形でヒトがモノのように扱われている、そういう印象を持ったのではないか。ヒトがモノに変えられている場を見てしまった、そういう感じがしたのではなかったか。

芸能界にしても、接客業にしても、確かに中で働く人間は「駒」であり、「商品」であるのだろう。それにしても驚くほど乾いた、冷徹な印象を受けた。語調自体は太々しい、むしろ粘着的な印象もあるのだが、そうではない、その奥にある荒涼としたものが私に迫って来ていた。

その後、キャビンアテンダントのような格好をした女性の集団が現れた。何事かと思ったが、どうやらパチンコ業者のプロモーションらしい。スーツケースにはパチンコ業者の社名が大きく描かれていた。

女性たちは綺麗だった。化粧もばっちり、見た目として申し分ないような容姿をしていたと思う。それでも「いいな」とは感じられなかった。彼女たちも普段はもっと活き活きとした、生命の感じられる表情をしているのかもしれない。しかし、そのとき私が感じたのは「マネキンのようだ」ということだった。

役割を続けていると、その役割自体が本体を乗っ取ってしまうときがある。自分をマネキンのように扱っていれば、もしかしたら本当にマネキンになってしまうときが来るかもしれない。しかし私はどうだろう？

ここ数年、大学で講義をする時間が長かった。講演会で喋ることも多かった。カウンセリングをしている時間より、講義や講演をしている時間の方が長くなっている。語り方も、喋り方も、何となく「そういうもの」になっているような気がする。少しずつ、「大学の教員」というものが私に侵食して来ているのが感じられる。ならば「カウンセラー」というものが侵食している方がマシなのかというと、それはそれで困ったものである。どちらにしても「仕事」が私に侵食を開始しているのはあまり良くない兆候だろう。何かが脆弱になっている。

この場合、私自身をモノ化する方向というよりは、対している相手をモノ化するような、そういう役割の方に寄っているのかもしれない。喫茶店で隣にいた人たちを「怖い」と感じたのは、そこに、私自身が「なりつつある」自らの姿を感じ取ったからなのかもしれない。

自分の言っていることが通れば思い上がる。賛成してくれる人が多いように見えれば調子に乗る。身の回りにイエスマンしかいなければ、おそらく私は崩壊するだろう。しかし、多少なりとも決定権を得て来ると、身の回りに自分のことを立ててくれるような人を集めたくなるのは抗いがたい魅力として映る。その魅力に、私はどこまで耐えることができるのだろう。大学の教員は、やろうと思えば、男女問わず学生を「侍らせる」ことだってできるだろう。そのとき学生は、私にとってモノのようなものとなってしまう。カウンセラーだって同じだろう。クライエントは、カウンセラーを喜ばせるためのモノとなってしまう(注)。

そのような「ダークサイド」に落ちないために、一体今、私には何ができるだろう。

私のことを、大学の教員ともカウンセラーとも扱わない、そういう友人となるべく多く接触する必要があるのかもしれない。

注　中井久夫『世に棲む患者』(ちくま学芸文庫) p. 171
治療者の側にも、精神療法家になったからには素晴らしい患者とこころゆくまで治療を行いたいという願望がある。これは「治療にロマンを求める」ものである。それは、自分のために患者を使用するのであるから、しかるべき代価が請求されると覚悟するべきである。

ヒトとモノ

自らをモノのように扱い続けると、他者をもモノのように扱うようになる。逆もまた同様であろう。マネキンのように扱えば、他者も自分も、いずれマネキンに変貌する。しかし、ヒトとモノの違いはどこにあるのであろうか。ヒトをヒトとして扱うとは一体どういうことなのだろうか。

ナチスが六百万人のユダヤ人を虐殺するとき、ヒトとモノはどれほど差があったのだろうか。手術をする際、医師はどれだけヒトをヒトとして扱っているのだろうか。共感性とは一体何なのか。

「心の理論」で有名な心理学者サイモン・バロン・コーエンはユダヤ人であった。ホロコーストにおいて、何故ヒトがヒトをモノのように扱えるのか、彼には不思議でならなかった。彼は邪悪さの研究をしていた。共感性がストップするタイミングや、共感性が欠如する状態を探っていた。その結果、研究の派生として、自閉症における「心の理論の欠如」、つまり共感性の欠如という事象に行き当たった。そして手術をする医師もまた、一時的に共感性をストップさせていることを見出した。そうしなければ、生きたヒトの腹に刃物を入れることはできない（Baron-Cohen, S. (2012): *The Science of Evil: On Empathy and the Origins of Cruelty*. Basic Books)。

手塚治虫は医師免許を持っていた。安部公房も医学部出身だった。しかし彼らは医師にはならなかった。そして、ヒトをモノのように扱えばどうなるのか、モノがヒトになったらどうなるのか、ヒトがモノになったらどうなるのか、しつこいぐらいに追求している。しかし、彼らほど卓越した感性と知性をもってしても、「ヒトとモノはどう違うのか」という問いに解答を与えることはできなかった。問い続ける以外に道がなかった。

おそらく問い続けることができる間だけ、ヒトは、ヒトをヒトとして扱うことができる。問うことを止めたとき、すべてはモノになるのかもしれない。

自分は共感していると思っている人間は共感できていないのだろう。自分は共感できていないという者も、共感できていないのだろう。

問い続けることである。

「ごめんなさい」と言えること

謝るという行為

他者をモノ扱いしないことの基礎として、たとえば相手に「ごめんなさい」と言えること、あるいは相手に「ありがとう」と言えることはかなり重要であろう。心がこもっているかどうかという問題は少し置くとしても、「ごめんなさい」と「ありがとう」を言えることは、他者をモノのように扱っていない一つの指標にはなり得る(注)。

まず、謝るという行動そのものについて、少し考えてみよう。

謝るという行為は、基本的には「自らの行動が相手に不利益を与えたことについて、非があったことを言語的に表明すること」なのだろう。それに贈り物が付加されたり、非言語的な表現が追加されたりすることはあっても、言語的なものが基本なのだろうと思う。

とりあえず、謝る言葉を「すみませんでした」に統一して考えてみる。以下の三点を満たしていない場合、おそらく「すみませんでした」と言われても、何のことだかわからなくなると思われる。

(一) 行動の水準であること
(二) 非があることに気がついていること(自らの気づき、あるいは他者からの指摘によって)
(三) その非が、相手に何らかの不利益を与えていること

まず、(一)を満たしていない場合である。

例 「あなたのことを、ムカつくやつだと思ってしまって、すみません」

悪口を広めたというのならわかる。しかし「思っただけ」で謝られても、謝られた方としてもどうして良

いのかわからない。思っただけのことを謝られた方が、むしろ悪口となっているようにすら思う。謝る対象となるのは、実際に行動に移したもののみに限定される。

次に、(二)を満たしていない場合を考える。

例「(自分で悪いと思っていないし、誰からも指摘されていないけれど)私のまばたきが多くて、どうもすみません」

一体誰に、何について謝っているのか不明である。

最後に、(三)を満たしていない場合である。

例「この前、自転車でAさんの家の垣根に突っ込んでしまって、すみません」

しかし、謝られた人はAさんのことを知りもしない。その場合はやはり、なぜ謝られているのか意味不明である。

この三つに関してはクリアしておかないと、謝るという行為が成立しなくなってしまう。

これらを踏まえた上で、謝ることができない人について考えてみよう。

謝ることができない人について（1）

（二）の問題を考えてみる。特に、自らの気づきが足りないまま、他者から非を指摘されて、しぶしぶ謝るということが「心がこもってない！」と言われる所以である。あるいは、非には気がついているが、知らんぷりをして通そうとする場合もあり得る。

まず、自らの非に気がつくためにはどのような力が必要なのか、ということを考えてみる。それはおそらく、自分自身をモニターする力なのだろう。

自分自身をモニターするとは、自分自身を一人の他者として把握し、対人システム上で自分という要因が他者に対してどのような影響を与えているのかを具体的にシミュレートできることである。この場合のモニターとは、自分自身がどのような「気持ち」なのかを把握することではなく、対人システム上での影響における因果関係の分析である。

この、モニター能力が過剰に働くとどうなるか。おそらく、何でも自分に非がある、と思い込むパターンが出現するのだろう。これは、裏を返せば、自分がどんなことにも影響力を持っている、という思い込みである。そういう思い込みのことを、「万能感」とも言う。こうなると、他者に謝りまくり、むしろ慇懃無礼な様相を呈することになる。

次に、モニター能力が皆無である場合はどうか。おそらく、何でも他者のせいにすることになる。この場合、一切謝らないという人が、確かにでき上がりはする。

では、モニター能力は働いているが、謝らないという場合はどうなるのか。つまり、自分に非があることは理解しているにも関わらず、頑なに謝らず、他者のせいや、何かのせいにするということはどうなるのか。これはおそらく、(三)の問題に関わってくる。

謝ることができない人について(2)

(三)の問題を考えてみる。「その非が、相手に何らかの不利益を与えていること」なのであるから、いわば論理的な推論に関わる問題である。
もちろん、相手に本当に実害があるのかどうか、それを確認しなければならないわけではない。とはいうものの、A→B→C→……と因果関係をたどり、可能性を吟味し、最終的に、相手にどのような実害が生まれうるのか、をシミュレートする能力が必要になる。この力が弱い場合、トンチンカンなつながりによる、トンチンカンな謝罪が生まれることになる。しかし論理的に間違ってはいても謝ってはいるのだから、その人は一応「謝ることができる人」にはカウントされる。

問題は、因果関係をたどって、実害が想定されていることがある程度正確にわかった上で、さらに謝らない、という選択を採る場合である。この場合はどうなるのか。実際にはこれも、未来に関するシミュレーション能力が関わっている。

たとえば、そこで「謝らない」という選択をした場合、さらに未来にはどういうことになるのか。ここまで精緻にシミュレーションを行えば、謝った方が遥かに今後の見通しは明るくなることがわかるだろう。その、未来に関するシミュレーションがしっかり行われないために、目先の面倒臭さや、目先のプライドを優先することになる。

もう一つのパターンを考えてみよう。たとえば自分が謝らなくとも、相手が一方的に許してくれると「あてにしている」場合。なるほど、これは確かに「謝らない」人である。いわば「甘えている人」ということになる。これも長期的にシミュレートする場合、最終的にはその「謝らない人」の不利益につながることが目に見えている。甘えさせてくれているうちは搾り取るという潔く邪悪な魂胆があるのなら別だが、大抵の場合、惰性で「甘えて」、惰性で「謝らない」。甘えさせている方も、見た目がかわいいからとか、若いからとか、そういう理由で甘えさせていることもあるだろうが、いつまでも見た目はかわいくないし、若くもないのである。そしていずれ、相手から愛想を尽かされるか、相手の堪忍袋の緒が切れるだろう。それは甘えている側としても望んでいない結果だろうとは思う。

謝るために必要な力

よく、人に謝ることができる人は心が強いとか、自分の非を認めるのは勇気がいるとか、いろいろなことが言われる。私もそう思っていた。しかしどうなのだろうか。

心が強いとか、勇気があるとか、そういう表現は胆力とか根性のような、つまり堪える力のようなものが想定されている。しかし今まで考察した「謝るために必要な力」は、

・自分をモニターする力
・対人関係における流れを観察し、分析できる能力
・因果関係を正確に分析できる能力
・目先の利益にとらわれず、長期的にシミュレートする能力

であった。

とすると、謝ることができる力とは「知性」の一特性と考えた方が良いのではなかろうか。つまり、適切に謝る力がある人は「知性がある人」ということになる。端的に言えば、謝ることができない人は「バカ」ということになるだろうか。

私は謝らない、甘えた行動をとることが多々ある。自分の「バカさ」に汗顔の至りである。

注　これは「調子に乗る」ということとも関連する。調子に乗ることの根本的な部分は、割り振られた「役割」が自らの特性そのものであると思い込んでしまうことを端緒とすることが多い。「先輩風を吹かせる」ことも「先生が偉そうにする」ことも同様に、「先輩」や「先生」というものは単に社会的に付与された一時的な役割でしかない。演劇でポセイドンの役を演じた者が普段から「私は海神である」と言い放ったら相当に滑稽である。そんなものは、異なる役割になった場合に剝ぎ取られるものでしかない。コンビニに行けば、先生だろうが先輩だろうがただの客である。最も良い例だと私が思うものは井上雄彦の『バガボンド』（講談社）における又八である。あれこそお調子者、調子に乗っている者の格好の例ではなかろうか。佐々木小

次郎の免状を拾っただけで、自らが佐々木小次郎になったかのように振る舞った又八の滑稽さは群を抜いている。そしてあれを読んで自らの恥を思い出さぬ者は自己分析が足りないのだろう。

調子に乗っているときには、「ごめんなさい」と「ありがとう」を言えなくなる。逆に言えば、「ごめんなさい」と「ありがとう」を言った覚えがない期間は調子に乗っていた時間であると考えても良いのだろう。そういうときには、（一）人間関係システム内部における自らの置かれたポジションをモニターする能力が不調を起こしている、（二）近い未来および遠い未来に関するシミュレーション能力が不調を起こしている、（三）自分が他者よりも優位であるという奢った感覚を脇に置くことができなくなっている。すなわち、視野が狭くなり、知性が不調を起こしていると言える。

そのため、身体的あるいは精神的に「調子が良い」ときほど注意して、それに「乗る」ことがないようにしなければならない。調子の良さを抑え込むことではなく、「節制（temperance）」が必要になる。私のイメージでは、調子が良いときというのは綱渡りのロープ上に歩み出てしまった感覚に近い。渡り切らなければ落ちて死んでしまう。しかし渡り始めたのであれば、両手を左右に大きく広げ、前方を見つめ、重心を調整して慎重に歩むしかない。それが節制だと思っている。調子が良いときにどれだけ節制できるかで、人間の度量が決まると思って良いのだろう。

だから、常に「私は今『ごめんなさい』と『ありがとう』を言えるだろうか」と自問し続けることが節制を呼び起こすだろう。お調子者、調子に乗った者、浮き足立った者にならないように守ってくれるだろう。今自分は誰に感謝できるのか。誰に謝らなければならないのか。日に一回は思い出しても良い命題だと思う。

良かれと思ってやっているのに

皆、良かれと思って物事を行っている。邪悪な気持ちを持って、他者を陥れようという意図のもとに何かを行うことは、そう多くはない。たとえ誰かを陥れようという場合ですら、「誰かのため」であることも多い。復讐であっても、何であっても。何かを行う際、人の意識にあるものは大抵「誰かのため」である。「誰かのため」と思っているが、先にも記したように、他の誰かを陥れることになるのかもしれない。そこに考えが及んでいないこともある。「誰かのため」が、「自分のため」であるかもしれない。そういう場合には「身勝手」ということになるが、それにしても本人にとっては邪悪な意図ではないことの方が多い。

これを前提としなければ見えないものはとても多い。「結果として」邪悪になることの方がはるかに多い。それは、元から邪悪な意図を持っていたものではない。あくまで「結果的に」である。

そしてこの道筋に沿うと、他者から非難されることや叱責される場合は、「良かれと思ってやっていたことについて」責められることになる。だから「ごめんなさい」と言うときには、良かれと思って行ったことが他者に嫌な思いをさせていたことについて謝ることが大変多くなる。

ということは、「ふてくされる」行為とは、「良かれと思ってやっていたことを理解してもらえなかった」という意思表示でもある。

誰かに謝ってもらいたいとき、つまり他者を非難するときというのは、相手が芯から改心し、邪悪であったことを認め、後悔し、落ち込み、泣き、許しを請う様を想像するかもしれない。しかし先述のように、基本的に人は自分が正しいと思っており、良かれと思ってやっている。それを不意に非難されれば、後悔などよりも不服の方が大きくなる。改心など、実際にはほとんどお目にかかることはない。

「気が強い」と言われる状態は、つまりこの、自分が「良かれ」と思っていたその思い、あるいは自分は「悪くない」という思いを固持する状態のことである。

だから気が強い人は、ふてくされる率が極めて高い。ふてくされることが多い人は、気が強いと判断してほぼ間違いない。謝らないというのは一種のふてくされる行為なのである。ヤケになって謝ることもまた、ふてくされる行為の一種である。

また、自分が悪くないという状態を保護しようとすれば、身を低くしてかわそうとする。それが自己卑下である。下手《したて》に下手に出ることで、他者からの非難を免れ、「まぁ、良かれと思ってやってたんだよね」と労られる状態をキープしようとする。そういうことになる。いわば自己卑下は、先手を打ってふてくされておくことでもある。

これを何というか。甘えているというのである。依存しているというのである。未熟というのである。

他者には他者の都合があり、その人の目から観た際、すべてのものは「正しい」。その前提があれば、「良かれと思ってやっていたのに」というふてくされは起こりようがない。世界中すべての者が「良かれ」と思って何らかの行為をしていると考えた方が良い。戦争にしても、殺人にしても、ほとんどそのように考えて差し支えない。

ふてくされる姿が幼く見えるのは、それが成熟していない最大の証拠だからである。非を認めるというのは、自らの「良かれ」を脇に置くことである。成熟する最初の一歩は、ここにある。

「ありがとう」と言えること

他者に感謝できるかどうかでその人のキャパシティは相当な部分が決定している。度量と言っても良いが、これはどうも本当らしい。私は、なるべく感謝しようと努力をしているものの、うっかり抜けることが多い。感謝してしかるべき部分に気持ちが向いていないときがある。これは私のキャパシティが小さいことを示している。

周囲を見ていても、誰かに対して、あるいは環境に対して、感謝できる人というのはかなりキャパシティがある。余裕がある。ならばキャパシティは生まれ持ったものか。ある程度はそうかもしれない。しかし、感謝できるかどうかという点をバロメーターとして、できるだけ感謝できるよう訓練をしてみるのは手であると思う。

感謝をするためには「自分の方が優位である」という意識を抑えなければならない。まずこれが大きな障壁となる。自分の方が優位であるという観念が強いと、たとえば「一緒にいてやってるんだから感謝しろ」であったり、「教えてやってるんだから感謝しろ」となる。この場合、相手に対して感謝するのではなく、相手から「感謝されないこと」に対して腹を立てることになってしまう。しかし、常に他者から感謝を得ようとしている人間が、誰かから感謝される様子を想像できるだろうか。極めて困難ではないか。かといって、誰かから感謝されたいから先手を打って感謝しておく、という状態では、結局押し付けがましいだけになる。

「本当に感謝をする」というのは、相当難しい技術である。

強い自己卑下の元に行う疑似感謝も、極端に頭を下げるという逆ベクトルのエネルギーによって、自分の内部に潜む「反撃を行うエネルギー」を抑え込んでいるだけでもあり、これもひとひねりされた「自分の方が優位である」という観念でもある。

結局、多くの人は「自分の方が優位である」と思っている。これを基準に考えた方が良い。自分のことを適切に評価できる人間など、孔子レベルである。「自分の方が優位である」という観念が湧き、他者を見下した時点で、自分が「一般人」であり、「普通」であることを身にしみて感じた方が良い。

一緒にいてくれてありがとう、話を聞いてくれてありがとう、場所を提供してくれてありがとう、お金を払ってくれてありがとう、声をかけてくれてありがとう、お土産を買って来てくれてありがとう、協力してくれてありがとう、悪口を言わないでいてくれてありがとう、非難ではなく成長を促す言葉をかけてくれてありがとう、我慢してくれてありがとう、教えてくれてありがとう、叱ってくれてありがとう、傷つけないでいてくれてありがとう、尊重してくれてありがとう、生まれて来てくれてありがとう。

感謝されるための布石ではなく、純粋に、右記の内容をそのままで表出することがいかに困難か。しかし、それが「誰かを愛する」ための基礎体力なのである。それが、見返りを脇に置いて行為する基本的な部分なのである。愛するとは具体的な行為であるため（「三　愛すること」参照のこと）、感謝だけでは愛することにはならない。しかし、その基本構造は同様である。

見返りなど、欲しいに決まっているではないか。見返りが欲しくない、一切気にしないなどという人間を信用してはいけない。それは詐欺師か馬鹿である。『葉隠』によれば、聖《ひじり》の語源は「非知り」であるという。とすると、たとえば「私自身の中で、見返りをまったく気にしない、という状態を、私は知らない」ということを認識できている人間が「非知り」であるともいえまいか。ならば、見返りが欲しいが、その気持ちを一旦脇に置いておける智力がある人間を聖と呼んでも良いように思う。

もちろん、「非知り」である状態だけでは前に進めない。そこから具体的に行為を発動しなければならない。しかし、まず「感謝の念」が湧くように修練をしても良いではないか。

そのために「私は、結果的には見返りは欲しい。それは認める。でも、やっぱり、これはとても有り難いことだし、本当にうれしかった。だから、声を大きくして言おう。ありがとう」という意識を育んでも良いような気はする。

惜福、分福、植福

幸田露伴の『努力論』（岩波文庫）の中に、「幸福三説」というものがある。幸福になるには以下の三つが必要である、ということになる。

（一）惜福《せきふく》の説

（二）分福の説
（三）植福の説

（一）の惜福とは、「福を使い尽し取り尽してしまわぬをいう」（p. 56）。「たとえば掌中に百金を有するとして、これを浪費に使い尽して半文銭もなきに至るがごときは、惜福の工夫のないのである。正当に利用するほかには敢て使用せずして、これを妄擲浪費せざるは惜福である」（p. 56）。これは、もったいないの精神であるとか、ケチということのようにも聞こえるが、そうではない。「倹約や吝嗇《けち》を惜福と解してはならぬ」（p. 58）とはっきり記されている。これは福を得るための心構えであり、自らが取る正当の福に関しては、取らねばならない。そうしなければ福にはならない。ただし、そこで「取り尽してしまわぬ」ようにする、ということである。

（二）の分福とは、「自己の得るところの福を他人に分ち与うるをいう」（p. 66）。「大なる西瓜《すいか》を得たとすると、その全顆を飽食し尽すことをせずしてその幾分を残し留むるのは惜福である。その幾分を他人に分ち与えて自己と共にその美を味わうの幸いを得せしむるのは分福である」（p. 66）。

西瓜の例はわかりやすい。しかし、以下のような例は少々大袈裟ではある。「酒少く人多き時に酒を河水に投じて衆と共に飲んだ将があるが、是の如きはいわゆる分福の一事を極端に遂行したのであって、流水に酒を委したとて誰をも酔わすに足らないのは知れきったことであるが、それでもなおかつ自己一人にて福を専にするに忍びないで、これを他人に頒とうとする情懐は、実に仁慈寛洪の徳に富んでいるものである。

……これを飲んだ者は、もとより酒に酔うべくもないのではあるが、しかもその不可言の恩愛には酔わざるを得ないのである」(pp. 70-71)。この将のようなことを実行するかは別としても、「西瓜を全部食べてしまわない」ことを基礎としていなければ、福を分ける行為は成立しない。

分福は、惜福ができた上で初めて実行に移せる。「その人いまだ発達せざる中に惜福の工夫さえあれば、その人は漸次に福を積み得るものであるが、その人漸く発達して地平線上に出ずるに及んでは、惜福の工夫のみでは大を成さぬ、必ずや分福の工夫を要する」(p. 74)。しかし、惜福と分福を両立するのは相当難しい。自らが本当に必要で、これ以上はいらないという状態にまで満足できなければ、与えるという部分にまで進むことはできない。自分の取り分を我慢してまで与えていれば、見返りが欲しくなる。すると、押し付けがましくなる。見返りがなければ怒りが生じる。与えることなく自ら取るだけであれば、今度はケチになってしまう。しかし、押し付けがましくなるか、ケチになるか、どちらかのパターンが多い。「能く福を惜むの人は多く福を分たず、能く福を分つの人は多くは能く福を惜しまざるの傾がある」(p. 72)。惜福と分福は拮抗する。

(三)の植福とは、「我が力や情や智を以て、人世に吉慶幸福となるべき物質や情趣や智識を寄与する事をいう」(p. 80)。植える際には、「自己の福を植うることであると同時に、社会の福を植うることに当たる」状態であり、「自己をしてその福を収穫せしむると同時に、社会をして同じくこれを収穫せしむる事になる」状態でなければならない。自分は福を得ずに社会が福を得るやせ我慢では、自分が福にならない。このあたりは、「一回転した自己中心性」が必要である。「自己が幸福を得ようと思って他人に福恵を与うるのは、善美を尽したものではない。けれども、福は植えざるべからずと覚悟して、植福の事に従うのは、福を植えざるに勝ること万々である」(p. 84)。

これらを人間関係の情についても当てはめることができるかどうかは肝である。金銭についてはすぐに想像はつく。それだって相当困難ではあるが、しかし対人関係において、相手の情を「使い尽してしまわぬ」ようにすることは輪をかけて難しい。どうしても甘えてしまうものである。惜福できない。分福といっても、誰かから篤い情を得たとしても、それを他者にも分け与えるのはもったいないという気持ちになり、その相手の情を独占したくなってしまう。嫉妬の念も湧く。分福できない。「自分が成熟していないにも関わらず、植福などおこがましい」という理由をつけて、誰かを育むという部分にまで手を伸ばさない。それは、面倒くさいから。お金がもらえるなら別であるとか、権利が増えるなら別であるとか、そういう理由がつくこともある。植福できない。

結局、自己中心性が中途半端なのである。

私は言い訳ばかりしている。今も、言い訳ばかりしている。私の自己中心性は、中途半端である。中途半端であるから、単なる身勝手となる。

私は、自分が所属する場所というもの、いわゆる居場所というものを探していた。誰かに囲ってもらい、設置してもらい、受け入れてもらうことを求めていた。しかし、どんなに手厚く受け入れてくれるような場所であっても、何かが違うと感じていた。それは、私が中心ではなかったからであった。私が、受け取る立場だったからなのかもしれない。

自分が中心でなければ満足できないとはどれほど目立ちたがりやで身勝手なのだということではある。私も、何かの集団に属することは（かろうじて）できる。しかし、私自身が中心ではない場合、そこが居場所であるとは感じられなかった、ということである。

おそらく私にとって、居場所と呼べる場所の基準が高いのだろうとは思う。一般的にいう居場所とは、私が言うほどのものでなくとも良いのだろう。

私は寂しがりやである。役割に依存しない、長期にわたり安定した居場所を、私自身が欲していた。そして、自分を中心においたシステムを構築しはじめていた。

それは私のためであった。しかし、私のために巻き込んだ人々から私は搾取してはならない。甘え過ぎてはならない。たまたま私に好意を持ってくれた大切な人々の情を汲み尽くしてはいけない。ありがたいことに得られた好意の情は、分けなければならない。独占してはならない。もちろん、分ける相手は誰でも良いわけではない。それは仕方がない。私は聖人ではない。凡夫である。それでも、私が与えることができるものはなるべく放出したい。知識であれ、情であれ、何であれ。褒めてほしいために誇示するのではなく、乾いた土に染み渡るような水となるように放出しなければならない。

そうでなければ、私に居場所はない。

幸せになれるかどうかはわからない。客観的には十分幸せと言えるのだろうとは思う。それでも私は、自分の得たありがたいものを独占しようとし、分け与えず、ケチで、身勝手である。

タイムリミットは決まっている。一週間が四回繰り返されれば一月過ぎ去る。それが十二回繰り返されれば、私は一歳、年齢を重ねる。十年などあっという間である。できる限り、私は力を注ぎたい。まだまだであることは重々承知している。だから、少しでも歩みを進めたいし、成熟したい。

私はどこまでできるだろう。惜福、分福、植福。幸田露伴の記すことがすべてではないだろうが、それでも、省みることが多々ある。

自己卑下について

自分のことを酷く言う人は思いのほか多い。多分、私がカウンセラーなどをしているせいもあるのだろうが、大変良く聞く。

「私は、愚図でノロマで頭の回転が遅くて、てんで役に立たない人間」

「私は、化粧で隠してるだけで本当にブスで、気がきかず、センスも悪くて頭も悪い、どうしようもない人間。死ねば良いのに。消えれば良いのに」

たとえば右記の「自己卑下」の内容を他者に向けて言ったらどうなるだろうか。

「お前、愚図でノロマで頭の回転が遅くて、てんで役に立たない人間だよな、マジで」

「あんた、化粧で隠してるだけで本当にブスで、気がきかず、センスも悪くて頭も悪い、どうしようもない人間よね。あんたなんか死ねば良いのに。この世から消えれば良いのに。シネ」

殴られそうである。

良いだろうか。他者に言ったら殴られそうな呪いの言葉を（口に出すか、頭の中だけで繰り返すかは別としても）自分自身に吐き続けているのである。不調を来すに決まっている。

しかし、そのような自己卑下を日常的に行う方々は口を揃えて言う。

「自分のことと、他人のことは別。他人に対してそんなことは言わない。自分のことは何をしてもいい。他者に迷惑はかけていない」

本当にそうなのだろうか。

確かに、自己卑下の甚だしい人は、誰かに面と向かって蔑むような言葉は吐かないかもしれない。むしろ言葉の上では、他者を褒め、他者を立てることも多い。しかし内心ではどうだろうか。陰口を言うときにはどうであろうか。私は、立場上そのような「秘された」言葉を聞くことも多い。そこには、他者を見下しているような匂いが立ちこめていることもまた、多い。

自らを見下している者は、他者も見下すようになるのかもしれない。

見下していることが基準としてあるために、少しでも良いと感じられた他者は、理想的な人間のように見えることもあるのだろう。しかし、相手を査定し、正確にその特性を把握しているわけではないことも多い。だから「思った通りの人だ！」というような、ある種身勝手な理想を相手に投げ込んでいることになる。しかし、当然相手は「思った通りの人」であるはずがない。少しでも思い通りではない部分が発見されると、今度はこき下ろし、その人のことも見下す、というパターンに入ることもある。

そして他者を見下していると、いずれ他者から見下されることを恐れるようになる。いつも誰かが自分をバカにしているような、蔑んでいるような、架空の視線を感じ続けることになる。外部の人間が実際にそのような視線を浴びせているわけではない。自分が他者に対して投げかけていたものが、鏡に映って跳ね返って来ているのである。

自己卑下が酷い状態というのは、他者を見下していることの反動なのであろう。他者を見下すのは、相手から見下されたくないから先手を打っていることでもある。

自分とはいっても、それだって人間なのである。自分自身とのやり取りはおそらく、他者とのやり取りに「転写される」。

自らをもてなすことができる人間は、他者をもてなすことができる。

自らを正確に把握できる人間は、他者を正確に把握することができる。
自らにストイックな者は、他者にもストイックさを求める。
自らを育むことができる者は、他者を育むことができる。
自らを雑に扱う人間は、他者を雑に扱うことになる。
自らを見下す人間は、他者を見下す人間になる。

そういうことなのかもしれない。ただ当然、自らに対するものと他者に対するものは相互に影響しあうのだろう。たとえば、他者をもてなす技術を習得すれば、自らをもてなす技術にも転用できるかもしれない。どちらが先、ということではなく、おそらく、相互に発展して行くものなのだとは思う。

自分自身を一種の他者として扱うことができない者は、他者とのやり取りでも困難を抱えることになるのだろう。一般的な言葉を用いれば、自らを客観視する必要があるということなのだろう。

他者や自分を見下さずに、「褒めまくれ！」と言いたいわけではない。「相手の良いところを見つけて、他者を嫌いになることなく、褒めて好きになりましょう！」などと言いたいわけではない。私が言いたいのは、自分自身や他者をなるべく正確に把握すべく、冷静に観察する力を身につけた方が良いのではないか、ということである。

正確に捉えた評価は、見下すことでも褒めすぎることでも理想化することでもない。それは、単純な現状記述をしているに過ぎない（もちろん、完全に客観的な現状記述などはあり得ないだろう）。

ある程度深く考えることができる者ならば、過小でも過大でもなく、なるべく正確に自らの力を把握しようと思うのではないだろうか。

何のトレーニングもせず、いきなりエベレスト登頂に挑戦するだろうか。それを身の程知らずという。筋トレをしてムキムキになったにも関わらず、自分は軟弱だから、と言って部屋から一歩も出ない者を何と呼ぶだろうか。腰抜けである。

人間として生まれ、生きている以上、何らかの「筋力」はある。ないはずがない。それが知力なのか、直観なのか、情緒的な豊かさなのか、感覚の鋭さなのか、共感力なのか、感受性なのか、努力できる能力なのか、純粋に身体の丈夫さなのか、それはわからない。「自分には才能はありません」という言葉も大変良く聞くが、一体誰と比べているのだろう。世界に何人の人間がいると思っているのか。七十億人の頂点に立たなければ才能がないとでも言うのであろうか。

思い上がりも甚だしい。

私は、なるべく自分の力を正確に把握し、身の丈に合った範囲で少しずつそれを試し、徐々にできることや能力を高めて行きたいと思う。それが良いことなのかどうかは知らない。ただ私は、少しは手応えがあった方が、死ぬまでに許された少ない時間を過ごす際に楽しめるのではないか、と思っているだけである。

自己卑下をして他者からの憐憫を求める生き方が悪いとは言わない。そういう自己卑下をする人を好む人間がいることも知っている。需要と供給という意味でいえば、そういう在り方も良いのかもしれない。無謀な、身の程知らずをして命を落とすことが格好良いと評される現状も知ってはいる。そこで英雄と崇められることを求めるのであれば、それはそれで良いのかもしれない。

しかし私にとっては、それは単なる腰抜けであり、単なる身の程知らずでしかない。正確に自らの特性を把握する努力を怠った、考える力を身につけることを放棄した人間に見えてしまう。わかった。言い方を変えよう。

バカにしか見えないのである。

かつて、私はかなり「バカだった」。今だって偉そうなことを言えた義理ではない。ただ、当時と比べれば随分ましになったと自覚している。

私は、バカなままで死にたくはない。ただそれだけである。

二　恋愛について

性欲とコントロール

喫茶店にて。

七十歳を超えているであろう男性と、かなり露出度の高い、身なりの良い平安美人の女性。女性は二十代、韓国からの留学生のようだった。どうやら男性は、その女性から韓国語を習っているらしい。女性は淡々と、顔色を変えずにことばを教えている。男性の方は、照れもあるのだろうとは思うが、にやけているように見える。

女性のショートパンツから覗く脚は肌が白く、うっすらと血管が透けている。ややシースルーのブラウスからは下着がはっきりと見えている。顔色を変えないことが、さらに欲望を刺激する。

男性は髪を黒く染めている。おそらく前日に染め直したのであろう。根元までしっかりと黒い。いけないことではない。浅ましくはあるかもしれない。しかし、それで七十歳から外国語を学ぶことをスタートできるのであれば良いではないか。そしてこの数十分、どれだけ活き活きと過ごせることか。自分の孫と言っても良いかもしれない年齢。しかし、性欲に年齢はあまり関係がないのかもしれない。

雑誌のグラビアには、常に十代、二十代の女性が写っている。三十歳を越えてもグラビアに登場する女性は、「三十にしては」若く見える、ということが条件でもあろう。もちろん特殊な雑誌もあるにはあるだろうが、一般的には若い見た目の女性が選択されている。そして、それらを購買する男性は年齢を問わない。

多くの男性は若い見た目の女性を欲している。それは確かである。あくまで肉体的な性欲としてではある

う。

性交自体は、極端な言い方をすれば粘膜の摩擦でしかない。男性は、「このような行為まで許した」という女性の精神状態を欲しているのだろうか。女性に「受け入れさせた」という達成感が欲しいのかもしれない。あるナンパ師が、「落とすまでが重要で、セックス自体は相手を喜ばせるための奉仕だ」などと無茶苦茶なことを言っているのをどこかで読んだが、それはわからなくもない。目的はコントロール自体であり、粘膜の摩擦ではない。

ならば、この場合の性欲とは理性である。コントロール欲である。いわゆる生物としての、子孫を残すための性欲ではない。人間にとってのエロティシズムは、コントロール欲と密接に関係を持っているようである。

母親のような存在に甘えたいという男性。マザコン。父親のような存在に甘えたいという女性。ファザコン。どちらにしても、相手の意向に関わらず自らのことを受け入れさせたい、できればそれを喜んで受け入れさせたいという欲望であろう。「受け入れてほしい」とは、「受け入れさせたい」をマイルドに言い換えただけともいえる。

七十歳になっても、私は性欲に支配されるだろう。コントロール欲に支配されるだろう。なくなるとは思えない。理性がなくならない限りコントロール欲がつきまとうとするならば、支配したい欲望もまた同時に生起してしまう。人間をやめぬ限り。もちろん、それを実行に移すかどうか、ということは大きな問題ではある。しかし、内部に宿るコントロール欲に振り回される、その猛獣に振り回されることは、おそらく私の場合、死ぬまで続くだろう。

森鴎外の『ヰタ・セクスアリス』の主人公のように、自分に性欲があった時期が果たしてあるだろうか、というような淡白さを持てれば良い。それは格好良いとも思う。しかし私には無理だろう。「自分に性欲があった時期が果たしてあるだろうか」などという贅沢な悩みを持ったことがない。

童貞であれば、まだ見ぬ性交そのものに憧れが生まれ、初めてする際には、その新境地に到達した感激によって恍惚も生まれるかもしれない。しかし、それは長続きしないだろう。

より極端な例を考える。快楽殺人。多分、初めの一回が、最も強力な快楽、性的興奮を感じるのであろう。回数を重ねる理由はわかる。最初と同じレベルの快を保つためには、間隔を狭め、回数を増やさなければならない。薬物と同じである。

ジョルジュ・バタイユが『エロティシズム』の中で記す、禁止を侵犯するタイプのエロティシズムは際限がない。それは、コントロールの先鋭化した形でもある。コントロールする最終対象は、死である。だからこそバタイユは、死とエロティシズムは切っても切れない関係にあると述べるのだろう。

バタイユ系の、禁止を侵犯するタイプの快楽には限度がある。行為が派手になったとしても（『目玉の話』のシモーヌのように）快楽の質は変わらない。

私は、この次元を越え出たいのだ。

しかし、老いが怖いというのは死を恐れることでもあろう。コントロールしたいのは、老いたくない、死にたくないということでもあろう。性欲はまた、死に抗うもがきでもあろう。私は多分、死ぬまでもがきつづけるだろう。

恋する能力

エーリッヒ・フロムはその著書『愛するということ』（紀伊國屋書店）の中で、「恋は落ちるもの」であるという。落ちるようなものは愛ではない、愛は技術である、と。

ならば、恋はいけないことか。フロムは、そうは記していない。あくまで恋と愛を混同してはならないと警告しているだけである。

恋と愛を、エロスとアガペーに対応させても良いだろう。肉欲と理性でも良い。しかし、どのように分けようが、エロス的で、肉欲的で、恋的なものが消えてなくなるわけではない。

本気で誰かから何かを学ぶ際、その相手に対して恋をする。それは疑い得ない事実である。相手は作家であっても良い。ラジオパーソナリティであっても、映画監督であっても良い。同性でも異性でもかまわない。何らかの契機があり、「この人だ!」と「思ってしまう」のである。そのとき、恋に落ちる。惚れる。

あばたもえくぼとは、欠点といわれるものすら美しく、魅力的なものとして「でっち上げてしまう」ことである。それは恋をした者の特権ではある。あさましいことなのであろうか。いずれ醒める理想化であると人は言う。しかし何かを学ぼうとするとき、師と仰ぐ者に恋することができぬ者は何も学ぶことができない。

恋をしたとき、人の吸収力は最大になる。

ただし相手も人間であるので当然間違いも犯すし完全ではない。神ではない。あばたもえくぼに見えているのは、ひとえに自らの思い込みと想像力による補完処理である。それが、あばたであることを無視させる。それをわきまえた上で、恋をする必要がある。

飛翔するためには、想像力の翼が必要である。それが事実と異なっていたとしても構わない。他者に対して、恋をした相手についての勝手な解釈を垂れなければ良いだけの話である。あばたを指して、あれはえくぼだと力説しなければ良い。内に秘めていれば良い。

そして、その人のかたちを借りて何を「観たかったのか」に意識が及び、それを映してくれた鏡として感謝できる者だけが、その先に進める。そこに観ようとしていたものは、ある意味では神であり、自らの内に息づく力であり、内的な導者であり、ウェルギリウスであったことを自覚できる者だけが先に進める（注1）。

いずれ恋は醒める。等身大の相手が見え始めた際、自らが作り上げた偶像とは随分違うことに落胆もしよう。ここで恋した相手を悪し様にけなすような人間は、恋の初心者である。恋の田舎者である。野暮である。勝手に作り上げ、相手そのものを見ていなかった自らの落ち度を相手のせいにする幼児である。恋とは、落胆するまでが「込み」なのである。何より、恋に落ちたことにより、飛ぶことができた距離を忘れてはならない（注2）。

単純に相手を「人間として」理想化するような、一重の意識では足りない。常に二重の意識を働かせなければならない。

相手が実在の人物であれば、恋が醒めた後、人間同士の関係に移行するであろう。そのときは恋ではなく、確かに愛に変化する必要がある。しかし、それはまた別の物語である。恋において必要な観点は、「受け取る立場」における作法である（注3）。

恋の花ともいう。それはいずれ散る。しかし、実を結ぶ。結ぶか否かは、咲かせ方による。放っておいても咲く。避けることはできない。ならば、苦しさと辛さと痛みを覚悟した上で、真摯に全力で咲かせてみてはどうか。

咲かせ方には作法がある。見せ方も、魅せ方もある。散り方もある。それを知るには、ある程度の場数と、美しい咲かせ方をしているサンプルをできるだけ多く観ることである（注4）。

恋の花が、いずれ訪れる腐臭を内包していることから目を逸らさず、引き受ける覚悟を持つこと。

恋する能力を磨くことである。許された時間は、そう長くはない。

注1　私は、小林秀雄の『モオツァルト』を読んで、井筒俊彦の『意識と本質』を読んで、恋に落ちた。私が知りたいと思ったことは、そこにすべて書かれてあると「思い込んだ」。彼らに、私自身を導くウェルギリウスを観た。しかし私は、それが非人間的なものであることを理解していなければならない。ウェルギリウスが小林の口を借り、井筒の手を借りて語っていると「思い込み」、翼をはためかせている自覚を持つ必要がある。

注2　常に自らの力だけで飛んでいると思い込んでいる者の飛翔距離は短い。ヒトという種が、集団でシステムを作り、分担し、協働して補うことで生き延びて来たことを看過している。想像力と感謝の念と畏敬の念が足りない。その者たちは、学ぶということの神聖さを理解していない。

注3　与える立場に軸足を移すことは必要であるが、それは受け取る立場の軸足を失うことではない。当然、どちらも必要なのである。自らは与える立場になったのだ、だからもう受け取ることはない。そう言い切る者は、単に思い上がった傲慢な者でしかない。学ぶことを忘れたお山の大将である。部分でも良い。全面的に惚れる必要はない。しかし、それは案外高度な技術である。身を焦がすほど全霊で恋に落ちたものだけが、部分に恋する余裕を持てる。そしてその余裕は、人を愛する必要条件である。愛するとは、あばたをえくぼに読み替えることではない。あばたはあばたである。愛するとは、「あばたがあるから育まない」という選択肢を排除することである。

注4　ただ通り過ぎるだけではいけない。

告白するときのこと

恋愛相談を私にしたところでロクな回答は得られない。私を良く知っている人からすれば、おおよそ見当がつくだろう。とはいえ、私もカウンセラーの端くれなので、私の方から何か「アドバイス」をすることは滅多にない。拙い「聴く技術」を先鋭化させて相手の話を聴き、相手が半分意識していることを浮上させ、それを意識化してもらうことに集中する。誤摩化す、というと語弊はあるだろうが、私としては至極真剣なのである。そもそも、どうやったら告白が成功するかとか、どうやったら彼女彼氏と上手くやっていけるのかとか、私には皆目見当もつかない。むしろ教えていただきたい。

そうは言っても、いくつも聞いていると、ある程度の方向性というか、そういうものが感じられるときもある。

私が「あぁ、この人は告白しても、あんまり上手くは行かないだろうなぁ……」と思う場合がある。その共通点は、告白しようとしている人が、「いかに自分を受け入れてもらおうとしているか」にエネルギーを注いでいるパターンであった。実際このパターンでは、告白した後に速攻でフラれる、あるいは一応付き合うことにはなるものの長続きしない、ということがあるようだった。

まず、「好きな人がいる」と言っているのだが、どういうところが好きなのかを聞くと、大変表面的であることが多い。「見た目」であるとか、「優しい」であるとか、「明るい」であるとか、「いつも元気な笑顔」であるとか、「友達が多い」であるとか。男性の場合は特に、性的に好きになっているという情報が全体像を惑わす。「人として好きだ」などと軽々に言うが、相手が異性の場合、性的な欲望を除外することが極めて難しい。それはほとんど別働隊で勝手に動いている「何か」である。

もちろん、一目惚れということもあるし、そのあたりはあまり突っ込んでも仕方がないかもしれない。仕草や表情の作り方も「見た目」には含まれるわけであるから、重要なファクターとはいえる。しかし、たとえば私が〈その相手のどんなところが知りたいだろう……?〉と問うと、急に答えに窮することが多い。

だから、私は質問を変える。〈えぇと……、たとえばさ、好きな芸能人とか、歌手とか、そういうのはいるかしら?〉。そこで、たとえば広末涼子が出て来たとする。〈広末涼子の、たとえばどんなことが知りたいかしら?〉。こう聞くと、案外すんなりと、色々なことが出てくる。好きな食べ物が知りたい、オフの時にはどんなことをしているのか知りたい、好きな映画、本、絵画、小学校のときにやっていた習い事、部活、音楽系ならそのパートなど。

広末涼子が相手なら、これだけ沢山出てくる。しかし、その「告白したい相手」に対しては、広末涼子ほど「知りたい」ことが出て来ない。これは何故なのだろうか。

おそらく広末涼子に「自分を理解してもらい、受け入れてもらえる」余地はほぼゼロである、という点が大きく関わっているように思う。芸能人は、私たち一般人とは生きている世界が違い過ぎる。だから「自分を受け入れてもらう」ことに関しては、ほぼ思考がストップするのではないか。「完璧な片思い」であることを十分に承知しているからこそ、相手のことを沢山知りたい、皆が知っている情報だけでは満足できない。そういう思考パターンに入るように思う。

この方向性を日常生活で告白したい相手に対して発動し、かつ無理に実行すると、それは「ストーカー」となる。一方的ではいけない。相手の反応を見ながら、極めて繊細に立ち回る必要が出てくる。しかし、「知りたい」という気持ちが勝ることが、いわゆる恋でもある。

広末涼子が読んでいる本を知ったら、それを読んでみたくなるだろう。彼女が好きな映画も見たくなるだろう。どんなシーンが好きなのかも、何らかの方法で知りたくなるだろう。相手が広末涼子の場合には、ネットなり何なりで調べ、さらには金銭を引き換えにファンクラブに入って独占情報を入手するしかないが、身近な人であれば会話をすることができる。

だから「告白する」という前段階に、この作業を入れる必要が出てくる。実際に話し合える間柄となり、好きな本、映画、絵画、部活をやっていたらその話、さらには好きなシーンや役者の言葉遣い、好きな食べ物を出してくれる店、そこで出される前菜のプチトマトの味、好きな季節に見る好きな場所から見た海の色、そういったものを語り合える仲になる。そして、実際にその海に行ってみて、店に行ってみて、映画を観て、本を読んで、相手が何を感じていたのかを知りたくなるのではないか。どのシーンで泣いたのか、それを知りたくならないか。

その作業があったら、堂々と「好きだ」と言えるようには思う。そして、フラれても、案外気持ちのいい涙も流せるようにも思う。

私の授業でも、いわゆる傾聴技法を取り扱う。頷き・あいづち・繰り返し・気持ちの反射・言い換え・要約・オープンクエスチョン。さらには座る位置、パーソナルスペース、視線の位置等々。しかし、これらはあくまでも「型」であり、そのまま実行すれば相談者が心地よく話すことができるわけではない。あくまで、「まずいこと」をしないように、一応型をお伝えしているだけである（「まずいこと」とはたとえば、相手の話題を奪う、頷きまくることで不快感を与える、生返事をするなど）。いってみれば、『あなたもこれでモテる！』という本を読んで、その通りに実行すればモテるわけではないだろう。それと同じである。本質をつかまなければならない。

傾聴技法はおそらく、「人は、大抵自分のことを話したがっている」という部分にフォーカスがあてられている。どんなに内気な人であっても、それは自分のことを話したくないということとイコールではない。ほとんどの場合、聞き手の「聞き方」が悪いから、話し出せないということばかりである。私がスクールカウンセラーをしていた際に面接をした児童・生徒の多くは、クラスでは「あまり喋らない」タイプであった。

しかし、私と会っている最中は大変良く話すということも多い。人は、話したいのである。自分のことを理解してもらいたいものなのである。それは、私自身のことを振り返っても良くわかる。私は、自分の話をしたい。私を、理解して欲しい。相手が話したいことを、ソクラテスの産婆術のように、うまく、するっと引き出すこと。そこが傾聴技法の本質的な部分なのであろうと、私は思っている。だから、傾聴技法を使う者のキャラクターによっては、様々な部分が修正されることになる。

告白するのであれば、その告白したい相手の「話したい欲望」に火を付けなければならない。その際、傾聴技法は役に立つだろう。これは、「自分を受け入れてほしい欲望」だけで押し進めることとは、まるっきり違う。全然違う。

「自分を受け入れてください！」という告白の場合、自分のことを伝えまくって終わる、ということである。「自分のことを話したい、自分のことを理解してもらいたい」という、自分の欲望のみを相手にぶつけていることになる。相手としても、「そんな、自分のことばっかり言われても……」ということになるだろう。ストーカーと呼ばれてしまう状態の場合にも、自分がいかに相手のことを好きであるか、という点のみを一方的に伝えることにもなる。自分自分自分自分。相手のことは見えていない。これは、いってみれば、気持ちが悪い。

相手に興味を示すこと。徹底的に興味を示すこと。まるで、広末涼子を知りたいかのように、告白する予定の相手について思いを巡らせること。おそらく、これが第一歩なのであろう。

これができるようになった。確かに告白は成功した。付き合うことが成立した。しかし、問題はまたやってくる。最初のうちは、「相手のことを知ろう」というエネルギーが持続してはいたものの、徐々に、「自分のことを理解してほしい」部分が前面に出て来る。Love don't come easy, but it's a game of give and take と歌っていたのは誰だったか。ここでいうギブ・アンド・テイクは、おそらくこのエネルギーの交換のことなのだろうと思う。

とても難しい。少なくとも、私にとっては。

理想化と幻滅

以下は異なる相談に関する内容であるが、今回のテーマとなるのは、「理想化と幻滅」であるようだった。はじめのうち、強力に相手のことを買いかぶって、それが思い描いた通りではないことに急に気が付き、熱が冷める。この度、数件聞いた内容には、そういうパターンがある程度共通するようであった。

まだ付き合うまでには到っていないが、意中の相手を烈しく理想化しているパターン。付き合っている相手を、極めて強く理想化しているパターン。付き合っている最中に理想化が瓦解し始めているパターン。別れた後に、幻滅を通り過ぎてほとんど「こき下ろし」のようになっているパターン。色々あるようではあったが、いずれにしても、「理想化と幻滅」の問題である。

相手を理想化する、買いかぶる、という状態は、恋愛においてほぼ必須であるようにも思う。しかし、その理想化にまっすぐに入り込み、そのまま直接、幻滅に打ち砕かれている状態というのは、少々幼い、ということになるのだろうか。

次の段階で来るのは、「どうせ女なんて……」「どうせ男なんて……」というような、理想化する前から、強力な防衛線を張り巡らせる方略かもしれない。

（一）理想化と幻滅のループに、ゼロ距離で入り込んでいること。
（二）幻滅することを回避するために、最初からむしろ幻滅状態に入っておくこと。

大体、この二つが入り乱れている話を聞くことが多いようにも思う。

しかし、これだけなのだろうか。

以前、福田和也の『悪の恋愛論』を読んだ際、スタンダールの『恋愛論』の内容が引き合いに出されている箇所があり、それを思い出していた。


ザルツブルグの近郊には、岩塩の鉱山がたくさんあります。その、岩塩を掘っている洞の中に小枝を投げ込んでおくと、半年ぐらいの後には、微量の湿気とともにその枝についた塩分が固まって、見事な塩の結晶で小枝は覆われて、まるでひと塊の宝石のようになるそうです。／スタンダールは、片想いが、その対象をいかに美化するか、ということをこの鉱山での現象をひいて、「結晶作用」と云いました。

／つまり、恋に落ちた人間の感情というのは、大きな岩塩の洞のようなものです。／そこに恋する人、つまりは片思いの対象である相手が、小枝として投げ入れられる。／すると本来、小枝でしかない相手が、みずからの恋情から分泌されたエキスによって、大変美しい結晶にまで育ってしまうのです。／この話で、スタンダールは、何を云おうとしているのでしょうか。／それは、けして、恋をしているうちに相手を美化してしまい、その価値を過大評価してしまうから気をつけましょう、という話ではありません。／もちろん、美化をしてしまうことについて、多少の意識が必要であることはたしかです。／でも、スタンダールの論点は逆で、ただの小枝に、かくも多くの結晶を付してしまうことのできる、恋の、あるいは人間精神の、比類ない力を見出しているのです。／だからこそ、恋は素晴らしい、と。（福田和也『悪の恋愛術』講談社現代新書 pp. 64–65）

この喩えで、先ほどの（一）（二）を読み替えてみる。

（一）「わー！ きれいな宝石みたい！」……「え、なによ、ただの枝じゃない。騙しやがって。最低」
（二）「ふん。しょせん、みすぼらしい枝だろ。宝石なんてこの世に存在しねーよ」

とすると、小枝そのものの良さを無理矢理探す、という手だても、あるにはある。

（三）「小枝……！　そう！　この細さ！　折れやすさ！　なんと可憐！」

多少無理がある。しかし、そういう無理をする方も、実際にいらっしゃるような気がする。

しかしスタンダールは、小枝に塩の結晶がついて美しくなるということを、むしろ積極的・意識的に行う、ということを伝えようとしているようであった。

（四）「たとえ元は小枝であったとしても、ほら。これほど美しいものとして見える。良いか、元は小枝なんだぞ。好きになったら、これほどの結晶をまぶすことができるんだ。それが人間なんだ。なんて素晴らしい生き物なんだ」（注1、注2）

元が小枝であることも、勝手な思い込みで美しいものに仕立て上げてしまうこともすべて分かった上で、恋愛という現象をすべて享受する覚悟を決めるということなのだろう。これは、そう簡単にできることではない。

これらが外部からどのように見えるのかをシミュレートしてみる。

（一）→子どもっぽく見える。

（二）→ニヒル。ただ、「酸っぱいブドウ」のような、やせ我慢にも見える。

（三）↓何かを超越した感じ。でも、それは恋愛とは言わないような……。
（四）↓子どもっぽくは見える。でも何かがちょっと違う。

おそらく、こういうことだろう。（四）は一見、（一）と同じように見えるであろうということ。ただし、その内情はかなり異なる。一回転して次元が一つ繰り上がると、外部からは一番低次のものと同じように見えてしまうことはあるのだろう。

スタンダールが言おうとしていることは「自己中心的」ともいえる。ただしそれは、「相手のために」という口あたりの良い隠れ蓑に隠れて、本当は相手から搾取しようとするような偽善人間でいることをやめ、本当に自分を中心に置き、すべては自分の利のためにやっているということを十分に意識した上で相手にエネルギーをかけていくという、ある意味では悲壮な覚悟であるようにも思える。

この場合の自己中心性は、いわゆる「身勝手」「傍若無人」であることとは違う。誰かのために、という偽善を排除していった結果、そこに行き着くしかなかった、という消去法の自己中心性である。

たとえば誰かと会話をしている最中に、相手に心地よくなってもらおうとする。しかし「相手が心地よくなる様子を見ることによって自分自身が心地よくなること」を目的としている部分は否定できない。だから、相手のためなどと言っているが、結局は自分がそういう状況を心地よいと思っているから相手をもてなしているだけである、という意識。そこから決して逃げないこと。

理想化することも「こちら側」の都合である。相手の都合など、実際のところ考えてはいない。それは、相手を思い通りにしたいという、欲望のエネルギーをぶつけていることにほかならない。そんなものを投げ込めば、かならず裏切られる、すなわち幻滅が訪れることはわかっている。しかし、「相手のため」とは何だろう。共感できた気になったとしても、結局それは「気がする」だけである。機能的に、本当に相手のためになることを真摯に行おうとするのであれば、最終的に自分のためなのだ、ということから逃げてはいけない。そういうことになる。

ただ、どうなのだろう。何かが間違っているような気もする。「最終的には自分のためなのだ！」という「フリ」で終わってしまう可能性も捨て切れない。難しいものである。

その人が一体どのレベルまで到達しているのか、それを判断するのは容易ではない。言葉の上での内容は、常に「フリ」と隣り合わせであるため、あまり深く考慮しない方が良いのだろう。そうではなくて、その言葉の発せられる重みであるとか、ニュアンス、タイミング、つまり方、声のトーン、眉の上がり方、そういった言葉の内容以外のものすべてで判断するしかない。

注1　それぞれを言い方を変えてまとめてみる。
（一）理想化と幻滅のループに、ゼロ距離で入り込んでいること。
（二）幻滅することを回避するために、最初からむしろ幻滅状態に入っておくこと。
（三）相手の「ありのまま」を受け取ろうとすること。「良い」ところを探すこと。
（四）理想化することは前提として、意識的に理想化していき、それに伴う幻滅も享受する覚悟を持って進むこと。

注2　相手の素質を見抜いて、水と光を与え、成長させるということも考えられる。その際には、フロムの愛に関する言及は参考になる。

幼児の時の愛は〈私は愛されているゆえに愛する〉という原則に従っている。成熟した愛は〈私は愛するゆえに愛される〉という原則に従っているのである。未成熟の愛は〈私はあなたを必要とするゆえに愛する〉といい、成熟した愛は〈私はあなたを愛しているので、あなたを必要とするのだ〉という原則に従っているのである。（エーリッヒ・フロム『愛するということ』紀伊國屋書店　p. 68）

これは、受け取る立場と与える立場の違いでもある。与える立場にシフトしたものの意識を書いているのだと私は思っている。

モテること

パターンとして、おとなしい感じの女性を好きになるタイプの男というのがいるらしい。穏やかで、優しそうで、話していて面白く、温かそうである女性。ついでに見た目がかわいかったり綺麗だったりすればなおのこと良いらしい。わからないでもない。しかし、好きである理由が「穏やかで、優しそうで、話していて面白く、温かそうである」だけであると、男がそういう女性に告白をしてもフラれる。

女性の場合には、頼りがいがあり、知的で、冷静で、戦うときには勇ましいような男性を好むというパターンはあるらしい。当然、見た目がかっこ良ければなお良いらしい。しかし上述の場合と同様、それだけで告白をしても、やはり、あまり上手くは行かないようである。

どうも、男性は女性に母親を求め、女性は男性に父親を求めるらしい。受け入れてほしい。よしよししてほしい。それはわからないでもない。しかし残念ながら、恋愛において自分が母親役や父親役を引き受けたいという人はそうそう多くはない。年長者が年少者を「かわいがる」場合には別であろうけれど。

性別的な男性・女性から離れて、男性性・女性性と分けて考えると、確かに男性性は「ロゴス（理性）・力」、女性性は「エロス（つつみ込むような、つなげる力）・感情」というようになるのだろう。ギリシャ神話に登場する男性神・女性神を見れば、大抵そのような分かれ方をしている。当然、男性も内的に女性性を持っているし、女性もまた、内的に男性性を持っている。だから、結局皆、精神的には両性具有ということにはなる。

しかし、せめて告白する際には、「自分を受け入れてほしいのです」というアピールで終わるのは止めておいた方が良い。モテモテになる必要はないだろうが、しかし「モテるとは何か」ということは、少し考えた方が良いようにも思う。

「モテる」は、「持てる」から来ている。つまり、「持つことができる」という可能性を表わしている。これは、異性を持つことができるということではない。「与えるものを、これから先も多く持つことができるキャパシティがある」ということである。必ずしも、今、多くを持っている必要はない。重要なのは未来のことである。

男が「持てる」ものは、智慧や知識、権力、あるいは金銭であることも多い。女性を引きつける力として、このあたりは見た目よりも強い力を持っているようである。それは、女性を引っ張って行く力でもある。

女性が「持てる」ものは、やはり智慧もあるだろうが、包容力、温かさ、情緒の豊かさなどでもあろう。ただし、男性よりも美貌というものがかなり強力に働くようではある。

しかし重要なことは、「持てる」という言葉に可能形が用いられていることなのである。そこで示されるものが、今後も増大して行く可能性が示されていなければならない。

この観点からいえば、男女ともに、「美貌」というものは、担保として極めて不安定であることが露呈する。残念ながら、身体的な美しさ、特に性的な魅力というものは目減りする。年齢が上がるほど魅力的になる部分もないとは言わないが、性的な部分に特化するのであれば、必ず目減りして行く。

身体能力というものも、残念ながら目減りする。いかに華々しいスポーツにおける成果を上げても、年齢とともにその能力自体は衰える。これもやはり、目減りするものである。

だから、本気でモテようと思うのであれば、目減りするようなものを担保として生きない方が良いことになる。

グラビアアイドルの中で、単純に若さや、生まれ持った性的美貌「だけ」で売っていた人がどれだけ生き残っているだろう。日本代表選手となったとしても、五十歳まで生き残っている人がどれだけいるだろう。生き残る人に共通するのは、「考える力」があることである。ある意味では、頭が良くなければ、結局生き残れていない（注）。

芸能人や有名人の場合、「モテて」いなければならない。人気がなければ番組などで起用されない。衰えて行くものだけを担保としている人物であれば、それが衰えれば、新しい人物と取り替えられるだけである。

では、あなたは今、目減りしないものをどれだけ持っているだろうか。あなたは今後、どれだけ他者に与える可能性を有しているのだろうか。

ポイントはそこなのである。受け取る立場（ポジション）から与える立場（ポジション）へのシフト。結果的に「モテる」人とは、他者を愛することができる人間である、ということにもつながる。

私としては、特に男性に必要なことは、知識というより智慧を与えることができるかどうかではないか、とは思っている。知っている内容の豊富さではなく、考える方略そのものを与える、あるいは考える方略を広げることができる可能性をどれだけ秘めているかが、女性を惹き付けるのではないか、とは思っている。

女性にとって必要なことは、どのように「感じる」ことができるのか、その方略を豊かにする可能性ではないか、とは思っている。つまり、感情の部分である。感情の豊かさでは、男性は女性に勝つことはできない。

いずれにしても告白をする際には、過去ではなく、現在ではなく、今後のことが重要になる。当たり前だ。なにせ告白をして「これからあなたと付き合って行きたいです」と表明するのである。重要なのは今後のことに決まっている。

だから、フラれてばかりの人には、「日に二回、自分が何を与え得るであろうか、と頭の中でつぶやいてみてはどうだろうか？」と提案することもある。午前中に一回、午後に一回。寝る直前は止めておいた方が良いけれど。

与え得るものは、金でも、家でも、土地でも、知識でも、性的満足でも、そういう浅はかなものでも構わない。大体、ある程度の金を与える可能性を示唆できなければ、少々生活に困るのであるから仕方ない。性欲だって結構長らく人間を患わせるのである。できればそれも与えていただきたいところである。しかしそれ以外に、智慧、情緒的豊かさ、そういったものを深めて行くことを与えられるのかどうか、今しばし考えてみるのはどうだろう。

私は何を与えうるのだろうか。智慧は？　情緒的豊かさは？

注　当然ここでいう頭の良さとは、勉強ができることではない。

甘え上手と甘え下手

甘え方が下手というのは、「食ってかかる」「ふてくされる」「すねる」など、強烈な方略をいきなりとってしまうことが関連する場合があるのだろう。これらが有効に働くためには、甘えて良い関係性がかなり強固に確立した状態が必要である。だから、関係初期の段階から「すねる」行為を選択し、それを先読みして甘えさせてくれなければ相手を「うらむ」という場合、相当に甘え方が下手である。

甘え上手というのは、相手が甘えさせても良いと感じている状態を適切に感じ取り、その範囲内で最大限のものを引き出すことができる人のことであろう。越えてもいけないし、引き出さないことも逆に非礼となる。しかし、「甘えさせても良い」と感じる範囲は常に一定であるわけではなく、それまでに積み重ねて来た「恩」や、接触していた時間、好みなどがパラメータとして常に変動している。そのパラメータが総合的に作り出す面積が「甘えさせても良い範囲」ということになるが、これを瞬時に読み取る能力というのはかなり高度なものである。

「対人距離が適切に取れる」というのは、基本的にこの「パラメータ読み取り能力」にかかっている。欧米のように「個人」という思考パターンがベースにあれば、これらパラメータを暗黙の内に読み取る必要はなく、言語で表現されている内容、また社会的地位や関係性という目に見える論理的な情報で判別できることの方が多くなるのかもしれない。それが、欧米の人間関係が日本人にとって、ある部分ではドライに見える要因と考えても良いのかもしれない。

しかし、土居健郎も『甘えの構造』（弘文堂）の中で記すように「犬でも甘える」のであって、欧米人が他者に甘えないというわけではない。それを意識できるか、甘えを看取する能力を滋養しているかという問題である。どうやら、言語表現・合理的内容に慣れ過ぎていると、今度は言語外の甘えに関しては看取する能力が下がるらしい。かといって、言語外の甘えを主軸に置き過ぎると、今度は言語表現・合理的内容に鈍感になるらしい。バランスの問題ではなく、どちらも大切である。どちらも意識して調整する能力が求められている。それが「粋」ということにもなるのであろう。これらができない状態を「野暮」とも呼ぶ。

先にも少し記したが、この範囲までは甘えさせて良いと思っているにも関わらず、「遠慮」「気がね」して甘えない場合、状況に対する合理的判断が優勢に働き、関係が途絶えることもあるのだろう。甘えてくれないということに寂しさを感じてしまい、甲斐がないとも感じられるかもしれない。場合によっては非礼と受け取られることすらあるだろう。

本当に難しいが、この難しさがなければ、人間関係で悩むことも、悲しさを感じることも、喜びを得ることもないのだろう。問題が発生しない場所には喜びも生まれない。哀しみが伴わない場所には愉しさも訪れない。何もなければ、何もないというだけである。

何も考えずに甘えても幼いだけであるが、甘える行為をこれほど繊細に感受するよう訓練されてしまった国民であるので、その感受性は生かした方が良いのだろう。無意識的にではなく、意識的に甘えること。

武士の間合いのようなものなのだろう。空気を読むというのも、おそらくこの感受性を用いるのであろう。欧米人が空気を読むという意味を理解できない場合が多いのは、甘えを理解するアンテナを滋養していないからと考えてみても良いのかもしれない。

「あなたのことが好きよ」と平板な声で言うことと、「……嫌いよ……」と拗ねたように言う場合では、後者が「好きです」と伝えている。しかしそれは、「非言語的内容」によって伝えようとする「甘え」である。甘えは、言語表現「ではないもの」である。それを多用し過ぎれば、言語的コミュニケーションが解体する。しかし、使わなすぎれば味気ないものとなる。

「自分自身のことが嫌いである自分が好きである」的な状態への対処

いくつかの仕事を掛け持っていたとき、あるいはいくつかサークルを掛け持っていた学生時代がある。Aという所属集団であまり打ち解けることができなかったりすると、「まぁ、Bでは上手くいっているし」というような考え方が浮かぶ。今でも私は、「Aの仕事が上手く行っていなくても、Bという仕事では評価されたし」というような思考パターンが浮かぶことがある。

ある意味では、自分自身への評価をある程度保つために必要なことなのだろうと思うし、健康であるということでもあるのだろう。しかし度が過ぎると、失敗や上手く行っていない状況の分析がおろそかになることもあろう。特に、Aという所属集団にいながらも、Bという所属集団で上手く行っていることを話したり自慢したりしたくなったときには注意が必要である、と思っている。

自分自身への評価のことを、自己評価と言ったり、自分自身のことを大切だと思うことを自尊感情と言ったりする。自己評価が高いことを良しとする場合もあるし、自尊感情が低いことを悪しとする場合もある。それは確かに一理ある。自己評価や自尊感情が低すぎる場合には、何をするにもエネルギーがないような、極めて受け身であるような、かといって芯から謙虚なわけではなく、妙に斜に構えた卑屈なモードが見え隠れし、実のところ「そんなことないよ」と言ってもらうのを待っているかのような、複雑で厄介な状態に陥っていることもある。

自分自身でその状態に入っていることに気が付いていることがマシかというと、これもそうでもない。

「自分自身を評価できないという状態を知っている斜に構えた自分というものが嫌いではない」という、まるで二重否定のような「結果的に自分のことが好き」というパターンに入る場合すらある。

これは、「自分自身のことが嫌い」→「自分自身のことが嫌いである自分が好き」→「自分自身のことが嫌いである自分が好きである状態が嫌い」というように、延々と続く可能性を秘めている。結局、自己評価や自尊感情の高低は、どの時点での「好き／嫌い」を汲み取るかによっても変化してしまうので、あまりこれらの言葉に左右されない方が良いのかも知れない。

いずれにしても、「自分のことが評価できていない状態」というのは、「自分のことが好きではない（嫌い）」という基底がある。それが何重にも「好き嫌い好き嫌い」で覆われ、何が何だかわからないようになっているとしても、最終的に「他者からの評価」を求めて動くという部分はおおよそ変わらない。私が、A集団でうまく行っておらず、A集団にいる最中に「B集団での自慢」を始めているときには、B集団では上手く行っているということをA集団メンバーから評価されたい、ということに集約されるであろう。

大変ややこしいが、実際にややこしい問題なのである。

ある種の能力が高いほど、複雑になって行く傾向があるように思える。それは、知的能力とはいいがたい。やはり、ある種の能力としか言いようがないのであるが、強いて言うなら、「他者の感じていることを看取するアンテナの感度」とでも言おうか。感度が高いだけで、それを上手く使えていない場合に、この暴走が起きることが多いように思う。

そのような、いわばアンテナの感度は高くても上手く活用する方法を学ぶ機会がなく、また上手く活用しているモデルを見ることもなく、たとえば十数年生きていると、知らぬうちに、相当複雑になってしまっていることが多い。どのくらい複雑かといえば、たとえば、

「自分のことを認められないということは知っている。そういうことに自覚がある自分のことは嫌いではないが、かといってそんな風に物事を考えている自分はやはり他者から認められるとは思えない。とはいうものの、そういうことを認める／認めないという二分法で考えているような人から評価されたいとは思わない。結局、そういう孤高の存在である自分のことは嫌いではないが、しかし孤立していることに目をつぶっているだけでもあるので、そういう自分は好きではない」

というくらい複雑になっていることがある。こうなってくると、最終的な「自分は好きではない」から遡って行っても、最初の部分に到達するまでに相当障壁があることになる。

このような場合、「結果」から物事をとらえるしかない。たとえば、私が〈A集団にいる最中に「B集団での自慢」を始めている〉という行動が「結果的に」あったとする。それは最終的に〈A集団メンバーから評価されたい〉ということである、という、ある種の単純化である。もちろん、仔細に眺めれば単純なわけではない。「お前は結局A集団メンバーに評価されたかったんだろ?」と誰かからしたり顔で言われた所で、私は反発しか感じないだろう。私が言おうとしているのは、自分で自分を分析するときに、という話である。〈A集団にいる最中に「B集団での自慢」を始めている〉↓〈A集団メンバーから評価されたい〉。ここに

コメントを差し挟むとすると、「いや、A集団メンバーのことを、私は内心馬鹿にしていて、お前らなんかに俺のことがわかるかよ、ということを、B集団における自慢をすることで伝えたかった」「結果的にA集団からつまはじきにされることによって、実はA集団から抜けたかった」など、様々なものが出て来る。しかし、それらは一旦脇に置いておいた方が良い。この例でいうのであれば、〈A集団の中で、題材は何であれ、自慢話をしている〉という点が重要なのである。

「好きであることの反対は嫌いではなく、無関心である」とは良く聞く内容である。有島武郎やマザーテレサもそのように言及しているらしい。確かに、これは正しいであろう。たとえば、無関心な人に対して、自分自身の自慢をするだろうか。真の意味で無関心なのであるから、自慢話はしないだろう。自慢話をしているということは、好きであれ嫌いであれ、その相手に対して何らかの関心を持っているということである。そしてその関心は、自分自身に関心を向けてほしい、という関心であろう。

だから、結果的には単純な「行為」が浮かび上がって来る。内的には本当に何を考えたのか、何を感じたのか。それは自分自身にだってわかったものではない。人間は、いつもそんな明断に理由を持って行動しているわけではない。まず、自分が「してしまった」行為を、その行為がどのような印象を（自分自身に）与えるのか、という点のみに注目し、自分自身を他者のように分析する、いわば「自己知覚理論」から考えることが、このような複雑さに到達してしまった場合には有効であろう、ということである。

しかし、そこで導き出されるものが「本当の自分」だというわけではない。ここが厄介なところである。ここでの自己分析の目的は、あくまで、自分がしている行為から、自分が動く傾向を把握する、ということである。それを把握した上で、自分がどのような結果を求めていたのかを、まず単純に考えてみる、ということである。

そのような道筋で考えれば、〈A集団メンバーから評価されたい〉ために、〈A集団にいる最中に「B集団での自慢」を始める〉というやり方はあまり効果的ではない。〈A集団メンバーから評価されたい〉ためには、たとえば〈A集団の人々の話を、まずは邪魔せずニコニコと聞いている〉であったり、〈あまりにも相性が悪い場合には、仕方がないので、ニコニコしながらA集団から離れて行く〉という行動が適切なのであり、少なくとも〈B集団での自慢をする〉ことは、求めていた結果を何一つ導き出さないことになる。

まずは、それをつかんでおく必要がある。

そこから先は、誰かに気に入られる技術のようなものになってくるので、次元の違う話である。まずは「妙な行動をストップする」ところから始めるしかないように、私には思える。

バランス理論

社会心理学の分野において、ハイダーの「バランス理論」というものがある（Heider, F. (1958)：*The psychology of interpersonal relations*. John Wiley & Sons.）。ある人（P）と他者（O）とある物（X）の、三すくみの関係を考える（図1）。すると、それぞれが向けるエネルギーが、肯定的か、否定的かによって、＋と－の記号がつけられる。

たとえば図1の場合、対象Xに「納豆」を入れてみよう。ある女性は、納豆が嫌いである。ある男性も、納豆が嫌いである。なるほど、その女性と男性は、「趣味が合う」。ということで、その女性は、男性に対して好意を持つようになる。

この場合、三ヶ所の＋－記号をかけあわせて、全体が＋になっているので、「バランスがとれている」ということになる。

そうは言っても、バランスが悪い事態など、いくらでも考えられる。その場合どうなるのか。

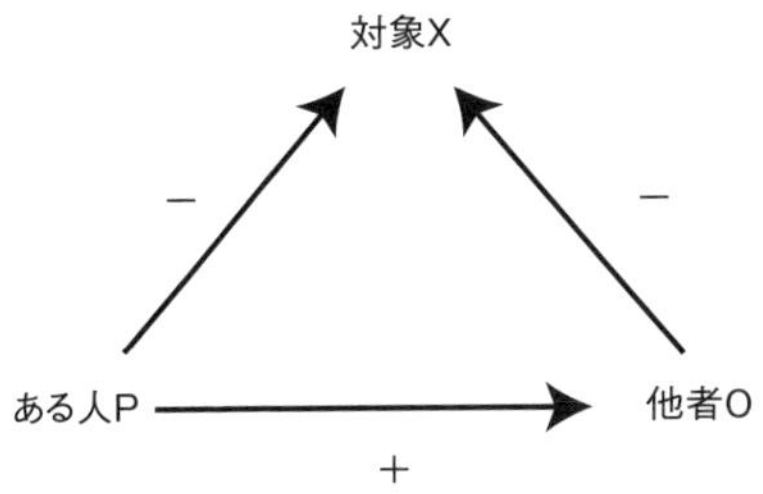

図1　＋ × － × － ＝ ＋ バランスがとれている

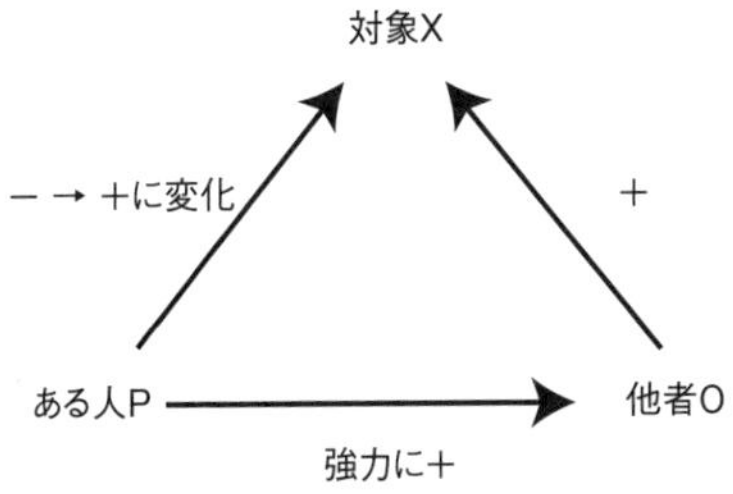

図2　＋ × ＋ × － ＝ －　バランスがとれていない

図2を見てみよう。ある女性は、マンガ『ジョジョの奇妙な冒険』が嫌いだった。しかし、ある男性のことを好きになった。その男性は『ジョジョ』が大好きだった。これは、かけあわせると「＋×＋×−＝−」となり、バランスがとれていないことになる。この状態は気持ちが悪い。だから、どこかの記号を変化させることでバランスを保とうとする。ということで、その女性は『ジョジョ』を読み、「私、このマンガ、案外好きかも……」というように認識が変化することになる。

ここでのポイントは、「あまりにも強固に固まっているものは変化しにくく、一番変化しやすい場所から記号が変化する」ということである。

場合に分けて考えて行こう。

1．ある人が「ある人自身」を強力に嫌いな場合（1）

対象Xには、通常「納豆」であるとか「マンガ」であるとか「第三者」を入れることが想定されてはいるが、あえてここに「ある人自身」を入れてみよう。そしてその人が、自分自身のことを強力に嫌いだったとしよう。それが図3である。

ある女性が、ある男性のことを好きになった。その男性も、女性のことを好きになった。しかし女性は自分自身のことが大嫌いである。そして、その男性のことが強力に好きである。さて、どこの記号が一番変化しやすいか。

そう。その男性は、女性のことを「嫌い」になってしまう。

なぜなら、男性側からすれば、自分が良い、と言っているものを、その女性は延々と否定し続けるのである。あまりに否定し続けるから、男性は女性に合わせることにもなる。なるほど、こんなところが気持ち悪いのか。うっとうしいのか。そう、変化する。

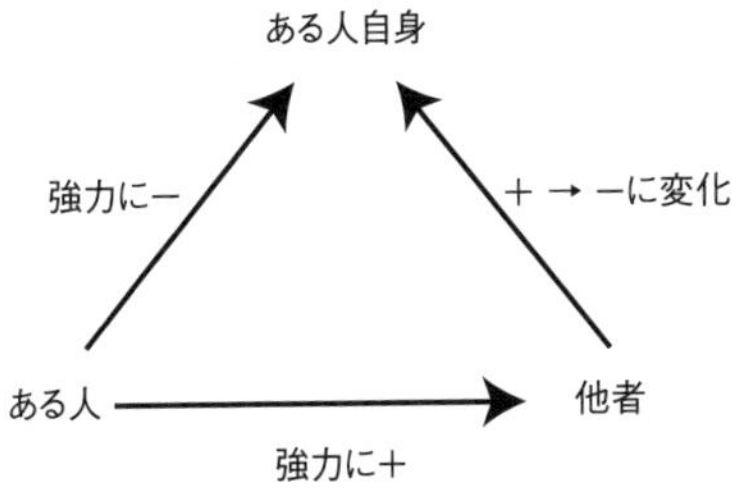

図３　＋ × ＋ × － ＝ －　バランスがとれていない

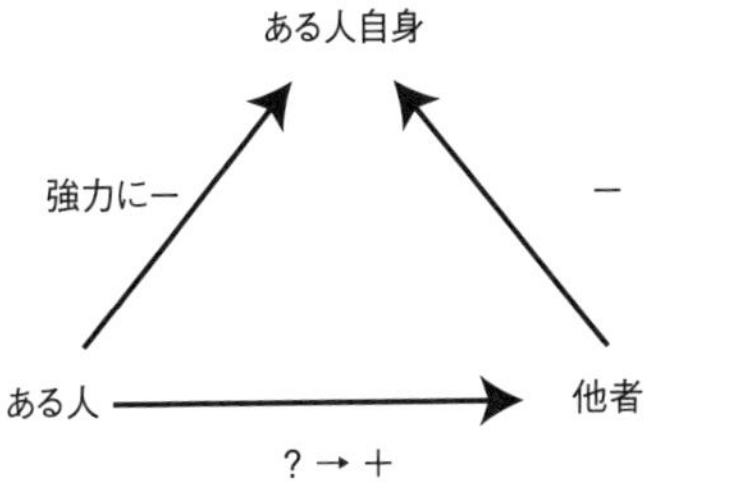

図４　＋ × － × － ＝ ＋　バランスがとれてしまう

2. ある人がある人自身を強力に嫌いな場合（2）

同様に、図4を見てみよう。ある女性は、自分のことが大嫌いである。これは変わらない。そして、その女性のことを否定的に見ているような、ある男性が現れる。するとどうなるか。

そう。その女性は、女性自身のことを否定的に見ている男性のことを「好きになってしまう」。

なぜなら、女性側からすれば、その男性は自分と共通の「嫌いなもの」を持っている相手である。趣味が合う。だから好きになってしまう。

ということは、自分自身のことが嫌いであるという、この（1）（2）どちらのパターンであっても、「実らぬ恋」「不幸な恋」になってしまうことになる。言い方を変えよう。

（1）ある女性は、大好きな男性としばらくつきあうが、最終的には嫌われて、フラれてしまう。

（2）ある女性は、「彼女のことを好きではない」という男性のことを好きになってしまい、追いかけてしまう。しかし、追えば追うほど、その男性に逃げられる。

身に覚えはないだろうか。

自分のことを好きになる、というのは、よくよく考えるとかなり困難な事業である。そもそも、自分自身にとって否定的な箇所があるからこそ、そこを乗り越えようと努力もするし、それを向上心と呼んだりする。

また、「自分のことが大好きなんです！」と、あまりにも大っぴらに言っている人というのは、うっとうしいものである（注1）。

度合いの問題ではある。通常は、好きな部分、嫌いな部分、どちらでもない部分、それぞれ細分化されている。「自分のことが全体的に嫌い。大っ嫌い。存在自体、消えてなくなれば良い。根絶やしになれば良い」というほど自分のことを嫌いである場合、上述の現象は頻繁に起こるだろう。願わくは、「あらあたし、捨てたもんじゃないわね」ぐらいにはなっておいた方が良い。

とはいうものの、この理論は、かなり表面的な人間関係に限られる部分もある。たとえば親友同士であれば、自分は『ジョジョ』が大好きで、相手が『ジョジョ』を嫌いであっても、つまりバランスが悪くても、相手の特徴を認め、それはそれ、として付き合うものである。だから、どのような現象に対しても言えるものではない。

そうはいってもかなり「良いところ」を突いている理論である。例外的な状況を想定するより、まずは理論を尊重した方が良いだろう。

もう少し具体例を出そう。

たとえば、ある男性が「俺、カレーが好きなんだよね」と言ったとする。それに対してある女性が「えー？　なんであなた、カレーなんて好きなの？　あんなの小麦粉まぶしたカロリーの固まりじゃない」と言ったとしよう。その男性は気分を害するのではないだろうか。そして、女性のことをうっとうしいと思うようになるのではないだろうか。これならわかるはずである。相手の趣味をいきなり否定しないこと。これは鉄則である。

では、「自分のことが大嫌い」な女性の例を考えてみる。女性が好きな男性から告白されたとしよう。

「俺、あなたのことが好きなんだ」

「ぇぇ！　なんであなたのような人が、私みたいな（ウジ虫のような）人間のことなんて好きになるの？　信じられない……」

構造はカレーの場合と同じなのである。言い換えればこの女性は「あんた、趣味悪いわよ」と、男性に面と向かって言っていることになる。

小手先の技術ではあるが、そこは「ありがとう。とってもうれしい」と答えるのが一応正解である（注2）。また「好きな人が好きなもの」に興味を示すことは、全体の矢印が＋になるように変化する。だから誰かを口説こうと思ったときにはまず、相手が興味を示しているものに興味を示すことが重要となる。自分の好きなものに興味を持たせようとするのは初手としては間違っている。それは相手があなたのことを強力に、動かぬほど好きになった場合にだけ有効な手段である。

当然これは恋愛関係のみに限らない。女性を教師に、男性を生徒に置き換えても同様である。生徒から総スカンを食らう教師は「自分自身のことが大嫌い」である可能性は思いのほか高いように思われる。

自分のことを謙遜して表現した方がこの国では受けが良い。そのため、それが板につきすぎて過剰になってしまうことがある。控えめにするのは場合によっては重要だとは思うが、何にしても常に強固で過剰な自己卑下というものは、逆に相手を馬鹿にすることにもつながることを知っておいた方が良いのだろう。

注1　過剰に自分のことが大好きアピールをしている場合には、自分に不足している部分から目を背けるためにしている、つまり自分のことが無意識的に大嫌いなことも多いので、ややこしい。過剰なナルシストは自分のことが大嫌いであると想定してほぼ間違いない。大抵の「過剰さ」は、その「逆」である。ただし、それらすべてを理解した上で、あえて自在に操作してくるという猛者もいる。ややこしい。

注2　自分自身のことが大嫌いなある人が、自分自身を好きになる場合というものはいくつか存在する。ごく稀なケースではあるが、ある人があまりにも好きで尊敬している他者がいたとする。その他者は、どんなことにもめげずに、ある人自身のことを「良い」「すてきである」と言い続ける。この状態は「バランスが悪い」。だから、ある人は、自分自身のことを「好きになる」しかない。おそらくそれは、教師と生徒との関係で起こる可能性のある出来事でもあるのだろう。ただ、そのためには、ある人が無条件で徹底的に尊敬し、惚れ込むような教師がいなければならないという難問がある。大抵、過剰な惚れ込みがある場合には「理想化」が起こっているので、これもなかなかうまくは行かないことが多い。

恋愛にスリルを求める人

恋愛にスリルを求める人とは一体何であるか。

スリリングな恋愛と言った場合に、第一に危険な状態が想起される。しかし、その危険とはどの程度のものであるか。たとえば、いくらスリルを求める人とはいえ、シリアルキラー（連続殺人鬼）とぜひ付き合いたいという人はほぼ皆無であろう。つまり、求めているものはせいぜいジェットコースターや、極端な場合でもパラシュート有りのスカイダイビング程度ということになる。シリアルキラーとぜひ付き合いたいというのは、基本的にはパラシュートを付けずに飛び降りたい、ということと等しい。

多くの場合、不倫、浮気など、ある種のルールによって定められている範囲を超える恋愛をしたい人々がこれに当たることが多い。場合によっては「危険な香り」などと言って、不法行為を行っている「アウトロー」な者と付き合いたい、そういう人を求めるという場合がある。しかし、基本的にその場合でも、どこかでリカバリーが利く、修正が可能であるという漠然とした「甘い」考えがあることが多い。実際には本格的に取り返しが付かないことも多いのであるが、それは実際に取り返しがつかなくなってから「甘かった」という認識を得ることになる。フィロバティズム（怖いもの知らず）の場合は、このリスクを低く見積もる、あるいは「自分は大丈夫！」という謎の自信によって派手に動くことになる（注1）。

リスクを高く見積もり過ぎて、まったく動かない状態がオクノフィリア（引っ込み思案）である。引っ込んで、「安全基地」に残っていようとする。しかしこれもまた、安全基地を過剰に高く評価している状態でもある。比較的安全ではあるかもしれないが、本当に安全なのであろうか。内田樹が言うように、リスクではなく「デンジャー」が訪れた際、そこは安全でもなんでもなくなる。避難所は「比較的」安全かもしれないが、そこにゴジラがやって来れば、当然安全ではなくなる。

どちらにしても、安全という点に関して思い違いをしていることはわかる。フィロバティズム（怖いもの知らず）の場合には、空や地面、空気や木々、岩や崖などが自身と融合してしまっている。まるで、母子が一体になっている乳幼児のように。世界と自分は相互に浸透し、ぐちゃっと一体となっている。オクノフィリア（引っ込み思案）の場合にも、怖いことがあったら抱きつく「母親」的安全基地を過剰に評価している。やはり、母子一体の乳幼児のようである。

バリントは溺れた人を例としてあげている。もし溺れたとして、「いやぁ、オレっちは全然平気！」と言っているフィロバティズム（怖いもの知らず）的人間は、川の流れも体力も水の冷たさも甘く見すぎている。おそらく溺れるだろう。かといって、ワラにつかまってなんとかやり過ごそうとするオクノフィリア（引っ込み思案）的人間も、つかまっているのはただのワラなのであって、溺れている状態から救われることはない。やはり溺れるだろう。そうではなく、泳ぐ能力をある程度身につけておくという準備があり、自身の体力を正確に把握し、適切に環境を観察して把握し、それらを通して近くの岸になんとか泳いで行き、陸に上がるという具体的方略を冷静に採る必要がある。それが reality testing、つまり「現実検討」である。フィロバティズム（怖いもの知らず）も、オクノフィリア（引っ込み思案）も、「現実検討」ができていない。ある種のフィルター越しに世界を見ていることになる。そのフィルターは、危機が訪れた際、大変脆い。ある場面では有効に働いていたとしても、である。

もちろん、恋愛にスリルを求めるという場合に、実際に存在する「ルールを破る」危険が必要なわけではない。「何が起こるかわからない」というスリルも存在する。次にこのタイプについて考えてみよう。

たとえば対人距離といった場合、物理的な距離と、精神的な距離の二種類に分けて考えることは有用である。当然、物理的な距離と精神的な距離は連動している。密着して歩く男女は恋人同士と考えてまず間違いないであろうし、「半径十メートル以内に近づけたくない」という相手とは精神的にも離れている相手だと考えておよそ間違ってはいないだろう。ただ、まったく同じではないことは留意しておく必要がある。文化によっても異なる。

「相手が入ってきても良い距離」というのは、日本的に言えば「間合い」である。これ以上入ってきたら斬るぞ、という距離のことである。当然現代日本で帯刀している者はいないので、斬ることはないが、相手の間合いに意識的に入り込み、取り入ることができる人間を「甘え上手」と呼ぶ。「甘え上手」な人は、相手が嫌がらないギリギリのラインを瞬時にとらえ、その間合いに入り込む。また、入り込んだ後、嫌がられない範囲を拡大していく。元来、相手が「間合いに入れても良い」と感じられるような風貌を意識しているし、コーディネートしていることが多い。それは見た目・服装・言葉遣いなど、表面的なものから始まり、相手の「思い通り」であるように振る舞う技術を携えている。甘え上手とは生まれつきだけではない。それは、生まれつきの感度の良さを土台として、学習と修練によって身につけた特殊専門技術である。

逆に「甘え下手」とは、(一)間合いの取り過ぎ、(二)間合いに入りすぎ、という傾向を強く持つ。ここには土台として「甘えたい」というものがなければ話が進まないのであるが、甘えたいにも関わらず間合いを取り過ぎている状態とはどういうことか。つまり遠慮しているわけであるが、その遠慮している心境を読んでもらい、相手から近づいて来てもらって、甘やかしてほしい、ということにもなる。しかし当然、間合いをとっていたとしてもその人自身に強烈な魅力がなければ、相手は近づいてはくれない（面倒くさいから）。結果的に、求める「甘える状態」が訪れる可能性は低くなってしまう。

次に、甘えたいからといって間合いに入り過ぎるとどうなるか。「鬱陶しがられて嫌われる」。これは、「甘え上手」の人々が行う「どのくらい入ると嫌がられるか」を看取するセンサーを発達させていないことに由来することも多い。また、相手が間合いに入れても良いと感じるような見た目などのコーディネートがおろそかになっていることも多い。あるいは、知識だけで動く「野暮な人」も、このパターンに入り込みやすい。

この（一）（二）の混合のようなパターンとして、間合いに入り込む際に使用する技術選択の誤りというパターンも存在する。つまり、適切に「頼む」ことが必要な状態で、「食ってかかる」行動を選択する人は、基本的に鬱陶しがられる。やはり、嫌われる。これは、間合いに入りすぎて、かつ間合いをとる際に使用する行動（ヒット・アンド・アウェイ）をいきなり使用することによっている。食ってかかることが効力を発揮するためには、相互にかなり強固な関係が成立しており、いわば「ヒット・アンド・アウェイごっこ」として遊べなければならない。まだ関係が成立していない男性の前で「……嫌いよ……」とつぶやいたところで、相手としても「あぁそうか。俺のこと嫌いなんだな」で終わってしまうのである。そこに「本当に好きよ。もっと私を見て」というメッセージを汲み取ってもらうためには下準備が必要である。

さて、相手との間合いをどのように取るか、というパターンを観察することで「甘え上手」か「甘え下手」かが理解できるわけであるが、関係が成立した以降は、距離調整そのものをスリルに、つまり「刺激」

として使用することが可能となる。日常的な表現では「押してダメなら引いてみな」である。「恋はギブアンドテイク」である。どうでも良いけれど。

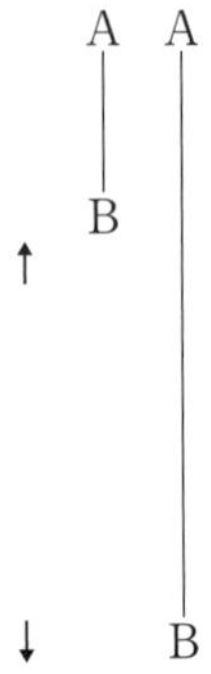

（一）この範囲が広すぎる（刺激がない）
（二）Bが動かなすぎる（刺激に慣れるために刺激とならない）
（三）速く動きすぎる（刺激が強すぎる）

（一）から（三）の場合、適切な刺激ではなくなる。つまり、楽しむスリルではなくなってしまう。ジェットコースターではなくなってしまう。

結婚のような、「共同経営」の場合にスリルごっこをやっていたら経営が成り立たないので、基本的にこの距離は適切な位置をキープすることになる。結婚生活は、構造的に遊びではない（注2）。それは家庭という小規模社会システムを維持する「ため」の、具体的な「仕事」である。しかし恋愛となると、それは本来の意味で「遊び」（何かの「ため」がない、その関係性自体が目的となるような行為）であるので、間合いは適切に緩急を付ける必要が出てくる。そうでなければマンネリ化したつまらない「遊び」になる。遊ぶのであれば真剣にやった方が良い。

ここで、相手に対して、「自分が良く採用する間合いの取り方」はある程度パターンとして示す必要がある。それによって、相手に「先読みしてもらう」ことが可能になる。逆にいえば、ある種のパターンを作ることができたあとで、そのパターンを「崩す」ことを刺激として用いることができるようにもなる。

大抵のカップルは、この間合い調整を適切に行っているのだと思われるが、たまにとんでもないパワーを持つ人がいる（大抵女性）。使用する方略は（三）速く動きすぎる、なのであるが、その人自身が持つ「魅力」があまりに強力なため、男は「振り回される」ことになる。そういう人が実際にいる。女性当人は自らの「魅力」について否定的に捉えていることも多い。大抵は見た目であるとか、身体的特徴であることが多い。それだけではなく、場を支配する精神力であるとか、感受性であるとか、知性であるとか、様々なものが関係しているので一概には言えない。ただ、振り回したくて振り回しているわけではないことも多々ある。

振り回されている男としては「刺激的な恋だ！」とかわめいていれば良いのであるが、残念ながら大抵続かない。私も含め、男は愚鈍だからである。それは結果的に女性を傷つけることにもなる。そのことは知っておいた方が良いだろう。

そういう「間合い」、いわば甘える距離感をめまぐるしく変化させる女性というのは、日常でも困難を抱えていることが多い。そのため、カウンセリングに来ることもある。かつてはこの程度でも「境界性パーソナリティ障害」「境界性人格障害」「ボーダーライン」「ボーダー」と言われていたが、さすがにその程度であれば最近はボーダーとは呼ばれなくなったようではある。それはそうだろう。

しかし、対応方略としては、極端なボーダーラインとほぼ同じであると考えて差し支えない。先ほどの図を再録しよう。

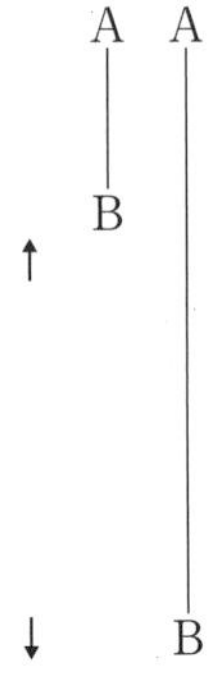

Aを男性、Bを振り回す女性とする。この場合、Bが間合いを広げたら懸命に追いかけるAというのは、あまりよろしくない。これをしてしまうと、Bとしては、もっと試してみたくなってしまうのである。そしてAは振り落とされる（大体三ヶ月。三十日で脱落する者も、三日で脱落する者もいる。
そうではなくて、激しい川の流れの上に浮かぶ落ち葉のようにやり過ごすしかない場合はある。その要点は、こちらから近づいて行かないこと、離れないこと、かといってまったく動かないわけではなく、思い通りには動かないことである。バリントは「アクティング・アウトを許容するしかない」などの言い方を用いているが、土居健郎の『甘えの構造』を参照しつつ日本語で言うのであれば、「相手が甘えているということを認識して、ある程度甘えて良い雰囲気を作り出す」ということになるのだろう。
それは、ある種の一貫性である。これらは「治療」場面でのことではあるが、日常で振り回される女性に対応する場合にも必要な観点である。たとえば振り回してくる女性の場合、予定をドタキャンしたり、直前にならないと会うことがOKかどうかわからなかったり、ということは頻繁に起こる。そういう場合どうするか（注3）。予定の日程は確保しておく。これは確実に行う。そこで待ちぼうけを食らう可能性は常に考慮に入れる。そしてその時間、もしすっぽかされる、あるいは極端な遅刻をされるとしても、時間を有効に活用できるよう準備をしておく。たとえば、「いつかはどうせすること」を、その時間に行うのは極めて効率が良い（注4）。ここで、いわゆる「暇つぶし」のような本を読んだりゲームをしたりしていると、振り回してくる女性Bに対して憎悪が生まれてしまう。来ることを前提とするからいけないのである。振り回してくる、しかしそれにも関わらず魅力を感じてしまうような相手であるならば、そのぐらいは覚悟しておいた方が良い。もちろん、「まったく……。またすっぽかしかぁ。まぁ、失礼ではあるよなぁ」ぐらいの感覚は覚えるのであるが、それは「憎悪」までには発展しない。ここは重要である。憎悪にまでは発展しないため、「反撃」を行うこともなくなる。

相手を振り回す人、いわゆる「気分屋」というのは、結局この「甘えの間合い」がデタラメに操作されていることにほかならない。それを先読みして合わせようとするのではなく、基本は淡々と動かず、ある程度動かされるとしてもその動かされる範囲を最小限にとどめ、特に感情的な起伏が極端にならないようにできる限りハード面から工夫を施すことである。

そういう一貫した、安定した相手と接触を続け、また自らが持つ特徴を適切に把握し、使用する方略が熟練してくると、だんだんと「甘えの間合い」も適切に取れるようになってくる。だから、もしAがBを「育成」（注4）するつもりなのであれば、この「激しい川の流れの上に浮かぶ落ち葉のような」在り方は重要になる。もちろん、ただの落ち葉ではいけない。相手の特性を適切に把握し、フィードバックし、それらの使用法のサンプルを示せなければならないのである。強烈な人間的成熟への修練を前提としている。

結論。

「一般人は、振り回してくる魅力的な女子には手を出さないこと。それはレベルが高すぎる」

注1　フィロバティズムとオクノフィリアは、バリントの造語である（Balint, M. (1959): *Thrills and Regressions.* Maresfield library）。ギリシャにおいて、acrobat という用語は、「（安全な地面から離れて）自分の足で歩く」という文学的な意味が込められていた。性愛を現す phil と、acrobat の合成語としてバリントは philobat と呼んでいる。philobat はスリルを楽しむ。phirobat とは逆サイドに、「ブランコに立ち乗りできない」人、つまり何か危機にさらされたときに、安全だと思われる何かにしがみつくようなタイプの人がいる。これをバリントは ocnophil と呼んでいる。これはギリシャ語で「縮み上がる」「二の足を踏む」「くっついて離れない」「尻込みする」という意味を持つ「オクノ」から来ている。

注2　もちろん、家族成員同士（夫婦）で「遊ぶ」ことはあり得る。しかしそれは、会社の上司と部下が恋愛関係にあり、仕事の際には仕事、夜は恋人というように、適切に切り替えられる公私混同しない強靱さが必要になってくる。どちらか一方だけが強靱なだけではうまく行かない。互いに強靱である必要が出てくる。そうでなければ、「公」の場で「私」が出て来たり、逆の状態になったりする。それができないのであれば、どちらかに限定する必要が出てくるだろう。上手く立ち回れぬ者は、社内恋愛はしないことである。それと

同じである。

注3　そういう人と好んで付き合わなければ良いだけの話であるが。

注4　育成といえば聞こえが良いが、これは結局女性Bを思い通りにしようとする「暴力」の一種であることは認識しておく必要がある。

補足

「Aを振り回したい」というBがいたとする。しかし、Bには元々の魅力が足りない場合はどうなるか。その場合、別段Aは振り回されてはくれない。放っておかれて終わりである。糸の強さが足りないのに振り回したら、糸は切れ、魚は逃げていく。「引っ掛ける」ところまではできたのであるからそれは賞賛に値するが、残念ながらその場合も関係性は「三ヶ月」しかもたないことになる。厄介なことにこの場合、Bは自分の「振り回し方」の方に注目してしまい、自らの魅力を底上げする努力に至らないことも多い。つまり「どうしたら振り回いてくれるのですか？」というような質問を発するパターンに入ってしまう。そうではなく、元来の研鑽を積む必要がある。できれば読書が良いと思われる。

参照

中井久夫『隣の病い』（ちくま学芸文庫）

バリントによれば、治療者は四大（four elements）のようでなければならない。すなわち、魚を支える水、鳥を浮かべる風などとなって、荒れたアクティング・アウトをも支えとおし、外的満足を求める「悪性退行」（malignant regression）と対比される、認識を求める「良性退行」（benign regression）への転化とそのなかにおける「転機」(new beginnings) を契機とする前進とを忍耐強く待たなければならない。治療の目的は、「欠損をかつてもっていたことを受容した完全治癒を断念すること」にある。(p. 58)

中井久夫『世に棲む患者』(ちくま学芸文庫)

必要なのは、相手のチャンネル変換にむやみに追随しないことである。自分がこなせるチャンネルだけを固守して、相手がダイヤルをがちゃがちゃいわせているのに知らん顔をしていると（この時間は途方もなく長く感じられるものだが）相手は諦めてもとのチャンネルに戻ってくる。(pp. 166-167)

といっても、患者に絶対に振り回されないぞとりきんでもかえってよくないようだ。作用・反作用の法則からしても多少振り回されるのは、むしろ自然である。ある程度のびやかにゆっくりと振り回されることであるが、このコツはヘミングウェーの『老人と海』にある。糸をピンと張らないように、リールをまいたり、もどしたりするという感じである。(p. 169)

一般に患者というものは、なるべく特別扱いしないことが治療的である。少なくともこれは嗜癖の患者すべてに当てはまることだと思う。患者が「ワン・オブ・ゼムである自分」を体験することは健康化に繋がる。(p. 172)

三　愛すること

乾いた地面

喫茶店に入る。おそらく二十代前半であろう、女性二人と男性二人が話している。

女性Aの言葉を聞いていて、奇妙な感覚を受けた。

彼女は高校卒業後にオヤジ狩りをしていたという。ただ、オヤジに限らず、相手は道を歩いている人なら別段誰でも良かったそうだ。女性は狙わなかったらしい。理由は「女だと、トラウマだとか心の傷だとか、ねむたいこと言うじゃん。男だったら、そんなん勲章っしょ」とのこと。最終的に盗るものは、パソコンや時計など、金目のものなら何でも良かったという。「え、だって売れば良いじゃん」。結果、逮捕されたのだそうだ。一緒に犯行を行っていた男性三人は刑務所に入ったという。しかし、女性Aは「金で釈放された」という。「金は後輩からカンパした」。それは特例だったのだ、という。「そんなもんか、って思ったよ」。

A「でも、実際には親が動いたんじゃん？　知らねーけど」
B「え、あんたの親父って何やってるんだっけ？」
A「ふつーの会社役員。でも、裏とのつながりある。あたしの男が変わったことも知ってたりする。後輩から聞き出してんの」

乾いた、かさついた声だった。楽しげには聞こえる。賑やかには聞こえる。その話題が出るまで、浮気の話、仕事場での無茶苦茶な行動の話など、テンション高く話していた。しかし、どれも眠くなるような印象を、私は受けていた。

内容的な刺激は強いが、退屈であった（本当の話かどうかもわからないような内容ではあるが）。私から顔が見えない位置ではあったが、一緒にいるメンバーの声がくぐもったものとなっていたのは、おそらく眠くなっていたからではないか。

何度聞いても面白い話はある。たとえ、単純に出来事をトレースしただけの話であったとしても。しかし、女性Aの話は、刺激は強くとも、そこから何も感じるものがなかった。一度聞くだけでもうたくさん、何度も繰り返されたのではたまらない。そういうタイプの「昔話」であった。私が知りたかったのは、たとえばオヤジ狩りをしているとき、親が裏で動いたことを知ったとき、彼女がどのように感じたのか、そういうことであった。しかし、女性Aの話は、まるで感じることを麻痺させているかのような印象を与えていた。そこには、ひび割れた、乾ききった地面があるだけだった。

想像をたくましくしてみる。

男が変わったことですら、知らぬうちに調査して把握しようとするような父親の強力な支配下にあるとき、そこから逃れるために暴れたかったのではないか。もがいても脱出できないことを悟ったとき、途方に暮れたのではなかったか。父親が、あるいは母親が困ることであれば何でもやってやれ、ある意味時自暴自棄にそう思ったのではなかったか。少ないツテとコネを使い、自ら解決しようとしたことも、結局は裏で父親が動いていたことを知ったとき、自分に残された最後の自発的な行動すら無効化されたとき、世界が壊れれば良いと感じはしなかったか。

乾くであろう。その行動を繰り返していては、水は何処からも流れてこなくなるだろう。たとえ流れてきたとしても、もう、受け入れ貯めておくだけの土手も防壁もなくなっている。自ら砕いてしまったのだから。

前科（にすらなれなかったが）があることを「勲章」としているような、その物言い自体は馬鹿らしくもある。聞くに堪えないものかもしれない。しかし、その奥に言い知れぬ空虚感が漂っていた。

女性Aはコーチのバッグを持っていた。そのバッグは、すり切れてしまうような、ボロボロの扱いを受けていた。ブランドもののバッグがボロボロの扱いを受けていること。多分、彼女自身が、彼女自身に対して行っていたことなのだろう。今、どんな気持ちで生きているのだろう。

たとえ、自分がひどいことをしてしまったとしても、それを咀嚼し、吸収し、養分とするしかない。傷は消えないし、たとえ流血が止まったとしても、一生疼くだろう。出来事がただ通り過ぎるだけのような暮しを続けることは、彼女をおそらく救いはしない。そして、誰も救ってはくれない。誰にも救えない。救えるのは、彼女しかいない。しかし、彼女の内側から湧いている感情をひび割れた地面に染み渡らせ、土手をコツコツ再建し、水を溜めて行くその「やり方」自体を、誰かが見せることはできるのだろう。ただ、彼女自身が、生き方を変えたいと思わなければ、難しい。なぜなら、泥だらけになりながら、何年もかけて、土手を作るのは彼女しかいないから。誰かに作ってもらおうとしているうちは、どうにもならない。

私はドストエフスキー『罪と罰』における、スヴェドリガイロフという登場人物を思い出していた。

最後の望み

愛することについて考える際、ミヒャエル・エンデの『はてしない物語』（岩波書店）は非常に参考になる。「こちら側」の内容は赤い文字で、「あちら側」の内容は緑の文字で印刷されている凄まじい本である。これは、ハードカバーで読んだ方が良い。文庫版であると文字の色分けがなされていないからである。

前半部分は、いわばユングのいう集合的無意識側とどのように接続するのか、という点に重点が置かれている。こちらは一般的なファンタジー小説として読んで差し支えない。しかし、問題は後半である。主人公バスチアンが異界参入をした後、現世側へ戻るための凄まじい道程が克明に記されている。

入ってしまったその世界では、「望む」ことでしか、前に進めない。本来ならば、どこかのタイミングで「現世側に戻りたい」という望みを持たねばならないわけであるが、何せ、なんでも望み通りに世界側が変化するのである。自らの見た目も変化する。願望充足の宝庫である。そういう中で、人は元の「みすぼらしい」生活に戻りたいなどと願うことができるだろうか。そんなに単純なはずがない。

そしてこれは、「仮に、そういう世界に入ってしまったとしたら?」という生易しい話ではなく、生きている中で、刻々と裏側で進行している現象なのである。ここに記されてあるような流れが、外的現実とペアになって、内的世界で進行しているということ。言い換えれば、内的世界での進行が、外的世界に「転写」されているということである。

バスチアンが首からかけている、異界では絶対的な力を持つ「アウリン」には、このように記されている。

汝の　欲する　ことを　なせ

バスチアンが、その意味を、死を司るグラオーグラマーンに問う。彼は答える。

「それは、あなたさまが真に欲することをすべきだということです。あなたさまの真の意志を持てということです。これ以上にむずかしいことはありません。」

真に欲することを見つけなければならない。バスチアンが見つける最後の望みは、「自分も誰かを愛せるようになりたい」というものである。これは、どこでも聞くような言葉で、誰でも言うような言葉である。しかし、そこに付された意味の重さは尋常ではない。

バスチアンが入ってしまった「異界＝内的世界」では、望みを叶えるために、外的世界での記憶が引き換えに失われる。そもそも、死を司る者が「これ以上にむずかしいことはありません」と言っているのである。誰かを愛すること。それができるようになるまでに、一体どれだけのものを失う必要があるのか。愛することができるようになるためには、一体何を引き換えにすれば良いのか。それはある意味、命よりも重いものである。

以下は、バスチアンが異界で望み、叶えられたことと、失われた記憶の対比である。

醜い自らの姿が美しく変わることで、かつて醜かった自分の姿を忘れる。

強くなりたいと願い、ひ弱だったことを忘れる。

くじけない意志を望み、弱音を吐いていた自分を忘れる。

偉大な人であると言われたいと望み、からかわれていたことを忘れる。

皆に恐れられる存在となりたいと願い、子どもだったことを忘れる。

賢くなりたいと願い、学校へ通っていたことを忘れる。

狂った場所から抜け出たいと願い、物語を作ることができた記憶を失う。

仲間に入れてほしいと願い、人に個性があった記憶を失う。

最後の望み、人を愛せるようになりたいという願いを見つけたとき、両親がいた記憶が消える。

そして、愛することができるようになったとき、自らの名前を失った。


果たしてどれだけの人が、誰かを愛するときにここまでの覚悟を持っているのだろう。自らの名前を失うということがどれほどのことなのか。自分が自分であるという土台を根底から失うことである。それは死ぬことですらない。生きながらに死ぬことである。地獄を引き受けることである。そんなものを引き換えにする勇気があるだろうか。今の私にはない。

小手先で愛することはできるだろう。確かに、フロムが記すように「愛は技術」であるとも思う。それは極めて具体的な行為である、と。賛同はする。しかし、バスチアンが命を賭して、自らの存在そのものと引き換えに望んだ愛することの重みは、技術という軽さでは表せない。

最終段階目前でバスチアンが出会うアイゥオーラおばさまは物語る。

「ぼうやはそれまで、自分とはちがう、別のものになりたいといつも思ってきましたが、自分を変えようとは思わなかったからです」

ここでいう「自分を変えよう」とすることとは、いわゆる努力でどうにかする、という性質のものではない。強くなるためには筋トレをして、賢くなりたければ勉強をすれば良い、ということではない。残念ながら、そういう一般的に推奨されるような努力はすべて「別のものになりたい」という願いにくくられる。それらは理性によるコントロール下の、いわば欲望である。

バスチアンは、最も偉大なものとか、最も強いものとか、最も賢いものでありたいとは、もはや思わなかった。そういうことは、すべてもう卒業していた。今は、愛されたかった。しかも、善悪、美醜、賢愚そんなものとは関係なく、自分の欠点のすべてをひっくるめて――というより、むしろ、その欠点のゆえにこそ、あるがままに愛されたかった。

これが他者にも転写される必要があるわけだが、そんなに簡単なはずがない。少なくとも今の私にはできない。親は子どもに対して無償の愛を注いでいるではないか、などと言うかも知れない。しかし残念ながら、そうでもないことも多い。虐待の例を考えればわかる。少なくとも私は、息子に「こうなって欲しい」というような欲望が多分にからんでいて、純粋に、どんな欠点もすべてひっくるめて、その欠点ゆえにこそ、あるがままに愛するなどという離れ業を行えているとはとても思えない。

自分の息子に対してすら、現段階の私には不可能である。他者に対して一体どこまでできるというのか。おそらく一生かかるのである。具体的な生活レベルにおいて、この次元の愛までは必要ないだろう。フロムの記す「技術としての愛」で十分である（それだってもの凄く難しい）。

しかし、目指しても良いと思う。少なくとも私は目指したい。

それでも私は「別のものになりたい」という欲望に支配されている。読んだ直後ぐらい、少しはその支配から逃れても良いものを。

身近になった人を、面と向かって褒め続けることの難しさ

他者を褒めることは難しい。いや、相手による、関係性による。それは確かである。まず異性の場合。気を惹きたい、口説き落としたい相手の場合、かなり意識を集中して褒めることは案外容易である。何せ、いやらしいことをしようとする強力な動機がある（特に男側。しかし、女性側も例外ではない）。もちろん、何でも褒めれば良いというのではない。相手が大切にしているポイントをつかみ、そこをほのかに褒める。

これは効く。

しかし、問題は関係が出来上がった後である。付き合ってから、同棲してから、結婚してから、相手から褒められなくなった、けちばかりつけられるようになったという体験は、案外多くの人が持っているのではないかと思う。ここで相手を褒め続けることができるとしたら、それはかなりの達人である。

これは何も異性交遊の場合だけではない。サークルなどでの新入生勧誘も同じである。何かのグループに誘い入れる際も同じである。最初のうち、先輩はとってもやさしくしてくれたが次第に云々。これも良く聞く。

会社でもどこでも、最初に引き入れるところでは褒めることはできる。引き入れる、という動機が強く関わっていることや、まだ良く知らない相手でもあるために表面的な部分しか見えていないということもあるだろう。しかし近しい間柄になり一緒に仕事をするようになるとアラも見えてくる。マイナスの部分が露呈する。色々と突っ込みたくなる。加算法から減点法に変化して行く。幻滅が訪れる。

新入生や新入社員に対するような「初速」がなく、最初から近しい関係であった家族を考えてみれば良い。一緒に暮らす親きょうだいを、面と向かって褒めることができるだろうか。できたら凄い。偉い。真剣に尊敬する。

もちろん、頑張れば、技術的には褒めることはできよう。しかし、異性を口説くときのように自然と湧き出てくるだろうか。恋をしたときのように自然に。

年少のものに対しては、これは案外できる。弟妹、息子娘。それができない人の話も良く聞きはするが、それなりに成熟していれば、できる。

しかし、夫、妻、彼氏、彼女に対して、面と向かって、最初に口説くときと同様に褒め続けることが果たして可能であろうか。相手から褒め続けられたいと望むのはかまわないが、ならば自分ができているかといえば、これはかなり困難である。

「面と向かって」という点がポイントである。面と向かっては褒めないが、誰か他の人にはのろける、自慢をする、というのは、それは少々性質が変わってくる。なぜなら「こんなすごい人と一緒に暮らしているんですよ」というような勲章となる部分があるのだろう。つまり「のろける」という行為は、そののろけを聞かせている相手から認められたい、という思いの方が強くなってしまっているように思われる。もちろん面と向かっても褒めず、周囲にものろけることがないよりはマシではあるし、巡り巡って本人の耳に入った際には案外うれしいものではあろうが。

結局、他者を褒め続けるということは相当困難ではある。これを続けられるものが、おそらく成熟した人間といえはするのだろう。受け取るポジションから与えるポジションに変化することができた人ともいえるのだろう。

褒める、というものとは異なっていても良い。せめて、「面と向かって相手を認める」というぐらいでも、続けられる人は案外稀である。これは、相当の精神力を必要とする。「理想の上司」と言われるような人物像は、これができる強力な精神力と観察眼を持っている。そして、あまりいないからこそ、理想とされる。挑みがいはあるのだろう。

白々しい褒め方ではいけない。異性を口説き落とすときと同じクオリティを保つことが目標なのである。もちろん、ニュアンスが変わるのは仕方がない。頻度も変わるだろう。しかし、続けられることを目指したい。

加算法での評価

人を加算法で評価することも、とても難しい。減点法は簡単である。ちょっと気に入らない部分があれば減点すれば良い。基準は百点。そこから引いて行けば良い。小テストの点数が低ければそこから引く。リアクションペーパーが酷ければ、引く。レポートでも、基準に充ちていないと感じれば引いて行く。それだけである。

しかし加算法となると「良い」と思われる部分をどんどん見つけて加算して行く必要がある。気に入らない部分があっても、それは引かない。ここが難しい。結果的に学校などでは加算法と減点法を合わせた形で評価しなければならない。加算法だけでは点数がインフレを起こすし、減点法だけではミスのみ注目することになる。だから、加算法で判断する部分は平常点、テストは減点法で行うなど、それぞれの領分を決めなければならない。

しかし、それは仕事だからできることである。プライベートで他者を見る際に加算法を選択できる人というのは本当に尊敬する。私はできない。仕事のつもりにならなければできない。

ならば仕事のつもりになってしまえば良いのであるが、それでも限度がある。感情が関わる。仕事の上では無理に感情を脇に置いておけても、プライベートで感情を脇に置くには相当な鍛錬を必要とするのだろう。現段階で私には無理である。

加算法で他者を判断できるのであれば良い評価がインフレを起こし、どんどん良い評価となる「はず」なのである。しかし意識的に加算法で判断しようとしても、結局は「打ち止め」がある。減点は減点で、結局別軸で蓄えられてしまうことも多い。あの時ああだった、というような「恨み」や「根に持つこと」が残るのは別軸だからである。

恨みを持たない人というのがどれだけいるのだろう。恨みを表に出さない人ならいる。しかし、抱かないという人がどれだけいるのか。

ならば、失敗は許されない。そういうことになる。しかし私たちは人間であって必ずしくじる。失敗をする。対人関係において百パーセント、百二十パーセントで接することができる人など、聖人でもない限り無理である。

恨みもあって当然。根に持つことがあっても当然。そのぐらいに思うしかあるまい。せめて、それを表に出して、他者を責め続けることさえしなければ御の字だと思うしかない。それだってできる人は限られているのである。恨みを思うぐらい、感じてしまうぐらい、許さなければなるまい。自分に対しても、他者に対しても。

ただ、対人関係は、たとえかなり親密な間柄だったとしても、ある意味では「仕事」である意識は保った方が良いのだろうとは思う。それがおそらく「親しき仲にも礼儀あり」ということなのだろう。

礼は、相手を尊重することを含む。とすると礼儀をわきまえた対人関係は、自分だって恨みを抱くことや根に持つことがあるのだから、他者にだってあって良い、という認識を持つことが前提であるともいえる。恨みや根に持つことを表に出さないという取り決めが礼でもあろう。そのような状態を基盤として、意識的に、努力をして「加算」して行く必要がある。

つまり、「良いところ」を加算することにはエネルギーがいる。厭だったことを覚えておくのは容易い。「良かったところ」というのは、繰り返されると慣れてしまうものである。慣れたら最後、それが基準となり、減点法が再開されてしまう。あまつさえ、良かったということが記憶にすら残らなくなる。

毎回、新しい人と会うイメージを持てたら最高であるが、それは無理である。私たちには記憶がある。だからせめて、良いと感じたところを刻み込む努力をしなければならない。

それが、誰かを好きになることである。

恋に落ちる際には、そういった努力はいらない。何せ、見えているものは自分の内側に存在する理想像だからである。良いに決まっている。良いという基準に照らし合わせて、合致したと思い込んでいる箇所を数えるだけである。簡単だ。

しかし、そういった「恋の病」的、いわば「病的」な関係ではなく、本当の対人関係が始まった際、理想に照らし合わせる方略は消える。目の前には見知らぬ他者が存在しているだけである。厭なところは記憶に残りやすく、良いところはすぐに慣れて忘れ去られやすいことを肝に銘ずる必要がある。できれば、良いと感じた部分はどこかに書き付けても良いのだろう。日付とともに。どうせ、厭だったことは覚えているのだから、それは書かなくても良い。忘れられればそれに越したことはないのだから、刻み込む必要はない。

何だか自己啓発本に良くありそうな内容で厭であるが、やはり誰かを好きになるには努力が必要なのである。ひいては人を愛することにも繋がる。それは努力が必要であるし、技術も磨く必要がある。放って置いたら好きになるというのは、恋でしかない。それだって大切なことではあるが、あくまで対人関係が始まるとっかかりであって、本番は「恋の花が散った後」なのである。

その覚悟が私にはあったのだろうか。書いていて反省しきりである。一体どれほどの人を、今でも減点法のみで判断しているか。恨みを抱いているか。根に持っているか。それを捨て去ろうとは思わない。しかし、人を好きになる努力を、もっと緻密に行っても良いように思える。

悪口

ある人が目の前に居なくなったとき、その人の悪口を言ったとする。ファミレスなどでもたまに耳にする。たとえば、今まで仲良く話していたように思われた人が途中で帰ったときなど。

「あいつさぁ、マジでなくない？　ヤバいよねー」

女子集団の場合が多いようではあるが、男集団でもそういうことはある。いじめが始まる一つの形ではあるのだろう。

私がそのようなことを一切しないかというと、そうとは言えない。その人を貶めたり排除したりということではないが、居なくなった人のことを話題にすることはあるし、それが否定的な場合もある。肯定的なこともあるが、人によってはそれを「辛辣」と受け取るような内容を口にすることがあるように思う。

反省はするのである。居ない人の悪口は言わないようにしようとはするが、「いじり」「からかい」に準ずることは、うっかりしてしまう。カウンセラーだか心理士だかをしている関係もあり、どのように人を見たのか、その意見を暗黙のうちに求められているらしいことも感じる場合がある。それを黙殺して、人を徹底的に褒めるだけ、あるいは良いように聞こえる言い方にすべてを変更するというのもあり得はするのだが、上手くできない。肯定的なことも言う。しかし「辛辣」なことも言う。そして、割合的には「辛辣」なことの方が多くなってしまう。

結局それは、私が私自身に対して行っている癖のようなものが、他者にも反映されているということなのだろう。私は私自身に対して、多分「辛辣」に対応してしまっている。とても寛容とはいえない。その分、成長が見込める部分もあるのだろうが、このままでは何かいけない、そういう気持ちになることは多い。

逆の状況を考えてみよう。たとえば「目の前から居なくなった誰か」の悪口を言う人を私が見たとする。今目の前に居ない人のことを話題にするその方略は、おそらく私に対しても適用されているだろう、という予測が立つ。つまり、誰かの悪口を人前で言う人の場合、「きっと俺が居ないところで、俺のこともこういう風に言ってるんだろうなぁ」という予測はすぐに立てられる。そういうことに気が付いていない人もいる。つまり「この人は、私にだけは人の悪口を言うけれど、それは私を特別扱いしているからであって、私のことだけは悪口を言わないだろう」と。甘い。そんなはずはない。悪口を言う人は、誰のことでも悪口を言っている。自分自身に対して内心では悪口を言い続けている人（自己嫌悪の激しい人と言っても良い）である確率も高いのである。その場合、例外はない。

私は、相手に面と向かって「辛辣」なことは言わない。そこはさすがにカウンセラーだからである。伝え方を変えることは多い。しかし、私は他者のことを「辛辣に」見ている。見方そのものが変わるわけではない。内容は変わらない。

カウンセラーや医師が、自分が受け持っているクライエントのことをもとにして、専門家集団の中でケース検討会を行うことがある。どのようにクライエントを見ているのかは、そこに如実に現われることになるだろう。いわば、「クライエントが居ない場所」で、クライエントのことを話題にするのである。教師も同様、生徒が目の前に居ない状態で指導に関わる検討会や会議を行う。同じである。

その際、クライエントや生徒のことを「褒めるだけ」の人というのは、少々使い物にならないこともある。なるべく深く正確に、クライエントや生徒のことを把握していなければならない。深く正確に把握するということは、ポジティブと言われる特徴も、ネガティブと言われる特徴も、どちらも把握することになる（多くの場合、それは同じものの表裏である）。その際のポイントは、ポジティブにしてもネガティブにしても、現象を記述して終わらないことである。自らが関わる中で行うことができる改善策があるかどうかである。

改善策を伴わない指摘が悪口と呼ばれる。悪口で終わらないためには、改善策が必要なのである。

ポジティブと言われる部分について「改善」策が必要であると言われてもわかりにくいかもしれない。しかし、ポジティブと言われるものであっても、その特性は場面によって否定的な効果を生むことはある。滅法明るいタイプの人は、お祭りや飲み会では効力を発揮しても、葬式では浮いてしまうかもしれない。そういうことである。

それはその人の持つ特徴なのであり、その人の尖った部分なのであり、状況によってはポジティブに働くことも、ネガティブに働くこともある。だから、それがどのように用いられると効果が高いのか、どのような状況下ではまずいのか、まずい状況を避けるにはどうしたら良いか、という点は考えざるを得ない。状態をなるべく深く正確に把握する。その特性の使い方について考える。ここまでは良い。しかし、ここで終わってはいけない。

その人がより上手く特性を使えるように、「私は」何ができるのか、が示せなければならない。ここまで行ける人は本当に少ない。知人レベルならそこまで必要ではないが、相手が友人、親友、仲間、同志、ましてやクライエントや生徒となってくればそうはいかない。対人関係なのである。相互に影響がある。ケース検討会で、受け持つクライエントや生徒の現状を記述するだけで終わる場合にどのくらい「使い物にならない」かは、想像すればわかるように思う。

単に、周囲に同調して悪口を言うだけ言って終わるというのは、さすがに何も考えていない状態である。レベル0。

大抵の人は改善策のない指摘で終わる。悪口を言って、それで周囲の共感を得て、味方を作り、他の人よりも「良くものが見えている」ことを自慢して終わる。あるいは周囲の人々と「同じものが見えている」ことをアピールする。レベル1。

改善点を見つけられるようになったら多少成長している。しかし改善策があっても、改善するのはその人だけであり、あるいは他の人であり、自分は何もしないという人は多い。改善点を表明したのだから後は誰かよろしく、という態度である。レベル2。

単なる知人でどうでも良い人が対象なら仕方がない。しかし、何らかの形で関わり、その対象となる人が、自分の所属する共同体においてそれなりのポジションを担っているのであれば、自分自身がどのように行動し、対象となる人にどのように影響を与えられるのかを考えた方が良いのだろう。もちろん他者に影響を与える際、上から目線であったり、押し付けがましいものであったり、自分の満足感を得るために行うものではまずい。自らが他者に与えうる影響力をなるべく正確に把握し、それをどのように使えば、他者が持つ特性を使用する方法に変化を与えられるかを具体的に組み立てること。ここまで来ればレベル3である。

組み立てただけで終わらずに実行に移せれば、最後のレベル4に到達できると考えて良いのだろう。もちろん、それが功を奏する場合もあれば、悪影響に終わる場合もある。そのため、常に軌道修正や方法の修正が必要になる（注）。

結局、「悪口で終わらない」ためには、相当のエネルギーが必要になる。

対人関係なのである。本当の自己中心性とは、対人関係がある程度円滑に行き、所属する共同体が居心地良くなるようにすることである。それは誰のためでもない。自分が心地よく生きるためである。自分が心地よくあるためには、接する人が好ましく成長することを支持したいところだ。つまり、最終的には「自分のため」である。ただしそれは、身勝手ではない自己中心性である。社会性とも呼ばれる。

影響力など全く持ち合わせていないのに偉ぶっている者はいる。実力がないにも関わらず、自分を高く見積もってはいけない。しかし、ある程度の実力が潜在的にあるにも関わらず、それを使わず磨きもしないというのもまずい。「私なんて全然……」というような態度は「控えめで良い」と言われるかもしれない。しかし、果たしてそうなのだろうか。誰かがかわりに対人関係をコーディネートしてくれるのであれば良い。しかし、一対一で進んで行かなければならない状況などいくらでもある。誰を頼るというのか。自分しかいないではないか。

実際に他者に対して影響を与えようとすれば、上手く行かないことの方が多い。恥をかくこともあろう。しかし、それがなければ成長はない。失敗のない、努力なくできることだけで済ます場合、生まれつきの才能によってそれがいかにハイレベルにまとまっていようとも、成長はない。

自分が出せるギリギリの能力を少しだけ超えること。無理はいけない。自らの「ギリギリ」を捉えそこねてはいけない。過小評価ではぬるま湯になり、過大評価では自分が壊れてしまう。一人ではできない。鏡を通さなければ、自らの姿を捉えることはできない。対人関係能力に関する鏡とは、他者である。鏡は選んだ方が良い。なるべく真っ直ぐな、歪みのない鏡を。痩せたいときに、痩せて見えるように歪んだ鏡を見て「私ってばスリム！」などと喜ぶのは笑止である。図星のものが見えると、人は苦しい。歪みのない鏡を覗くとき、大抵苦しいものである。ただし、太って見えるように歪んだ鏡を見て「私ってば太り過ぎ……。醜い！」というのもいただけない。正確なものを見た際に感じる苦しさとは、自虐的なものではない。もっと穏やかに、「あ、そっか。そりゃそうだよな」というぐらいの苦しさである。

たいしたことのない自分を抱きしめること。そして、捨てたものではない部分を育むこと。その方略を、他者にも適用すること。

しかし、それがどれほど困難なことか。

注　これらのレベル分けは、あくまで私の主観によって行ったものである。しかし、国家レベルの施策に携わる友人にこの話を聞いてもらった際、その友人は施策であっても私と同様の判断基準を用いているということであった。その友人は、ある施策の弱点ばかりをあげつらう場合には「批評」、施策を少しでもプラスの方向に持って行こうとする考え方を表明する場合には「意見」、それを対外的に発表するレベルまで磨いた場合には「提案」、さらにそれを組織として実現の方向に持ち込む場合は「提言」、というように言葉を使い分けているという。

嫉妬

自ら優らんとする努力を刺激する限り、嫉妬は悪徳ではなかった。名誉心も同様である。彼らは他と等しいことを忌み、常にそれを超えようと努める。だから人が偉大であればあるほど、また気高ければ気

高いほど、それだけまた名誉心も強く、努力も大きい。（和辻哲郎『風土』岩波文庫　p. 127）

これは、古代ギリシャにおける話である。しかし現代にも通用する内容であろう。オリュンポスの神々に捧げた祭典「オリンピック」は、その最も先鋭化されたものといえる。

嫉妬とは、他者の能力や状態をうらやむことである。他者が、自分より高い次元のものを持っていることを悔しいと思うことである。

そこまでは良い。しかし、他者をうらやましいと思った末に、他者を引きずり下ろす、邪魔をする、という行為に出ると、それは「スポーツマンシップに則っていない」ということになる。

他者に嫉妬を抱いたとき、自分の劣った能力を伸ばし、それをもって他者と競おうとしたときに、嫉妬は美徳となる。自身の伸長に寄与したときにはじめて、美徳となる。

私は嫉妬を向けた相手に勝てないかもしれない。しかし、伸長した私の姿は、他の者の嫉妬を誘発することもあろう。私では勝てなかったかもしれない。しかし、私の伸長を見て、火がつく後続の者がいるかもしれない。そういう意識が必要なのであろう。

当初は、自分が持った、単純なうらやましさではあろう。しかしそれを純化し、もっときちんと自己中心的に、自らの能力を開花するよう精進するのであれば、他者を惹きつける可能性がある。

嫉妬のために、他者を貶めたり、足を引っ張ったりする者のそばに、誰が集まるであろう。その人を超える者があれば、足を引っ張られ、貶められることが目に見えている。「あなたよりも弱い者です、超え出るものは何も持っていません、あなたは素晴らしいです、一生かかってもあなたには敵いません」そういう者のみを周囲に集める人物に、どれだけの魅力があろう。ただの、お山の大将ではないか。

嫉妬の対象は能力に限らない。自分が年老いたとき、他の者が「若い」というだけで嫉妬がわき起こることもある。自分の子どもにすら、嫉妬を向ける場合がある。

嫉妬自体は避けようがない。人間は、うらやむようにできている。それを原動力として競い、自らを伸長し、成熟させるしかあるまい。

しかし、持って生まれたもののみを食いつぶし、磨くことなく過ごした者は、いずれ他者の足を引っ張るだけの見苦しい魔と化す。肉体的な魅力であるとか、声の良さであるとか、骨格の良さであるとか、そういう、努力によらずになんとかなってしまう、持っているだけでなんとかなってしまう「遺産」を食いつぶす生き方をしていると、魔になる。

その遺産をつかって何を伸ばすのかが問題となる。元来遺産を持たないものは、困難は多分に伴うかもしれないが、むしろ身軽に精進できるのかもしれない。ちゃんと気づくことができれば。

時とともに目減りして行くものに投資することを、浪費と呼ぶ。元来目減りするものを大量に持っていたとするならば、それをつかって、異なるものを伸長させる必要がある。つまり、時と共に、死に向かうことによって増える、あるいは鋭くなるものに。

はじめから肉体的なアドバンテージを持つ者は、資産家である。手足が長く、骨格の良い者は、運動競技において確実に有利であろう。美貌を持つ者は、これといった努力がなくとも異性を惹き付けよう。

しかし、その遺産をただ食いつぶしただけの「ボンボン」はどうなるであろうか。

生まれ持った身体能力によって華々しい成果を遂げたスポーツ選手、それはそれでかなり凄いことではある。しかし、資産を食いつぶしただけの者はその後、たとえ記録としては残っても、人間としては、肉体的な衰えとともに忘れ去られやしまいか。ただ若くて美しいというだけでグラビアにもてはやされた者が、どれだけ生き残っているというのか。

かといって、たとえば「美しさを保つ」「若さを保つ」、いわゆるアンチエイジングのためだけに、時の流れに抗うためだけに資産を用いた者は、いびつな化け物となる。そのような例は、少し思い出してみればたくさんいるだろう。芸能界などを想像してみても良いかもしれない。

では、何に投資するのか。

たとえば、考えることである。そして、ことばである。

資格をたくさんとっておこうとか、株をやるとか、それも悪いことではない。しかし、もしそれらが真の意味で有効であったとするならば、それは資格自体でも金銭自体でもなく、そこで修練された「考える力」と「ことば」であろう。

ことばは人間だけが持つものである。これは疑いようがない。理性をもつものも、一応人間だけということになっている。考えることができるのも同様に、人間だけであるとも言われている。考えるためには記号が必要である。そして、その記号をことばと呼ぶ。理性とは、考えることそのものともいえる。少なくとも理性は、ことばとは切っても切れない関係にあると考えて良い。

人間でありたいのであれば、時に食いつぶされない、時と共に伸長し得る「ことば」に投資した方が良いのであろう。

ことばを取り入れるだけでは足りない。単に大量の本を読みまくるだけでは、それは本の虫でしかない。アーカイブでしかない。講義・講演・研修会などに足しげく通うだけの者は、ただのファンであり、閉じられたオタクでしかない。

ことばは用いなければならない。誰かに伝えようとしてはじめて力となる。

人は、ことばによって魅了し、惹き付け、説得し、育み、祝い、そして呪う。世界を見るとき、ことばで観る。世界を分節しているのはことばである(注)。

ことばを深く用いるためには、体力と、美的感覚と、音楽的素養が必要になると私は思っている。人類が猿のようなものから進化したとすれば、まず身体を使うことから始まり、壁画を記し、祭りで歌ったのではなかったか。その中でことばが生まれたのではなかったか。ならば、その流れを踏襲することは極めて重要ではないかと私は思っている。

体力。考えるためには身体が必要である。それは、卓越した体力が必要だということではない。しかし、気持ちよく考え、気持ちよく言葉を用いるために、明らかに体の力は必要である。声を出すにも身体能力は必要であるし、ジェスチャーを多量に交えるのであればなおさらである。机に向かって文を記すにしても、体力は必要である。ずっと椅子に座り続けることがどれだけ体力を消耗するか、やってみたことがある人ならわかると思う。

美的感覚。美術は、言語を獲得する以前の人類が、内的な表象を他者に伝えるために用いたものであろう。やはり卓越した美的センスが必要であるわけではないが、どのような色彩が、あるいはどのような形態が人を惹き付け、人を心地よくさせるのか。その感覚は養わなければならない。ことばも形を持ち、色を持っている。特に漢字に至っては、象形文字である。また、人に向かって話すのであれば、まったく考慮されない服装センスの人と、ある程度気をつけている服装センスの人では、説得力も変わろう。

音楽的素養。特に発声する際に極めて重要な働きを示す。声は楽器である。もちろん、喋る際にメロディーに乗せてことばを発する必要はない。しかし喋りことばには間があり、流れがあり、強弱がある。ニュアンスがある。タイミングがある。それは極めて音楽的なものである。韻を踏むこともまた、音としての、音楽的な感覚である。話の流れを構築するにしても、イントロがあり、サビがあり、エンディングがある。それが長過ぎてもいけず、短過ぎてもいけない。それは曲の構成と同じである。もちろん、音楽家として大成するほどのものが必要なわけではない。しかし、ある程度の素養はどうしても必要になる。また、他者のことばを聴く際に、その音色を聴けなければ本当のところはわからない。楽器の音色を聞き分ける、その奥にある情動を感じ取る修練は、他者のことばを正確に聴き取ることにつながる。

嫉妬によって燃えたのであれば、身体運用、美的感覚、音楽的素養、それらを土台として言語感覚を磨くことである。他者を引きずり落とすことではなく、足を引っ張ることでもなく。その自らの姿で、さらなる嫉妬を呼び、後続を育めば良い。

注　井筒俊彦『井筒俊彦全集 第九巻』慶應義塾大学出版会　pp. 314-315

どこかに線を引いて、その場所を他から区別するからには、なんらかの意味をそこに認めるわけでありまして、無意味な境界線、分節線などというものは始めからあり得ない。すなわち、存在分節は、本性上、すべて意味分節でなければならないわけであります。／意味分節は数限りない意味単位を生み出し、生み出された意味単位の多くは言語化され、「名」によって固定され、それを人間の意識が様々な事物事象、すなわちものとこととして認知していく。／しかし、この点に関連して、人間意識の働きには、もう一つの注目に値する特徴がある。それは、生み出された意味単位を――言語化されたものも、まだ言語化されていないものも含めて――そのままバラバラに放っておかないで、必ずそれらを相互に結び合わせ、大なり小なり一つの全体的整合構造に仕立て上げる、ということです。そして、このように組み立てられた存在の意味分節的全体の整合構造が、すなわちコスモスと呼ばれるものなのであります。

「愛する行為」と「愛されるための行為」は背反するか

「誰かを愛する」ということと、「誰かに愛される」ということが背反するかのような印象を持っている人が多いようには感じる。つまり、エネルギーをどちらかにかけたら、どちらかが行えなくなる、という認識である。

しかし、そうではない。

私が「愛する」という場合、エーリッヒ・フロムの定義を援用している部分がある。フロムは記す。

幼児の時の愛は〈私は愛されているゆえに愛する〉という原則に従っている。成熟した愛は〈私は愛するゆえに愛される〉という原則に従っているのである。未成熟の愛は〈私はあなたを必要とするゆえに愛する〉といい、成熟した愛は〈私はあなたを愛しているので、あなたを必要とするのだ〉という原則に従っているのである。(エーリッヒ・フロム『愛するということ』紀伊國屋書店　p. 68)

フロムはさらに「愛は技術である」という。それが『愛するということ』の原題Art of Lovingの意味であった。この場合のArtは技術のことである。

それを踏まえた上で、私が用いる「愛する」の定義を再度記す。

「誰かを愛するとは、その相手にあばたがあるからエネルギーをかけない、という選択肢を排除すること」

ここでいうあばたは、「あばたもえくぼ」という諺からとっている。あばたはあばたである。それを無理にえくぼに読み替えることが愛することではない。しかし、あばたが醜いからといって離れることでもない。そのような意味である。つまり、私が用いる場合の「愛する」もまた、具体的な行為のことを指している。それは心情のことではない。

さてそれでは、「愛されるために愛する」となるとどうなるか。これは「必要だから愛する」のパターンになることが理解できるだろうか。極端に言ってみれば、おっぱいが飲みたいから母親を大切にする、という話である。これが「子ども側から」の愛である。そして未成熟な愛の形式である。

母親側から授乳の現象を考えてみよう。母親はおっぱいを「与えている」。具体的に「愛する行為」を行っている。それは子どもから「愛される」ためであろうか。そうではない。子どもに対して具体的におっぱいを与えるという「行為のため」に、子どものことが必要なのである。即物的な例なので身も蓋もないが、行為が成立するためには対象が必要になる。これが、成熟した愛の形式の雛形である。

その結果どうなるか。子どもは母親を必要とする。必要だから母親を愛する。外部から見れば「子どもは母親を愛している」。もっと単純に言えば「子どもは母親のことが好きである」。

結論だけを眺めれば、母親が子どもを愛し、子どもがそれに応えて母親を愛するようになった、ということになる。最終的には、与えることによって「愛される」ことが成立しているのがわかるだろうか。

難しいのは、「愛されるために、愛する」という意識でいると、この形式に届かないことである。行為が「愛されるための道具」として用いられるとき、押し付けがましさが出る。「ほら、私のことを愛しなさいよ！」という強制力が働く。そして、そのタイプの行為は持続しない。与えたからといって好いてくれるわけではないし、むしろ嫌われることもあるだろう。反抗期の息子などが相手であれば、ほぼすべての行為は反発される。「ほら、私のことを愛しなさいよ！」系の行為は、見返りがないと頓挫する。あっという間に。

しかし、再度授乳の例に戻れば、「そのまま放っておいたら乳が張ってしまうし、かといって捨てるのも何だから、それなら赤ちゃんに飲んでもらえば良いか。それで子どもの身体が成長するなら一石二鳥だ」ぐらいの感覚であれば、拒否されようが嫌がられようが、そこまで大きな問題とはならない。そして、そのぐらいの寛容さがある行為に対して、人は好感を持つことも多いだろう。

ということは、本質的に与える行為を継続して行っている場合には、「愛される」ことが返報される確率は高くなる。

あるいはこういうことを考えてみよう。誰かに与えるために自分は我慢しなければならない、身をやつさなければならない、と思っている男がいたとする。彼女に尽くしまくるその男が、自分の服装はみすぼらしく、散髪に行く金もけちってプレゼントを買い、食事もカップラーメンで済ませて彼女にはフランス料理を振る舞う。「尽くしている」と見えなくもないが、実際のところ、そんなみすぼらしい男と付き合っていたいものであろうか。不潔で押し付けがましい男だと思われて終わるだけではなかろうか。

そうではなくて、相手の女性から「気に入られる」、言い方を変えれば「愛されるため」の身奇麗さを整えておくことは、彼女のことを「もてなす」ことにもつながっている。この場合、「愛する行為」の中に、一つの道具として「愛されるための行為」が含まれている。図で描けばこういうことになる（図5）。

つまり、「相手をもてなす」ということが極めて重要になってくる。人によっては、そのもてなし方に得手不得手がある。言葉巧みに相手の長所を過剰に伝えられるタイプの人もいれば、言語的には不器用な人もいる。部屋を清潔に保つことが得意な人も下手な人もいる。人間であるので、得意不得意はある。当たり前だ。しかし、少なくとも得意な分野（自分の中で、他よりマシな分野）では、相手に対して「もてなす」行為を「継続する」必要がある。その訓練をしておかなければ、子どもを育むことなど、おそらく極めて困難なのである。虐待を行いやすい親を見れば、このあたりが非常に手薄であったことが良くわかるだろう。いくら「子どものことが本当はかわいいのです」と口で言っていたとしても、具体的な行為を継続して与え続けるという訓練がなされていないから、散発的な、気分屋的な行為で終わってしまう。そして、「こんなにやってやってるのに！」という思いのもと、反撃として暴力を行うこともあるだろう。もちろん、虐待の原因はそれだけではなかろうけれど。

若い時分は「誰かから愛されること」にエネルギーを割くのは致し方がない部分がある。それが「若さ」そのものの定義でもある。ただ、何歳までが「若い」のかは難しい。ある時点で「愛されるための行為」だ

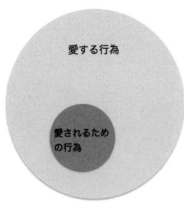

図５　愛する行為と愛される行為の関係

けに注力する段階から、「誰かを愛する」段階に移行しなければならない。

勉強をして行く過程のことをエスカレーターの比喩で表現する人もいる（池田修『教師になるということ』ひまわり社　pp. 136-137）が、これもおそらく同じである。下りエスカレーターを頑張って登ろうとしてみる。一所懸命登っているのに一向に外の景色が変わらない。こんなに頑張っているのにどうして進まないのか。しかし、進んでいるのである。登っているのである。エスカレーターは終わる。次の階に到着する。ある瞬間を迎えたとき、「あぁ、こういうことだったのか」と極めて単純なことに気が付き、二階に到着している。あれほど登ることが困難であったのに、二階を歩きまわることができる。この、「急に楽になる」という地点まで踏ん張ったことがない人は、愛する行為であろうが、十キロ走ることであろうが、試験勉強であろうが、挫折する。頓挫する。継続しない。そういう意味で、意味がないと思われるような「お勉強」や「習い事」を我慢して続けることは有効である。そこで、ある種の踏ん張り力がつく。それは趣味的な活動であっても同じである。

ただし、エスカレーターが二階で終わりではない、という部分がまた難しいところではある。三階、四階……。延々と続き、終わりはない。その都度、エスカレーターを逆に登っていかなければならない。階によっては、エスカレーターの長さも速度も異なる。

しかし、「登り方のコツ」自体は同じである。だから、「何か」をやり遂げることができた人というのは強い。やり遂げるというのは、何も世界的なレギュレーションを突破できたかどうかに限らない。一年かけてレタスを育てた、ということでも良い。八千ピースのパズルでも良い。得意なことを努力せずにやっていたら褒められて愛されました、で終わっていなければ良い。生まれ持ったポテンシャルが高かったから、他の人よりもハイレベルな地点でまとまることができた、というだけの人には、残念ながら踏ん張り力はない。才能にあふれていたのかもしれないが、枯れるのが速いと感じられるような人は、大抵「踏ん張り力がない」タイプの人であったと思えまいか。

しかし、生きている中で、何も踏ん張らなかったはずがないのである。それを思い出さなければならない。他者を、そして自らをもてなすために。

「相手をもてなす心意気」のことを私が何と呼んでいるか。

色気である。

四　話を聴くこと

丸く収めること

喫茶店に入る。

しばらくすると、二十代の男性（A男）が入って来て、席に上着を置き、すぐにトイレへ行く。そこへ、六十代の男性（B氏）が入って来る。上着が置いてある席であるが、前の人の忘れ物だと思ったのだろうか。その席に座ってしまう。

A男が戻って来たら席に水を持って行こうと奥で待機していた若い女性店員（Xさん）がいた。しかし状況を知らない若い女性店員（Yさん）が、後からやってきたB氏に水を持って来てしまった。すれ違いである。

B「これ、忘れものじゃないかね？」

Y「え……、お客様のものでは……」

B「いや、私のではない」

そこへXさんが水を持ってやって来る。

X「あ……、ここ……、その、先にお客様がいて、トイレに……」

B氏は一気に機嫌が悪くなる。

B「私は先に水を貰ってしまったんだよ。これは忘れ物だと思っていた。どうしてくれるんだ？　私は先に水を貰っているんだから、私に権利があるんじゃないのかね？　どちらが正解なんだね？　結論は？　私にこんなにリラックスさせておいて、席を移れと言うんじゃないだろうね？　君たちみたいなバイト店員じゃ話にならない。店長を呼んでこい」

Xさんと Yさんはしばらく話しあった後、主任とおぼしき男性店員に話しに行った。

そこへ、A男がトイレから帰って来る。

A「あ……」

B「あ、いや、悪いね……。今、店員から話を聞いてね。あなたがトイレに行っている間だったと知らなくてね」

A「あ、いや、良いんです」

B「そうかい？　いや、老人にはね、このくらいゆったりした席の方が良いんだよ。いや、悪いね」

A「いえ、お気になさらないでください。私は大丈夫ですから」

主任がやってきて、丁寧に謝る。

B「今、彼と話してね。話はついたから」

しばらくして、Yさんが注文を持って来る。そのときに、席を移動したA氏に対して「申し訳ありませんでした」と謝った。また、B氏は機嫌が悪くなる。

B「おい、どうしてその若い男性には謝って、私には謝らないいんだ？　私のことを下に見ているんだろう？」

Y「い、いえ……、そんなことはないです……」

B「そんなことあるだろう。そもそも、悪いことをしたと思ってないのではないかね？」

Y「いえ……、そんなこと……本当に申し訳ありませんでした……」

B「口先だけで言ってもね。目でわかるんだよ。決して謝っていない。申し訳ないとも思っていない。私はね、自慢じゃないけれど、頭が良いんだよ。国立大学を出ているんだ。おまえなんかとは出来が違うんだよ。数億倍もね。人間的におまえより、数億倍、できてるんだよ。わかるか？　いいか、おまえみたいな人間は、いつもこうやって、できる人間から見られているんだ。その奥に、頭の、ここだよここ、ここで考えていることを透かして見られているんだよ。良く覚えておけ。おまえは成人しているのか？　どうしようもないいな」

Y「……あの……、申し訳ありませんでした……」

周囲にいた人々は、皆静かになっていた。

それから数十分が経過する。A男が立ち上がった。もう退出するようである。そしておもむろにB氏に話しかける。

A「あれ、書き物ですか？」
B「ん？　あぁ、この席、暖かくてね。筆が進むね」
A「えぇ、確かに、そこが一番良いかもしれませんね。筆が進んで何よりです」
B「いやぁ、老人の説教を聞かせてしまったかな」
A「いえ、そんなことありませんよ。お店も少し、粗相が続きましたものね」
B「まぁ、若いからね。仕方ないだろう。しかし、参考になっただろう？　君も若いから、参考にしてくれ」
A「えぇ、参考にさせていただきます。それでは、また」
B「あぁ、また会うこともあるかもしれんね。うん。それでは君、頑張ってくれたまえ」

それほど単純な出来事ではなかったようにも思うし、実に単純な出来事だったのかもしれないとも思う。

インパクトが強いのは、B氏の「私はね、自慢じゃないけれど、頭が良いんだよ。国立大学を出ているんだ」という発言ではある。人は、イライラし、腹が立ったとき、口が滑ることもある。感情が高ぶれば、考えていることを正確に伝えることができなくなるときもある。しかし、だからこそ、B氏の「在り方」が多少、露呈してしまった部分もあったのだろう。「東京大学」や「京都大学」を卒業しているのであれば、そうはっきりと言っていたはずだ。その辺りをぼかし、「国立大学」と言っている部分に引っ掛かるものを感じる。また、出身大学を六十代になってまで持ち出すところにも引っ掛かる。社長をやっていた、重役だった、議員だった、そのような、かつて仕事上で持っていた地位を出しても良かったはずである。しかし彼は四十年近く前の「勲章」を取り出している。出身大学の価値は現代とは違うのかもしれない。相手が学生バイトだと思ったから、大学という勲章を出したのかもしれない。ただ何れにしても、出身大学が、その人自身の「人格特性」と言えるかどうか、特に相手と比して「数億倍も出来の良い人間」である根拠となるかどうかは疑わしい。

もしかしたら、学歴を根拠に、自分より高学歴な人々から何か嫌なことを言われて来た経歴があるのかもしれない。もちろん、確認はできない。ただ、相手を言い負かそうとした際、「学歴」を自ら持ち出す人は、その人が「学歴」に劣等感を抱いている場合も多いようには感じる。特に「私のことを下に見ているんだろう？」という発言があるため、「上か下か」という部分は、B氏にとって重要なものであった可能性は高い。また、「まぁ、若いからね」「君も若いから、参考にしてくれ」という発言から、年齢を基準に何かを考えているらしいことも伺い知ることができる。上か、下か、という権力構造を、「学歴」や「年齢」によって決定しようとする傾向が強い可能性がある。

権力の基本構造は、「他者を思い通りにコントロールできること」でもある。「学歴」や「年齢」という、ある意味変更できない「ラベル」によって選別し、相手を思い通りにコントロールしたい人物なのかもしれない。そのような社会構造の中に長らくいたのだろうか。あるいは、そういう物事の見方が生きるために有効であることをどこかで学習したのだろうか。

「クレーム」をつける際に、なるべく理路整然と主張を伝えようとした点は評価できる。怒鳴っていたわけではない。感情に任せて論理構造がムチャクチャになるほどではない。しかし、上手く使い慣れていない「感情」が暴走しているようにも見える。特に、それが「自分より『下』の人間に、たしなめられている」と感じた際、強力に暴走しているようにも見える。そして、客の方が店員より上である、という思いもあるようだ。それは、「金を払っているものの方が偉い」という基準なのかもしれない。クレームをつけることが権利であるような、そこで働く店員も一人の人間であることを除外しているかのような物言いでもあった。

この状況をどのように収めるか。それをA男はおさえている。人によっては、巻き込まれたくないと早めに席を立つかもしれない。しかしA男は数十分席に残っていた。その行為が店全体の「場」を破滅的なものにしなかった。そして穏やかに話しかける。特に「頭が良い」とB氏が言っていたことをもとにすれば、「書き物をしている」ことを触れられることが最も自尊心をくすぐるであろうことを理解しているかのように、適切に話題を選択している。また粗相という言葉も、おそらく何周かして、この年代の人には心地よく響くであろうことを計算しているようでもあった。さらには、喫茶店にお互いが来店し、ばったり会う可能性を見越して、「それでは、また」という言葉を添えている。

見事である。

「クレーム」というものをいくつか見ていると、どれも最終的に「あまり得ではなさそう」に見えてしまう。消費社会の中にあると、確かにクレームをつければ、金品が戻って来たり、良いものが手に入ったりすることはあるのだろう。しかし、たとえばB氏は、その「クレーム」をつけたことで何か得をしたのだろうか。確かに「良い席」は移動せずに済んだ。しかし周囲からの嘲りの視線と店員からの怒り、不愉快さなどを同時に「購入」することになった。さらには、もしかしたらかつて傷ついていたかのもしれない「学歴」に関する劣等感を切り開くことになってしまった。

本当に欲しかったものは席だったのだろうか。他者から慕われることだったのだろうか。私には良くわからない。

ならば、私は何が欲しいのか。

話し手と聞き手

会話をする際に、相手のエネルギーを増幅させる、アンプのような役割を果たす人がいる。もちろん、どのような組み合わせでも良いわけではない。ある程度、波長が合うタイプの方が、増幅の幅も大きくなるらしい。

話し手Aは、聞き手Bというアンプを通して、そのフィルターを通してはじめて、自分の音色を聞く。そういうことになる。

ただ、聞き手Bが、あまりにノイズを取り除き過ぎ、あまりに美しく再現し過ぎてしまうと、話し手Aが自らの音色に酔いしれてしまうことがある。調子に乗ってしまうことがある。

私もアンプとして機能しようとする場合もあるが、カウンセリングのように極力気を遣い、話し手があまりに調子に乗りすぎないように注意する場合にはまだしも、日常会話でそこまで気にかけることはあまりない。日常で接する人々はある程度健康であろう、そこまで調子に乗らないだろう、そう思っていると、結構びっくりするぐらい調子に乗ってしまうこともある。

増幅され、ノイズが取り除かれた音色は、あくまで聞き取り易くするためでもあり、アンプを通した音量や音質が話し手Aの持つ力なわけではない。そこで聞いた音を元に方向性を吟味し、少しずつ演奏技術を高めて行かなければならない。

歌だって、カラオケのエフェクターを通してしまえば上手く聞こえてしまう。マイクなしで歌っても上手いこととは、わけが違う。

対話を行う場合には、演奏役とアンプ役が交互に行われるのだろう。どちらも話し手になり聞き手になる。当たり前であるが、どちらかだけでは駄目である。

何に喩えても良いのであるが、料理の構造でも行けるだろうか。

農家が作った野菜の素材自体が持つポテンシャルを、料理人は引き出す。農家が話し手であり、料理人が聞き手であるとしよう。出来上がった料理は、素材そのものにも依存するし、料理人の腕にもかかっている。どちらかだけでは良い料理にはならない。

話し上手とは、良い野菜を作る農家である。聞き上手は、その調理によって素材の良さを引き出す料理人である。これを一人の中で完成できる人間は、話し手としても聞き手としても、一流になるということなのだろう。

おそらく、内的にある女性性と男性性、つまりアニマとアニムスの関係も同じようなものなのだろうと思う（付録「個人的無意識と集合的無意識」および八章「アイドル」の項を参照）。当然、どちらが話し手でどちらが聞き手であると二分されるはずはない。アニマが素材を提供することもあるし、調理をすることもある。アニムスも同様だ。それぞれ、提供する素材の性質が異なり、料理の方向性は異なるだろうけれど。

いずれにしても、農家的話し手としての力と、料理人的聞き手としての力、どちらも伸ばしておかないとまずい。劣悪な、農薬をバシバシ使って遺伝子組み換えバリバリで、にも関わらず色乗りが悪く貧相な野菜しか提供できない話し手は、駄目である。逆にどんなに良い素材があっても、流しの三角コーナーに捨てられているようなものしか作れない聞き手も失格である。

たとえば調子に乗ってしまう状態は、この喩えではどうなるだろう。貧相な人参しか作れぬ話し手が、上級料理人である聞き手に、「人参としての」良さを引き出してもらい、それなりのレストランで食べる味にまで持って行ってもらえたとしよう。そのとき、自分が高級レストランで出される人参である、と思い込むようなものであろうか。挙げ句、単なる人参から一般化してしまい、高級レストランで出されるサラダ、果てはメインディッシュであると思い込んでしまうようなものであろうか。恥ずかしいことこの上ない。劣悪な野菜ばかり作っているのでは駄目である。料理人が悪い、つまり聞き手が悪いとばかり言っている人は、ずさんな野菜ばかり作っている場合もある。そういう人を「受け取る立場から抜け出ていない人」、すなわち「甘えた人」と呼ぶ。

「与える立場」になりたいのであれば、まずは良い野菜を提供できなければならない。そのためには、忍耐強く畑を耕し、泥だらけにならなければならない。その労を惜しんで、誰かの作った野菜を盗んで来てはいけない。

実際には、話し手と聞き手は両方とも一人の中にいる。これを成熟させて行くことが一つの目標でもあろう。自分自身に話しかけ、自分自身が聞き手になる。当然、実際の他者は必要である。ただ、内的対話を成熟したものにするためには、話し手としての力と、聞き手としての力、どちらも伸ばさないといけない、ということである。そして内的対話が成熟するにつれて、実際の他者との対話も成熟したものになって行くのだろう。

たとえば、内的な対話の結果、人前で喋る話や文章ができあがる。だから、話の内容や書かれたものを見るとその人の成熟度合いもバレてしまう。そういうことになる。

誰かが料理したものを盗んで来て、自分で作ったかのように出してはいけない。それは、単に「紹介している」だけである。多くのことは、紹介に過ぎない。致し方のないことである。それでも、それならばなおのこと、謙虚さを失わないようにしなければならない。

私がここに書いていることなど、ほとんどが、他者の料理からヒントを得て、見よう見まねで作ったものである。あるいは、他者が作った料理を集めて来て、出す順番を入れ替えているだけである。授業で喋っていることだって大差ない。私が作った野菜など、私の調理法など、たかが知れている。

しかし、その自覚が失われたとき私は危ない。この意識こそが最後の砦であろうとも思う。

「訓練の声」と「希みの声」

患者の音調に二種類あることを書いたことがあるが、サリヴァンがよく患者自身に告げていたことだったのを最近になって知った（小文「アメリカにおけるサリヴァン追認」『みすず』一九七九年六月号）。彼は「君の訓練（トレーニング）の声と君の希み（デザイア）の声とがある」といっていたそうである。おそらく「訓練の声」とは、音域の狭い、平板な声だろう。……一般に論弁的になる時、人間の声はそうなりがちである。数学の証明を読み上げる時、上司に問われて答える時、等々。それは防衛の声であり、緊張の声である。これに対して「希みの声」は音域の幅のひろい、ふくらみのある声だろう。患者にせよ、患者でないにせよ、自分の心の動きを自然に表現する時はそうなるものであろう。（中井久夫『精神科治療の覚書』日本評論社　p. 139）

もちろん、声の性質には音域の幅、平板かふくらみがあるか、という二つの変数の他にも様々なものがあろう。

　私はバイオリンの音に喩えることがある。普段は情熱的な音を奏でる奏者が、同じ曲であるにも関わらず、どこかに哀しさを携えているときがある。違和感を覚えるテンポの乱れが見られることがある。普段はあまり聞かれない、ギリっという雑音が混じることがある。普段の音調を知っていなければ、その差はわからないものの、初めて聴いた場合であっても、ある程度感じ取ることができるだろう。もちろん、私の耳など大して肥えていないのであり、より肥えた耳を所持している人にとっては、その音の調子は、様々な情報を提供することだろう。

　しかし、もし二分法で語るとすれば、「訓練の声」と「希みの声」という分類は悪くないし、理解しやすい。


　サリヴァンは、患者自身が自分の音調をききわけて自分を知るようにすすめた。(p. 139)

つまり、自身の声がどのような奏で方をしているのか、それを知ることが第一歩であるということになる。人前で喋る職業につくかつかぬかの問題ではない。これは、「治療」においての話である。いわば、「健康」についての話なのである。

　作曲家神津善行氏が書いておられたところによると（昭和五四年七月の『週刊朝日』だったと記憶す

る）、音域の広い声の人と狭い人とでは、同じことを語っても、相手に受容される程度が大幅に違うそうであり、後者が反発をまねくさまは、氏のようなよい耳を持っている人が横から観察していると、実に驚くほどだそうである。また、そういう人は、他の、対人関係を円滑にする小道具を使ってその短を――それと意識せずにであろうが――補っているそうである。（p. 140）

他者に受容される語り方ができるかどうかは、その人がどのような対人関係を持ち得るかを決定的に左右してしまうだろう。別段、他者と交わらずに生きて行くのだ、と腹を括っているのであればあまり言うこともない。しかし、そういう人の話を良く聴けば、実際には他者と親密な間柄を作りたいと強く希求しており、しかしそれがうまく行かなかったために拗ねていることも多いと私は感じている。なにせ、私自身がそうであったから。

患者の家族にもっと「話し合い」をと、すすめるのはやさしいが、家族相互が「訓練の声」で話し合っていないか、いや、もともとそういう声で家族がコミュニケーションを行ってはいなかったか、をみる必要もあろう。（p. 141）

教育関係の講演を行うと、聴衆の教師から問われることがある。「具体的に、課題を抱える生徒や保護者と、どのように接すれば良いですか？」。もちろん、状況を丁寧に聴き、その教師が何を望んでいて、何に腹を立てていて、何を悲しいと感じているのかがわかれば、そこにアクセスする形で私も発話する。しかし、そのような質問をする教師が求めているのは、極めて具体的な「台詞」ではあるのだろう。それは、「もっと『話し合い』をと、すすめるのはやさしいが」という内容とほとんど同一なのだろうと思う。たとえば「生徒にはやさしい声かけを」と言ったところで、「人権を尊重して」と言ったところで、何になろう。訓練の声で「あなたを愛しています」と言うときと、希みの声で「あなたを愛しています」と伝えたときで、その効果は驚くほど変わるだろう。子どもは言葉の内容など聞いてはいまい。聴かれているのは声である。内容の奥である。教師は、自分よりも深く生きる生徒と出会ってしまったときに立ち行かなくなることだってあるだろう。

おそらく、すぐに役に立つほどの能力を手に入れたいのであれば、訓練の声と希みの声を、短時間の努力によって使い分けられるようにならなければならない。それは不可能である。

> 音調は形式だと人はいうだろうか。形式と内実とは相伴うものだ、とわざわざいわねばならないだろうか。……そもそもは対人的な状況に大きく依存するものである。実は誰でも知っていることだ。(p. 142)

内実が形式に現れているのである。内実とは、その人が「内的に」生きて来た過程のことである。それが、外的な形式に現れる。三十五年以上培ってしまったものが、私の外面に現れる。それを、一週間や二週間で、集中的に訓練をしたところでどうにかなると思う方が浅はかであろう。

短期間で身に付くものの効果は薄く、短い。長期的に効果を発揮するものを得ようとすれば、それ相応の時間がかかる。場合によっては、数十年かかることもあるだろう。

それは技術ではない。生きている様である。身につけるために生きるのではない。生きていることが、形式に現れているということである。変化しようとするのであればショートカットを見つけようとしないことだ。生き方そのものを見直さなければならない。

もちろん、技術も必要であるから、それはそれで知識をつけた方が良いだろうけれど。

たとえば、モテようとするなら、表面的には清潔な服装をした方が良いのだろう。しかし、それはあくまでも、見た目による誤摩化しでもある。誰かにまるきりコーディネートしてもらえば良い。しかし、一緒に暮らせば、すぐにそのようなメッキは剥がれる。メッキが剥がれれば、人間大差ないこともまた、見えて来るのだろう。

話を聞く型について

教育相談の授業におけるリアクションペーパーに、このような内容が記されていたことがあった。
・「型を破る」ことの大切さを、この授業を通して知ることができました。

・傾聴技法の実践が、限定されると、自分が何をすべきかはっきりするけれど、自分が今したいことができないので、難しく、不自然な会話になってしまうことがありました。
・自分が話すことが得意なのか、話を聞くことが得意なのか、どうしたらわかりますか?

私が授業中に行ったものは、傾聴技法の基本的な部分のみであった。「頷き・あいづち」「繰り返し」「オープンクエスチョン」。私は、それを「野球のバッティング」に喩えて話をしている。

たとえば小学生の頃、野球が得意でブイブイならしていた人がいたとする。しかし、中学生になって野球部に入り、初めて正式なコーチを受ける。今のバッティングのままでは肘や肩を壊すと言われ、細かな修正を施される。その際、バットの握り方から腕の振り方、腰のひねり方など、一つ一つ丹念に動かし方を教わる。一つ一つの動きはとても「野球」とは思えない。ただ、棒を握る指や力加減だけを練習している。腰のひねり方だってそうである。それぞれ単体では「野球」のようには見えない。

そして、バットの握り方や腰のひねり方を一つ一つ気にしていたら今までのようには打てなくなる。しかし、そういうものである。

野球をやっていたわけではないのに野球を喩えに出すのもどうかとは思うが、おそらく大きくはズレていないと思う。傾聴技法も、そういうことである。「頷き・あいづち」だけを用いて相手の話を聞くことなど、不自然きわまりない。「繰り返し」しかしない相手となど、話したくはない。しかし、それらは「バットの握り方」「腰のひねり方」なのである。単独では意味をなしていない。全体の中で、それらがどのような意味を持つか、一つ一つ感じながら行わなければ、おそらく意味がない。

「頷き・あいづち」には、表情とタイミング、前後の文脈などが複雑に絡む。それらが適切に組み合わされると、単なる「首の動き」ではなくなる。かなりの情報を伝達することができる。表情を甘く見てはいけない。「驚き」「興味」「衝撃」「微笑」「困惑」「疑問」「確信」「同意」「黙考」、様々なものを伝えることができる。表情だけでこれらが伝えられない場合には、表情筋を鍛えた方が良いのかも知れないが、それはまた違う話なのだろう。

「繰り返し」には、相手の話した言葉に「アンダーライン」を引き、そこが重要であることが示される効果もあろう。そして、「繰り返し方」によって、先述のような心の動きが伝わり、質問に替えることもできよう。

何も知らずにまず型だけを行うことの意味は、この辺りのことを自ら看取することにもあるのだろうと思う。しかし何も考えないまま型だけを繰り返していては、それは苦痛である。それぞれの技術がどのようなつながりを持っているのか、その本質を考え、感じ取り、そこで初めて、おそるおそる「型を破る」ことができるのだろう。失敗もするだろうし、成功もするだろう。型をなぞっているだけなら、それを教えた者に責任をなすり付ければ良い。しかし本質を自分で考え、感じ取りはじめたそのときから、誰のせいにもできなくなる。だからこそ「離れる」ことができる。型から離れたとき、ようやく自分なりのやり方が発見できる。守・破・離とは、そういうことなのだろうと私は思っている。

だから、「初めから型破り」なことができるのは、天才だけである。自分が天才だという自覚があるならば、それはやっていただいて構わないが、誰かに迷惑がかからないところでやっていただきたい。少なくとも私は、まず型を「試してみる」。

写真家ロバート・キャパは、こんなことを言ったという。「写真は六年で完成する。最初の三年でABCから一切を覚える。次の三年間にはそれを全部忘れてしまうのだ。そうすると自分の写真が生まれてくる」(横木安良夫『ロバート・キャパ最後の日』東京書籍 p. 33)。三年は言い過ぎかとは思うが、覚えた後で忘れるという流れが重要である。

型を使ってみて、不自然な会話になったということ。確かに「今まで考えずに行っていたことができない」ことではあろう。しかし、今まで「考えずに行えていたこと」は「誰が見ても自然」なものだったのだろうか。自分で自然だと思っていたことは、他者から見れば不自然であることなど大量にある。「頷きが多すぎる」「わかるわかる、という口癖が多すぎる」「なぜ、どうして、という質問が多く、詰問されている感じになる」「腕を組んでいるので話しにくい」「口が開きっぱなしで馬鹿にされているような気がする」「話の途中で時計を見ることが多いので、せかされている気がする」「目の逸らし方が変」。それらは、自分では気付かない。そういうものである。にも関わらず、自分のやり方は「自然だ」と思っていることも多い。他者からの評価を気にしすぎ、他者に合わせすぎるのも不健康であろう。とはいえ、フィードバックは必要である。鏡を見ずに、顔に手を当てていても、ほくろの位置まではわからない。表情の作り方だってわからない。他者の反応は鏡である。そこに映された像をもとに何をするのかが、その人を形作るのだろう。

そうはいっても私は多分、あまり他者の話を聞くことは得意ではない。授業や講演というように状況は限定されるが、話すことに関してはそれなりに評価されることもあるので、多分得意な方なのだろうと考えることはある。しかし、自己評価はあてにならないものだ。ある大学教員が行ったアンケートの話。テスト直前に授業理解度を聞いたそうだ。その理解度（%）と、実際のテストの点数をプロットする。理解度が八〇%であると自己評価をした学生が最も成績が良かった。そして、理解度が一〇〇%であるとした学生は、最低ラインの得点だったのだそうだ。どこまで信頼に足るデータかは何とも言えないものの、それでも「一〇〇%の自信」が極めて不安定なものであることは、日常生活における実感ともズレない。チェックする「余白」が失われているからである。かといって、「じゃぁ、八〇%の理解度って言っておけばいいんでしょ?」ということではない。チェック機構が働いていれば、一〇〇%という回答は出ることがあり得ない、ということである。もちろん違う。イチロー選手や羽生名人ですら、「一〇〇%」とは言わないだろう。ならば、私たち凡夫に一〇〇%などと言えるはずがない。

ということで、少なくとも「話をするのが得意か、話を聞くのが得意か」に関していうのであれば、自分で自分のことを評価することはできない。関わった他者が判断するものである。

コミュニケーションにおける代価

大抵、人は自分のことにしか興味がない。教師やカウンセラーの場合は相手からお金を貰うので、そのかわりとして子どもやクライエントに興味を持つ。金というものは、基本的に「イヤなことをしている」から、その代価として貰うのである。無条件で他者に興味を持つなど、好んで行うものではない。

意地の悪い言い方をするのであれば、日常生活でも相手に興味が示せる人がいるとしたら、基本的にはその「イヤなこと」の代価を欲しがっていると考えても良い。興味を示すこと自体がその人の報酬となっている場合でも、それは代価である。「興味を示す代わりに、私に興味を示してください」というのも、やはり代価である。

コミュニケーションとはその原義から考えても、「人間関係においてやり取りする中で、情報が共有されること」である。やり取りをする中で何らかの交換があり、その中で共通のものを作り出して行く行為である。ということは、そこに何らかの代価が媒介されていると考えることは自然であろう。ただ、それが金銭そのものではない、という点が異なる。

代価というような、金銭の絡んだ喩えが出て来ると拒否反応を示す人もいる。しかし、よく考えてみよう。確かに、現在の金銭が、株価のように画面上の単なる数値のようなものとなってしまっていたり、あまりに汎用性が高いためにある種の神のような力を持っていることが想像の邪魔をしている。しかし、たとえば交通手段が限られた時代、キャベツを作る地域と、魚がとれる地域のやり取りを考えてみれば良い。物々交換をしようとすれば、キャベツも魚も腐ってしまうような距離だったらどうするか。腐らない「金」という共通の象徴物を用いるしかないのである。それをキャベツの代わり、魚の代わりにして、交換することになる。

だからニュアンスとしては、私が言うところの代価とは「行為と行為の物々交換」の意味合いが強いのであろう。

ということは、「コミュニケーションが下手」とは一体どういうことになるのか。それはこの、「行為と行為の物々交換」が下手である、ということに他ならない。たとえば、一方的に相手からモノをもらうだけの者。しかも、もらえるものにケチをつけたり文句をつける。これは、万引きをしておいて、商品の文句を店に言いに行くようなものである。たとえば、一方的に相手に押し付けておいて、同等のものをよこせ、と言う者。これは押し売りである。たとえば、相手から得たいものをもらったにも関わらず、お返しをするモノが見当外れな者。これは、コンビニで買い物をする際に原始時代の石のお金で支払おうとするようなものである。

ということは、やり取りの基本は、

（一）得たら返す
（二）相手が必要なものを見極める

ということに尽きる。マナーであるとか、礼儀であるとか、言葉遣いであるとか、そういったものは（一）（二）がスムースに運用されるためのものでしかない。

まず（一）は基本中の基本であるとして、問題は（二）である。相手がどのような物事が重要だと感じているのか、一般的にいえば価値観ということになるが、これをどのように看取するかが肝要である。ある程度その価値観が共通する間柄であるならば、深く考えずとも、やり取りが成立する。通貨が共通だからである。しかし、価値観が異なる相手、いわば国が違う場合、やり取りをする際には外貨両替をしなければならない。

たとえば、秋葉原でアイドルに入れあげている男性に、上質のバスケットボールをプレゼントして喜ばれるであろうか。あるいは、アイドルにまったく興味がない女性に、アイドル歌手の握手券をプレゼントして喜ばれるであろうか。相手の国に合わせて、外貨両替をしてから代価を支払う必要がある。

ということは、コミュニケーションを円滑に行える人というのは、相手の国（相手のこと）を良く知り、自国の風習（自らの興味関心）から一旦離れ、他国で喜ばれるものに変換して支払うことができる人のことでもある。誰かにプレゼントを贈ることが上手な人というのは、このあたりのコツを良く摑んでいる。プレゼントを渡すことは極めて難しい。なぜなら、本当に欲しいものならばその人は既に買っているであろうし、必要がないものなら欲しいとも思っていない。だから、「自分では買わないけれど、貰ったらうれしい」という実に微妙なラインを攻めなければならない。

しかし、誰かにプレゼントすることは、コミュニケーションの訓練には最適ではある。プレゼントはモノに限らない。どこかに一緒に行く場所であっても、レストランであっても、言葉であっても、何でも同じである（注）。

プレゼントをする際に、「こんなものを選んだんですよ。褒めて！」というのは、押し売りである。プレゼントは控えめでなければならない。むしろ、それがプレゼントであることを悟られないくらいの状況を作れるとしたら、その方が好ましい。これは、他者を褒めるときであっても同じである。「褒めた」ことは悟られず、しかし気分が良くなる、という状態がちょうど良い。

プレゼントを無闇にねだる者は愛想を尽かされる。褒めて欲しいと要求するだけの者もやはり、愛想を尽かされるだろう。

文化は違うものの、必死に考えて選んだ、という健気さ自体が愛おしいプレゼントとなることはあろう。しかし、残念ながらそれは、洗練されたやり取りとは言いがたい。小学生が選ぶ、母の日のプレゼントのようなものでしかない。

結局、コミュニケーションが上手であるとは、「もてなす」ことが上手な人ということである。再度記すが、私が用いる「色気」の意味は、相手をもてなす心意気のことである。

注 本をプレゼントする、というのがおそらく最高難易度のものである。これは、ある種相手を教化するプレゼントである。そこには知的な暴力があり、受け取る相手がそれを喜んで受け入れるという準備段階にまで持って行かなければならないというおまけつきである。読みたくもない本を渡されても、人は喜ばない。かといって、既に読んだことのある本など渡されても困る。しかも、読んだ後で、その人が素敵だと感じなければならないのである。だから、本気で自らのコミュニケーション能力を鍛えたい場合、好きな人に本をプレゼントするために用意周到に準備すると良いだろう。私はこれをやって随分失敗もしているが、まだ諦めない。映像作品や音楽作品をプレゼントすることも同様に暴力的要素が含まれる。少なくとも、相手の時間を奪うものである。そこには、支配・被支配の関係性が含まれている。十分理解した上でプレゼントを行う方が良いだろう。

五　共感について

x軸とy軸

喫茶店に入る。

近くで話しているのは四十代前半のカップルだろうか。お互い「手入れ」が行き届いているからか、見た目としては大分若く見える。ただ、声はなかなか誤魔化せない。

女性はむすっとしている。男性はうつむきがちに、落ち着いた声で、諭すように話し始めた。

男「だからね、さっきも言ったけど、今までも何度も何度も何度も、言ってきたことなんだよ」

女「……」

男「また、そうやって黙る」

女「……堪忍袋の緒が切れたってこと?」

男「……俺はさ、君と一緒にいたいと、これからもずっと会っていきたいと、そうしたかったから、何度も何度も、」

女「それで?」

男「そうやって途中で……。気に入らないとむすっとするか、黙るか……。さっきだって、『じゃぁ一ヶ月に一回食事すればいいってことでしょ』って、そういう言い方されて、はいそうですね、なんて言えないでしょ?」

女「……」
男「……」
女「やめようってこと？」
男「そうしたくなかったから、今までも何度も話し合おうとして来たんじゃないか」
女「でも、話し合いにならなかったって言うんでしょ？」
男「そうだけど……。だから、どうするか、」
女「じゃぁ、終わりにすれば良いんでしょ」
男「……それが、君が選択したことなら」
女「私に選択肢がいくつもある？　ないでしょ？」
男「……」
女「……」
男「悲しいよ」
女「なによそれ」
男「何とかならないのかな」
女「ならないんでしょ。堪忍袋の緒が切れたんでしょ」
男「……今までいろいろ、俺はどうやったら伝わるだろうかって、考えて、伝えようとして、」
女「あなたは頑張ってきたって言うのよね」

男「……」
女「で？　話は終わり？」
男「……そうだな。出よう」
女「はい。そうしましょう」

極めて強い既視感がある。同じようなやり取りを、私は何度繰り返して来ただろう。すれ違っている。同じことを話しているのに、お互いが足場を置いている軸が異なっている。

男性側が言いたいことは、私には大変良くわかる。それと同時に、女性側が、男性のそのような姿勢によって、どのような印象を受けていたのか、多少ではあるが感じ取ることができるようになった。もちろん、合っているかはわからないけれど。

想像力にブーストをかける。

男性側は、理路整然と、物事の時系列的な順序と、言語的な次元での話をしていた。伝えた言葉の内容を正確に覚えていて、そのタイミングもかなり正確な記憶があるようだった。そのときに彼女がどのように応えたのか、それに従って彼がどのような行動をとったのか。ビデオ撮影された記録をもとに、現場検証をするかのようだった。おそらく男性側に、記録的には非がない。だからこそ、そこに根拠を置く。自分は間違えていない、誠実に努力をしていたのだ、と。

女性側は、そのような彼と一緒にいる際に、どのように感じていたのだろう。それを彼女は言葉にすることができないようだった。彼女には感じ取って欲しいものがあるようだった。それは言葉ではうまく表現できなかったから、むすっとするとか、黙るとか、そういう非言語的なもので伝えるしかなかったのかもしれない。そこで汲み取ってもらいたいものは、おそらく感情であったということ。非言語的なものを、言葉にせずとも感じ取り、優しい目で受け止めて欲しかった、あるいは怒って欲しかったということ。つまり甘えたかったということ。ごく稀に、それが満たされるタイミングが訪れはした。しかし、求めているものとは違っていた。言葉にすることはできなかったから余計に、何とも言えない不全感があった。しかし、その不全感を汲み取ってくれることはなかった。男性は努力していたのかもしれないが、彼女もまた、努力をしていた。我慢もしていた。彼が常に理路整然としていることは、非の打ち所がないということは、逆に言えば、理路整然としていない、混沌と矛盾をはらんでいる彼女は、非難されているようにも感じられていたということ。それに、彼は気づいてはくれなかった。いつも下に見られているような、対等ではないような、バカにされているような、そんな気がしていた。しかし、うまく言葉にはできなかった。せめて彼には、「感情的に」怒ってほしかった。同じ土俵に入ってほしかった。だから、「食ってかかった」。それでも彼は、冷静だった。また、バカにするかのように。

お互いに、本当に別れたいわけではないのだろうと思う。男性側からすれば、非論理的な感情を持つ彼女は魅力的に映ったであろう。彼女からすれば、理路整然とした理性を持つ彼が魅力的に映ったであろう。自分にはない真逆のものを持っている異性は輝いて見える。

もしかしたら、喫茶店を出てから一時的に何とかなったかもしれない。しかし今のままでは、それほど長くは続かないだろうとも感じる。

男性側も、理性だけではなく、自分の中の感情的な部分を育てなければならなかったのだろう。女性側も、感情だけではなく、自分の中の言語化する理性の部分を育てなければならなかったのだろう。お互いが、そのままの、生の形のままでは、どうしたって伝わるわけがない。もちろん人間同士、考えていること、感じていることが百パーセント伝わるなどということはあり得ない。超能力ではないのである。しかし歩み寄る必要はあった。折り合いをつける必要があった。そのためには、生まれ持った素質とは真逆のものを、少しずつでも育てていく必要があった。

男性は、理性というy軸に基づいて話していた。女性は、感情というx軸に基づいて表現していた。それぞれの軸において、それぞれが正しい。しかしそれでは、y軸とx軸が交差する点は、ゼロでしかない。そうではなくて、平面上で、互いに「xy座標」でやり取りしなければならなかった。

男性は、感情という軸を育てていたのだろうか。女性は、理性という軸を育てていたのだろうか。

おそらく二人は私よりも年長である。雰囲気と会話内容からして「真っ当な」付き合い方ではないかもしれない。今から変化することが可能であろうか。

女性は案外、何歳からでも変化できる。私の知る限りでは、女性の方が柔軟である。しかし、男性はどうだろう。

私はどうなのだろう。まだ、変わることができるだろうか。

この男性を見ていて、極めて強い親近感を覚えた。この男性を通して私が見ていたものは、私だった。

引き換えたもの

喫茶店に入って窓の外を見る。ゲームセンターの入り口で『アイドルマスター』のアニメが流れていた。夏の空は鮮やかで、夕暮れは暖かく、海はタヒチのように青い。木々は若々しく、道にゴミは落ちていない。アスファルトは補修の跡など一つもなく、街に工事中の区画などない。映画のセットよりもさらに統制された、印象のみを戯画化したものになる。

もし、現実の世界ではなく、このアニメの世界を基準として世界を見たらどうなるのだろうか。

製作者はおそらく、ある程度わかってやっている。『ゴッホの手紙』を読んでいると、ゴッホにしたって、「観たまま」の個人的な印象をいかに画布に移すかを腐心していたように読める。この絵具では輝く小麦の色は出せない、海の色が出せない。しかし金がないからこの絵具で我慢する。そんな記述が多数記されている。現在では評価されている画家だとしても、本人は「まだ違う」と思い続けていたように読める。

たとえばゴッホの絵であらわされたパリを基準としたら街はどう見えるのか。ゴッホの観た世界は、そのままの形で画布に顕れることはなかった。残された作品は、あくまでゴッホの観た世界の「下方の」近似値でしかなかった。だが、その近似値を基準としたらどうなるのだろうか。より一層、ゴッホの観た世界には到達できないことになりはしまいか。

アニメの文法、ゲームの文法、絵画の文法、写真の文法。「自分の眼」を持つには、それらの印象を相対化するしかない。そのためには、「製作者の眼」を想定できなければならない。しかしそれは、騙されることの拒否でもある。その覚悟を決めたとき、ディズニーランドの魔法にかかることはなくなるだろう。

何らかの理論であっても小説であっても、おそらく同じで、そこに示されたものは、製作者が世界を眺めた姿の近似値でしかない。無骨で、ざらざらした、不器用なものでしかない。たとえ巧みな言葉を用いていたとしても。

いくら情報を集めたところで、製作者が観たものに直に触れることはできない。しかしそれは、何も芸術や文芸に限ったことではない。目の前にいる人が発した言葉も同じである。表情も身振りも、その人が観る世界の近似値しか表してはいない。

目の前にいる人「そのもの」には決して到達できない。恐ろしいほどの断崖がある。そんな断崖などないと思いたいものは魔法にかかれば良い。魔法にかかる能力と引き換えに得るもの。おそらくそれが、「他者を理解しよう」という覚悟なのではないか。

本当は騙されたい。十全に理解しあえていると思いたい。幸せに騙してもらって、安穏を欲しがっている。ならば、誰かを愛するとは、その安穏を拒否することを出発点とするのだろうか。

私は何に騙されたいと欲しているのか。私には、どれだけ膜がかかっているのか。

断崖を覗くのが怖いからだ。

deep layer への Dive

カール・ロジャーズの文章を読んでいて、「気持ちのリフレクション」のような「技法」に対して、かなり腹を立てていたらしいことに行き当たる(『ロジャーズ選集(上)』誠心書房 pp. 141-148)。「確かに発端は自分がいったことにはあるが、そんなことを練習して一体何になるというのだ」と恐ろしく腹を立てているように読める。確かに記録上、ロジャーズは相手の気持ちを反射しているかのようなことを行っている。相手の言葉を繰り返すこともしている。しかしそれはあくまでも、相手の感じていることを自分自身も感じられているのか、それを確認してもらうために行っているのであって、自分が気にしているのは、相手の感じていることと同じことを感じられているかどうかでしかないんだ、そこに全力を投入しているのだ、と記している。しかし、かつてのロジャーズの同僚にしても、ロジャーズの発想から派生した「クライエント中心療法学派」にしても、そのような技法を繰り返し教えているようだ。しかも、何が「正しい」やり方なのかを「訓練」している。アホか、とロジャーズは言いたげである。

私なりに、私の使いたい用語を使って、ロジャーズが言いたかったことを解釈してみる。

本当に必要なことは Dive することだ。クライエントの deep layer に潜ることだ。そこから見た世界を共有することだ。ただ、それが本当にクライエントの見ている世界と同じかどうかがわからない。だから口に出して伝える。修正できるように。それは、クライエント側からすれば「反射」と見えるのだろう。鏡に映されたように感じられるのだろう。それはわかる。

ここで、クライエントのlayerの、どの深さまでDiveすることができるかは、セラピスト自身の成長度合いとシンクロする。当たり前である。映画へのDive、小説へのDive、絵画へのDive、音楽へのDive。それらは同じものを使っている。ただ見るだけではない。観る必要がある。それらの作品は人が作り出したものである。元来が浅いものもあれば、自分自身が成長しなければ決して潜れないような、とてつもない深さを持っているものもあるだろう。「若い」うちは決してわからない、そういうものもあるだろう。

Diveを妨げるものは理屈である。表面的な理解である。頭で考えただけのものである。理屈や技術や、いわゆる「頭」というものは、Diveの補助として用いること。

では、Diveするための「体力」はどこで磨くのか。それは技術を学ぶことではない。むしろ、自ら技法を「見出す」ためにもがかなければならない。それはどこで?

人である。作品も何もかも、人が関与している。そのdeep layerに触れなければならない。もちろん、浅薄なものに触れてもあまり意味はないだろう。「たましい」を揺さぶるようなものに触れなければならない。心が震えること。泣くこと。

それは頭で泣くことではない。悲しいこととも淋しいこととも違う。感情に近くはあるが、いわゆる喜怒哀楽のようなものとは異なる。それらに触れ、自分自身のdeep layerが「押し下げられる」ことが必要である。そして、自らのdeep layerを徹底的に深めること。

そして、プライベートにおいて、実際に人と深く接すること。自らと接すること。苦しみ、喜び、泣き、叫ぶこと。ただし、「たましい」が震えるような接し方をすること。

ここで初めて、クライエントの deep layer に触れることができる。クライエント自身が触れることができない deep layer に触れることができる。

私の文章から得られることなど本当に少しでしかない。私のやり方は、私が見出したものでしかない。そのまま真似てどうする。もちろん、私だって重要だと思っている。しかし、どれが、どのやり方が「正しい」ということはないだろう。本当に深く Dive する力をどこまで身につけることができるかである。その指標として私の書いたものを使うことはできるかもしれない。しかし、そこまでだ。

こういうことをロジャーズは言いたかったように、私には感じられた。

相手を深く知ること

「相手を知る」とは何であるか。何をもって、その人のことを「知った」というのか。よくわからなくなる。

「知る」にも深さがある。そう言う。ならば、「相手を深く知る」など、「相手を知る」がわからない以上、「深い」も「浅い」も定義などできない。

困った。何せカウンセラーなどという職業は相手を「深く知る」必要のある仕事なのである。それを定義できないとなると身動きがとれない。できる限り考えておきたい。
たとえば、相手と自分を逆転させて考えてみる。誰かが私のことを「知っている」というのは、何を指しているると私は思っているのだろうか。

名前。職業。住まい。家族構成。生育歴。親が何をしていたか。

なるほど。写真やビデオで記録されていれば、誰でも判別可能な物事。これらを知っている人のことを、おそらく私は、「私のことを知っている人」と呼ぶだろう。
では、もう少し「深い」ところまで知っている人の場合、私は何をもって「深い」と感じているか。

秘めて行っていること。秘めて行ったこと。

多少は深くなった。他人には伝えていない、秘められた具体的な物事について知っている人のことを、私のことを「良く知っている人」と呼ぶだろう。
しかし、これでもまだ、ビデオ撮影で何とかなるレベルである。これを「深い」と呼ぶかどうか。表面的ではなくなっては来ているが、それでもまだ事実レベルである。
頑張って、もう少し「深い」ところを考える。

考えていること。表面的には笑っていても、何を感じているのか。

こうなると、だんだんとビデオ撮影では何ともならなくなってくる。しかし、考えていることや感じていることは、文章として、言葉として表現されて初めて相手に伝わる部分でもあり、とすると、そういった記録さえ残っていれば、誰にでも感得可能なものごとになってしまう。

これ以上深い部分とは一体何であろう。となるともう、「行間」しかない。表面的に現れている、行動、文章、言葉、表情、そういったものの「あいだ」にあり、ある意味では本人にすら秘せられている部分、それが「深い」部分ということになるのだろう。

とはいえ、「行間」をつかむためには、ある程度の事実を知っている必要がある。だから、クライエントの生育歴は大切だし、現在の家族関係も、身体的状態も、情報として非常に大切である。言葉も、表現された何かしらのものも、大切である。しかし、それらはすべて「行間」を読むための素材であるということ。

おそらく、そういうことなのだろう。

相手の情報そのものを知らなければ、さすがに深い部分にまで到達することはできない。極端な話、聞いたこともない、会ったこともない人について深く知ることは不可能である。ただし、少ない情報であってもかなり正確な行間を読み取る人もいるだろうし、誰でも理解できるほど大量の情報があって初めて「あー！こういうことかー！」となる鈍感な人もいるのだろう。そのあたりで差が生まれる。それは、詩を読んでも、物語を読んでも、音楽を聴いても、絵を見ても、差が出る。

良い悪いではない。少ない情報だけで行間を読んでしまう状態が幸せなのかというと、そうとも言えない。少ない情報だけで行間を「読めてしまう」体験を繰り返すと、その能力に奢りが生まれ、情報を集めようとしないことや、早とちりをする可能性だってあり得る。いつでも正確な、神がかった「行間読み」ができるとも限らない。やはり仮説は仮説として、それを仔細に検討する必要はあるだろう。謙虚になる必要があるだろう。

鈍感であれば、タフに生きることもできるだろう。行間を読まずにすむということは、他者がどんなことを感じているのか、さほど気にせず生きることができるということでもある。それはそれで、健康であると私は思う。

ただ、行間を読む力に関しては、どうも生まれ持ったものであることが多いように思う。そんなものが遺伝情報で決定されているのかどうかはわからないし、生育環境によってどれほど変化するものなのか、私には判別できない。しかし、子どもの頃から鋭敏に行間を感じ取る人は、多かれ少なかれ、成人してもその能力を持っていることが多い。磨かれているか否かは別としても。また、子どもの頃から鈍感だった人が、成人していきなり鋭敏になるというのもさすがに考えにくい。多少の変化はあるだろうし、鋭敏だった人間が、その鋭敏さをぽっきり折って生きる、仮の鈍感さを身につけている場合もあるだろう。しかしやはり、行間を読む鋭敏さ・鈍感さは、生まれ持ったものである可能性は大きいように思う。無理に変わろうと思っても、それは無理であることの方が多いだろう。

敏感・鈍感どちらであっても、結局、相手の情報を仔細に集めるに越したことはない。逆に言えば、自分のことをなるべく深く理解してもらおうとするのであれば、自らの情報を何らかの形で相手に伝えなければならない。相手は探偵ではないので、言わないこと、見せないことに関して、勝手に調べてくれるわけではない。そこまで察することは超能力者でもない限り不可能である。

ただ、情報を知ったからといって、そこで止まってしまっては、相手のことを知ったことにはならない。相手の情報を大量に暗記していたとしても、それは単なる「ビデオカメラ」でしかない。記録係でしかない。理解したことにはならない。

その人すら気づいていない、その人の根にあるもの。当然、暴くことが目的ではない。その根にあるものを、共に味わうことができる関係。おそらくそれが、本質的なコミュニケーションなのではないかと思う。そして、やり取りするのは、その「根」の部分をお互いに味わい合う、その行為のことなのだろうと思う。

敏感さ・鈍感さには、必ず差が生まれる。だから、敏感な側は「これくらい情報を提供すれば、ふつうわかるだろ！」と怒らない方が良い。鈍感な側は、「こんな少しの情報で、ふつうわかるかよ！」と怒らない方が良い。

どちらも辛抱が必要である。

おそらく、精神分析も、ユング心理学も、他の心理学も、脳科学も、あるいは宗教も、相手を深く知るために、相手の行動や表現の「行間」を読むための補助線として用いることができる。

ヒトという種は、集団でシステムを構築して生きることを選択した。その結果、対人関係を抜きにしてヒトの生を考えることはできない。対人関係において、相手を知ること、自らを知ってもらうことはどうしても必要になる。最低限の相互理解であってもシステムの維持はできる。しかし充実した生とは何かを考えるとき、誰かに深く理解されること、誰かを深く理解することは必要になりはしまいか。

必要ないというのであればそれでも良い。しかし、私はそうは思っていない。私は、誰かに深く理解してほしいし、誰かを深く理解したい。それを、愛すると表現しても良い。「行間」の読み方に正しいも間違っているもない。本人が、その方略で腑に落ち、相手もまた深く理解されたと感じるのであれば、何を使っても良いのだろう。少なくとも、自己満足で終わるのでなければ。

「理解すること」のトレード

教師は教えたがってしまう。相手がしゃべり終える前から自分の知っていることをしゃべり始めてしまう。その教師が悪い人だということではない。バカなだけである。

私もバカなのでたまにやってしまう。しばらく自分が喋ってしまってから、相手が求めていた内容と随分違っていることに気づいて大いに後悔したりする。しかも何度繰り返しても学習しない。バカなのである。そうはいっても、バカである自覚がある分、バカの自覚のないバカよりはマシなのかもしれない。

そう考えると、何かを伝えようとすることは、相手を理解しようとすることと「反対」の力をかけている気はする。基準は「伝えようとすること」、言い換えれば「理解させようとすること」である。

たとえば、筋弛緩法というものがある。身体をリラックスした状態を学ぶ技術であるが、これはどのように行われるか。まず、手を強く握る。十秒間、拳を握りしめる。十秒経ったら一気に力を緩める。すると手から「じわー」と力が抜けて行くのがわかるだろう。これが「手がリラックスした状態」である。

筋肉というものは、強く力んだ状態をある程度続けてから急に緩めると、力んだ状態の反動で、まるで針の振れ幅のように、一気にリラックスした状態になるようにできている。いわば筋弛緩法とは、強制的にリラックスした状態を作り、それを身体で覚える技法である。

ダーウィンの観察によると（『人及び動物の表情について』岩波文庫）、犬が落胆する状態、あるいはネコが主人に甘える状態というのは、獲物に飛びかかる準備状態の「反対」であるとしか表現できない、という。獲物を捕るための準備状態などとは異なり、それ自体では何の「役」にも立たない動作であるから、というのもあるらしい。そう考えると、たとえば精神的なある種のパターンにも、精神のハードウェアである身体のシステムとどこかで連動していると考えるのは自然であるようには思う。ダーウィンは心臓の鼓動について言及している。

ということで、いわばコミュニケーションにおいて「力んでいる」状態である「伝えるポジション」「理解させようとするポジション」を、「獲物を捕るための準備状態」のようなものとしてとらえてはどうか。そして、「聞くポジション」「相手を理解しようとするポジション」は、「伝えるポジション」「理解させようとするポジション」の「反対」として考えてみてはどうか。

最終的には、まず「聞くポジション」を基本として相手を理解しようとし、その上で「伝えるポジション」に軸足を移せることが好ましいだろう。しかしたとえば、生まれたばかりの赤子を考えてみる。まず、泣く。腹が減ったと泣く。うんちをしたと泣く。とにかく「伝える」ことが基本である。まず、そちらが先に出現する。五歳になった私の息子であっても、まず担任の先生に何かを伝えようとする。妻に、私に、友人に、とにかく伝えようとする。自分自身を理解してもらおうとしている。私を、妻を、担任を、友人を、理解しようとすることよりはるかに強く、自分を伝えようとしている。スクールカウンセラーとして入った小学校・中学校を思い返しても、研究室にやってくる大学生のことを考えてみても、皆、とにかく自分のことを私に「理解してもらおう」としている。

もちろん、マルティン・ブーバーがロジャーズとの対話の中で言うように（『ブーバー ロジャーズ 対話――解説つき新版』春秋社）、立場の違いというものは強力である。ロジャーズのクライエントが、ロジャーズに対して、「何の映画を見ましたか？ どんな映画が好きですか？」と問うことは構造上禁じられている。ブーバーが言うように、クライエント側に、セラピストのことを理解しようとする気持ちの動きは、構造上封じられている（恋愛性転移が生じた場合は除外した方が良いのだろうが、これは別種の考察が必要である）。しかしそれは、「人は本来他者のことを理解したいという生物である」ことの証左ではない。子どもたちの集まりを見ていても、小さい子であればあるほど、主張の渦である。相手のことを理解しようなどとはしていない。もちろん中には卓越した子がいて、相手のことを良く観察し、理解しようとしている者もいる。しかしそれは、その子が他の子よりも「一枚上手」なのであって、自らの要求を円滑に通すためには、他者の性質を深く理解することが必須であることにいち早く気がついたというだけである。

いや、そうではない。人は他者を理解したいのだ。そういうこともあるだろう。そう、相手のことが「好き」だった場合などは特に。ただそれは、誰に対しても起こることではない。極めて限定的である。対して「自分のことを理解して欲しい」という気持ちの動きの方は、たとえ相手のことが「嫌い」であったとしても起こるのである。も起こるのである。言い方は「理解して欲しい」ではなく、「説得したい」「打ち負かしたい」「説き伏せたい」などと変化するかもしれないけれど。

ならば、いじけて主張しないようなパターンはどうか。やはりこれも、相手のことを理解しようとしているわけではない。あくまで「伝えるポジションを放棄している」に過ぎない。それは、すねて動かなくなっただけであり、決して「理解しようとするポジション」に軸足を移したわけではない。すねている様を見て、「理解してくれる」ような人が寄って来てくれるのを待っている、と言っても良いかもしれない。

結局「相手のことを理解しよう」という気持ちの動きは、自分のことを理解させたい、理解してもらいたいという基本の動きを「抑えて」、その上で動かさなければならないタイプのものである。だからこそ、難度が高いものになる。自分のことは理解されなくても良い、相手のことを理解したいだけなのだ、などということは、金でも貰わなければやっていられないはずなのである。

そのため、日常生活において必要な技術としては、「自分のことを理解してもらうためには、まず相手のことを理解することが必要」という程度になる（それだって相当難しい）。だから、これすら行わない者は五歳児と変わらない。

ということで、カウンセラーや教師は、相手から金を貰うことによって、自分の主張を抑え、自分を理解してもらうことを抑え、相手のことを理解するということに全力を傾けることが職務となる。しかし、クライエントや生徒・学生の中に、これを誤解する者が出現する。たとえばこんなことを言われることもあるだろう。

「先生みたいな人がいれば、結婚したいのに」

それは、金銭のやり取りが発生している、という重大な要素を忘れている。金と、理解される、ということをトレードしているのである。日常の中では「理解してもらう」ことと「理解する」ことがトレードされるのが通常である。ひたすら「自分が理解されるだけ」を求める者は、グリードである。強欲なのである。

そのため、日常において「相手を理解する」ことだけを行うものに対しては、警戒しておいた方が良い。相手がそれによって、何を奪おうとしているのかを考えた方が良い。たとえば私が女性を騙そうとしたとしよう。私はひたすら相手のことを理解しようとするだろう。それは、相手の身体をトレードの対象として想定するからである。

いわば、この「相手をひたすら理解しようとする」ことを技術的に用いれば、モテることになる。それは構造上はっきりしている。主張することなく、「無償で」相手を真剣に理解しようとする人間など、激レアだからである。しかも、その理解の度合いが他の人より遥かに深いものであればどうなるか。結果は目に見えている。

これが「神のため」に行われる場合もある。そのようなとんでもなく強大なものが想定されているのであ

ればよいだけ、あるいは多くの者をひたすら深く理解することが「解脱のための修練」となるのであれば、一見無償の行為のように見えるだろう。しかし、そこにもある種のトレードがあることは知っておいた方が良い。トレードはない、自分は本当に無償なのだ、と口に出す者ほど欲にまみれた者であることはザラである。

せめて、「バカである自覚のあるバカ」になることである。

六　思い込みについて

偽善臭

喫茶店にて。

二十代の男女。学生風にも見えるが、会話の内容的には社会人であるらしい。

女性の見た目は地味ではあるが、声が舌ったらずで、甘えたような声色、少々媚を売っているような雰囲気を持っている。笑いながらであるが、仕事で辛いことがあった内容を男性に聞いてもらっているらしい。男性は、休日風の赤いシャツを着て、くだけた印象の服装。清潔感がある。そして、かなり親身に女性の話を聞いている。うなずき・あいづち、オープンクエスチョン、気持ちの反射、多少の自己開示を含めた感想陳述。身を乗り出す前傾姿勢、声を発するタイミング等々、ほぼ聞き方の型はパーフェクトである。女性側は相当安心して語っているようである。話すことで満足もしているようである。二人は恋人と見えなくもないが、何となくその距離感から、まだ付き合う寸前であるかのようなニュアンスを出している。おそらく手も握っていなかろう。

しかし、何か嘘っぽい感じがするのは何故なのであろうか。この違和感は何であろうか。

見ていると、男性側の方が上手《うわて》である。女性がトイレに立ったとき、男性はさっとスマートフォンを起動して目を通す。その際、目が急に冷めたものに変化している。対して、男性がトイレに立ったときであっても、女性側にはほとんど変化がない。女性は、多少周囲を見回してみたり、スマートフォンに目を落としたりはするが、空気の変化は感じられない。

多分、男性側は、二重の意識で対応している。女性側は単一のモードで語っているだけである。これは一体何なのであろう。別に文句を言うようなものでもない。ただ、男性側の意識が「二重」と感じられたことに物足りなさを感じていた。

これが七重くらいになれば、この男性から発せられるピンク色の臭気は消えるのではないかと思っていた。偽善臭プンプンの、「はい、おじょうちゃん、きいてあげまちゅよ」とでも言わんばかりの気持ちの悪さはなくなるのではないかと感じていた。

これが、偽物の宗教の勧誘第一歩であったとしても、私は驚かない。詐欺行為の第一歩であっても、やはり驚かない。ただ、多分違うのであろう。

その男性の様子を見ていて、かつて私があるボランティア団体の活動を手伝ったときのことを思い出していた。ある部分では、この男性のような臭気を放つ人々がスタッフ側に何人かいた。他者の悩みを聞くことで、妙な優越感を感じ、そしてそこから養分を吸い取って生きているかのような人々。はりついたような、妖怪の笑顔。

それがメサイア・コンプレックスを抱えたものから感じる臭気であるか。他人のことを言えた義理ではない。これはおそらく、私も抱えるシャドウである。ただ、かつて私が感じた、切って捨てたいような気持ちとは少々異なる印象を受けていた。以前の私なら、そこで唾棄したかもしれない。ただ今は、先にも記したように、その意識構造が七重くらいまで深化すれば良いのに、という感想を抱いている。

以前の私なら、きっとこう結ぶだろう。

「せめて、自分の偽善に気づいていようと思う。ちゃんと、私は邪悪である。善なるものなどになってたまるか」

それも悪くはないのだが、どうもこれも、青さの一環であると思うようになった。善か悪かなど、今の私にはどうでも良いのかもしれない。それは私が決めることではない。ただ少なくとも、私は意識構造をもっと複雑化させて行きたい。

おそらく、この文章も、あと十年後に読めば「若いな」と思うであろう。ただ、今の百パーセントがこれなのだから、それは仕方がないことである。

思い込みと直観について

思い込みと直観は、うっかりすると混同する。というより、おそらく出発点は変わらない。直観が出発点であり、そこからの組み立てが一方的になると思い込みになる、ということなのだろう。

少し丁寧に考えてみる。前節の「偽善臭」を参照してみよう。

喫茶店の男女の話であった。男性の話の聞き方に、私は何か「違和感を覚えた」。ここまでが直観である。これ以上先のものは、直観とは異なる。

その違和感を説明するために、情報収集に入ることになる。

今回の男女の場合、相手がトイレに立った際の行動パターンが重要な情報とはなっている。そこでスマートフォンを見る男性の目が急激に冷めたものとなっていたこと。それを、決定打としてはいる。

しかし、ここで排除してはいけない可能性が複数残っている。たとえば男性が株をやっていて、スマートフォンで株価の動きをチェックしていたとしたらどうか。たとえば男性に大きな仕事が入って来ており、関連するメールが来ていたとしたらどうか。パズドラなどのゲームアプリで、時間経過と共に得られる魔法石の状態を確認していたとしたらどうか。男性には彼女がおり、女性と二人で会っていることは言わずにメールでやり取りしているとしたらどうか。

それらの可能性は一切排除されていない。ただし「二重の意識」で対応していることは、ほぼ間違いないであろう。その二重の在り方が、目の前の女性と、もう一つが何なのか、その結論は保留されている。

この男女の関係性やそれぞれの人間性、その生活について、たった数十分観察しただけで理解できるなどとは思っていない。それができるとしたら、超能力である。

違和感を覚えることができること。それが直観である。本来はその後にある種の「科学的な精神」が続かなければならない。つまり、仮説と検証である。

そこで立てたたった一つの仮説を、検証することなく真実であるとしてしまうこと。それが「思い込み」である。

複数の仮説を立て、それらを同時に保留し、情報を集め、遡及的に組み立てて検証することが必要である。だから、シャーロック・ホームズの推理方法は極めて参考になる。以下は、ホームズがワトソンに「推理の方法」について語るシーンである。

「君にはもう説明したはずだが、うまく説明できないものはたいていの場合障害物ではなく、手がかりなのだ。この種の問題を解くときにたいせつなことは遡及的に推理するということだ。このやり方はきわめて有用な実績を上げているし、簡単なものでもあるのだが、人びとはこれを試みようとしない。日常生活の出来事については、たしかに『前進的に推理する』方が役に立つので、逆のやり方があることを人々は忘れてしまう。統合的に推理する人と分析的に推理する人の比率は五十対一というところだろう」

「正直言って」と私は言った。「君の言っていることがよく理解できないのだが」

「君が理解できるとはさほど期待していなかったが、まあもう少しわかりやすく話してみよう。仮に君が一連の出来事を物語ったとすると、多くの人はそれはどのような結果をもたらすだろうと考える。それらの出来事を心の中で配列して、そこから次に何が起こるかを推理する。けれども中に少数ではあるが、ある出来事があったことを教えると、そこから出発して、その結果に至るまでにどのようなさまざまな前段があったのかを、独特の精神のはたらきを通じて案出することのできる者がいる。この力のことを私は『遡及的に推理する』とか、『分析的に推理する』というふうに君に言ったのだよ」(『緋色の研究』における最後のシーン。訳は内田樹『街場の読書論』太田出版　pp. 13-14)

結果をとらえて、そこから先に何が起こるのかを予測するのではない。なぜこうなっているのか、ということを、情報を集めながら分析して行く思考法。その、情報収集に「知識」と「観察」が必要になる。その手法は、極めて科学的なものである。ホームズが元化学者であるという設定は、おそらく重要な意味がある。もちろん、考え得る仮説をすべて網羅する必要はない。ある程度の事前知識によって、その幅を狭めなければならない。たとえばホームズは、相手の靴についた土の質から、今までどこにいたのかを推測している。それが推測できるためには、ロンドン市中の土質分布を頭に入れておき、さらに相手の活動時間を考慮して範囲を狭め、その中から仮説を立てている。

つまり仮説を立てるためには、ある種の知識が必要となる。

今回の場合、たとえばパズドラの存在そのものを知らなければ、株価チェックができるというスマートフォンの性質そのものを知らなければ、立てられない仮説がある。「目の冷め方」についても、冷めた目というものの種類を知っていなければ、判断はできない（注1）。それもまた知識といえるのだろう。

いくつか有力な仮説を立て、調査する。集まったデータによって棄却される仮説もある。最後に残った仮説に決め手となるようなデータが見つかれば、それが結論となる（それでも、一時的な結論でしかない）。そこまで、仮説として保留する力を持たなければならない。

人は他者を、見たいようにしか見ていない。仲違いをした二人の相談を同時に受けることもあるが、そういうときによく思うことがある。片方の言い分だけでは、結局状況などわからないのである。ただ、私は警官でもないし、判事でもない。カウンセラーである。相談者の言明は、「その人にとって」正しいものであり、真実であるという点から出発するしかない。状況がどのようなものであったのか、犯人が誰か、そういうことを探ること自体が仕事ではない。事実自体が判明しない以上、共感はしても、同意をすることはほとんどない。

おそらく私にとって、前述のような「何が真実かを保留する」パターンは、プライベートにおいてもおおよそ踏襲されている。さすがにメモを取りながら聞くわけではないので、精緻に仮説を立てて検証することはできない。プライベートであるなら、同意することだってある。しかしやはり、複数の仮説を立てて、データが集まるまで結論は保留しようとする。

私にとって興味があるのは、人の気持ちや感情の動きである。殺人事件などの犯人が誰か、という点ではない。殺人事件の場合は、一度起こってしまえば、その事実は不変である。しかし気持ちや感情というものは、いくらでも動き、変化する。ということは、仮説は常に立ち続け、一つに結論を決めることは原理的に不可能である。冷静に考えれば、他者の気持ちや感情については、仮説も結論も、ともに保留せざるを得ないものなのである（注2）。

科学的な思考パターンを持たない者は、どうしても思い込みやすくなる。何も、物理学や化学に通じろ、と言っているのではない。あくまでそれは仮説と検証を行うという思考パターンのことである。それは、ある程度のデータが集まり、検証できないうちは、結論を保留する、というつつましさのことである。だから、科学者の中でも科学的精神そのものが乏しいものは、結論を先に作ってしまい、検証も十分に行わない、ということになるのだろう。だから、理系とか文系とか、そういうこととは異なる。つつましさのことなのである。

私は、思い込みやすい性質を持っている。だからこそ慎重にならなければならない。うっかりすると、少ないデータで、それが真実であると決めつけてしまう傾向がある。だから、いくらもっともらしい結論であったとしても、特に人間関係の場合、その結論を保留する勇気を持ちたい。

注1 表情のことだけで言うのであれば、できれば「冷めた目」を数種類、自ら作ることができる必要があるのだろう。自分でできる表情については、他者の感情も看取できる可能性は高まる。たとえば、演技の下手な役者は表情の数が少ない。微妙な表情の変化を演じ分けることができない。それはつまり、脚本を読んでも、人物の微妙な気持ちの動きを理解できていないということともリンクしている。

注2 もちろん、ある程度の予測が立つことはある。ただそのためには、相当精緻な観察が必要である。

魔術的思考

たとえば、ココアが健康に良いと聞く。コーヒーが、緑茶が、健康に良いと聞く。そればかりで頭がいっぱいになってしまう。そういう人がいる。

ココアが健康に良いと聞けば、ココアばかりを飲む。コーヒーと聞けばコーヒーばかりを、緑茶なら緑茶ばかりを。

全部、ヒトの身体にとっては何かしら良い部分があるに決まっているだろう。一応、食べられる物なのだから。

食べ物だけではない。半身浴にしても、ジョギングにしても、何かが健康に良い、というのは、それはそうなのである。おそらく、タバコだって健康に良い部分はあるのだろう。ポテトチップだって、カップラーメンだって、惰眠をむさぼることだって、ゲームをしすぎることだって、探す気になれば何かしら「良い」ところは出て来るのではあるまいか。

問題は、それ「だけ」で良いと思う、思いたがる、その心性である。いつも飲んでいるコーヒーが「身体に良い」ということが判明すれば、それはそれで気持ちが良いことである。しかし、良いと言われているものに飛びついて、それ「だけ」で、その他のことが万事うまく行くとでもいうような気持ちになることは、極めて危ない。

「魔術的」とは、そういう思考パターンでもある。

コーヒーを飲む。これで長生きする。お札を持つ。これで完全に守られる。夢のお告げを信じる。これで万事救われる。この人についていれば大丈夫。すべて、うまく行く。

同じである。

ただ、どうしてもそのような思考パターンに陥ってしまいがちな生物が、ヒトでもある。中吊り広告を見れば、そういう気持ちを煽る文句が乱立している。緑茶で長生き。煽って何を誘うか。書かれた媒体の売り上げを見込むのである。ということは、売れるわけだ。「魔術的」思考を誘発すれば人々は流れる。それはデータが示している。そういうことなのだろう。通販番組でも見れば、その器具さえあれば全筋肉が鍛えられるような「夢の」器具が紹介されることになる。ある法則に従って勉強すれば、一年で偏差値が三十五から七十になるとでもいうような話が流される。もう少し広範にいえば、「努力さえしていれば報われる」というのも、ある種魔術的な思考パターンである。

楽だからだ。

考えなくてすむ。思考するエネルギーを節約できる。それ「さえ」あれば良いから。しかし、そういった情報を根気よく集めることは、あるいはある種の努力を続けることは、エネルギーを使っているのではないか？ 確かにそうなのだが、たとえば覚え込むことは、考えることとは違う。情報を集めることは、考えることとは違う。

考えなくてすむだけではない。魔術的思考に入り込めば、感じなくてもすむ。感受するアンテナを閉じていても構わないから。それは、傷つくことから逃れることにもつながる。苦しいことは、お札が代わりに引き受けてくれる。ただし、楽しいこともまた、うれしいこともまた、お札のせいになってしまうだろうけれど。

ヒトが、楽であることを求める。省エネを求める。そこをうまく突いて、金を巻き上げる。常套手段であろう。大きなくくりで言えば、コンピュータだってスマホだって何だって、テクノロジーと呼ばれるものは皆、楽をするために作られるものである。文明とも呼ばれる。しかし、楽をすることで切り捨てられたものの甚大さからは目を背けることになる。

私は何を切り捨てたのだろう。少なくとも、私が感じている虚無は、「私が」切り捨ててしまったものと関係がある。

信じたかったもの

科学的に万能な細胞が実在したのかどうか、それが嘘だったのかどうか、それはもちろん大切なことだと思う。ただ、私の興味は、その点には向かなかった。私は、周囲の騒ぎ方に興味があった。これは、「耳の聞こえない音楽家の件」の際にも、「テレビ番組のねつ造」の際にも、「食品の偽装」の際にも思ったことであった。

騒ぎ方が似ている。

もちろん、マスコミの騒ぎ方というのは、いつも一定なのかもしれない。醜聞をおもしろおかしく記し、あるいは極度に理想化したものとして祭り上げ、それを掲載した媒体の売り上げや視聴率を上げなければならない。商売として実に正しい。インパクトのある見出しや刺激が強いものの方が目につくし、購買意欲を刺激する。浅はかではあるが、そもそも「稼ぐ」という行為自体が浅はかなものなのかもしれず、それは悪でも善でもない。ただ、そういうものだというだけなのだろう。

しかし、単なる醜聞を聞きつけた際の騒ぎ方とは微妙に異なるように感じていた。そこに流れているのは「信じていたのに、嘘つきやがって」というイメージである。私には、強力な怒りが底流しているように感じられた。怨念といっても良いかもしれない。私には、癇癪を起こした小さな子どもの姿が見えた。表面上は、偽装を指摘する冷静な大人を装っていたとしても。

私の目についた「騒いでいる人」は、マスコミ関係者の方ではなかった。読者や視聴者の側である。テレビに出演してコメントをしたり、記事を書いている人々は、もちろん自分の意見を表明しているということもあるのは知っているが、多くの場合、読者や視聴者が望むものを無意識的に体現する「役者」である、ととらえた方が良い場合がある。

自業自得で不幸な目にあっている人を見て面白がり、群がる。そういうこともあるだろうが、それならば「不幸」なネタなどいくらでもある。しかし、多くの人の興味がそこに集中する、という現象が起こる。以前熱狂したスキャンダルのことなどすっかり忘れてしまうほど、強烈に集中する現象が起こる。それを真っ先に見付けられることが、スクープである。単純に規模の大きな出来事を扱えば良いということではない。そこでは、「大衆が集中するものを選り分ける」嗅覚が必要である。

マスコミにおいて、売り上げが伸びる媒体がある。「どういうものに人は群がるのか」という点に嗅覚が優れている編集者がいることは極めて重要である。

私の知人が週刊誌の編集者をしていた。人がどういう醜聞を好むのか、それを判別する嗅覚が異常に優れていた。人がどういうものを馬鹿にしたがるのか、どういうものを蔑むのか、どういう欲望を持っているのか、どういう権力に憧れるのか。ある意味で「俗」と呼ばれるものに極度に精通し、アーカイブ化したかのような人であった。

それは、雑誌を売るためには極めて正しい思考法であり、行為である。実際、彼が関わるとき、雑誌は売れた。

彼の嗅覚は、まだ「嘘」だと言われていない頃から、女性科学者に向いていた。彼はもう異なる仕事に就いていたが、もし編集者を続けていたら、女性科学者のポジションが「堕ちる」前から、そもそもはじめから「堕とす」つもりで、ある種の理想化（おそらく性的に）を煽った記事を組んだのではないか。その上で醜聞が発覚すれば、事前に布石をはっておいたギャップを利用して思い切りたたき落としたかもしれない。その方がコントラストがはっきりする。インパクトがある。彼にとって、神秘的な細胞があるのかないのか、そんなことはどうでも良いようであった。ただの秀逸な材料でしかなかった。本当だったらそれはそれで良い。嘘であるなら、たたき落としてまた材料とすれば良い。それはとても、使い勝手が良い。

私と彼が嗅ぎ付けた匂いの発信源は、おそらく同じである。

「万能な細胞に関するねつ造論文」と「耳の聞こえない音楽家という売り出しだったが、実は耳が聞こえていた件」と「テレビ番組のねつ造が発覚し、奇跡などどこにも起きていなかった件」と「食品のひどい偽装が発覚した件」に共通するものは何か。もちろん、「嘘をついていた」ということなのではあるが、嘘自体はいくらでもはびこっている。だから、「嘘」自体が問題ではない。「信じていたのに、嘘つきやがって！」というイメージの中の、「信じていたのに」という部分が問題である。一体、人々は何を信じていたのか。というよりも、「何を信じたかったのか」。

「信じる」という言葉は、説明が非常に難しい。「信じるとはどういう意味か。説明せよ」と言われても、簡単に答えられるものではない。私が大学における授業ごとに、A君という学生に対して「A君、よく頑張ってるね。良いレポート書いてね。君のことを信じているよ」と言い続けたら相当鬱陶しいものになるだろう。私がA君の立場であったら、「うるせーなぁ。信じてる信じてるって、なんだよ！　俺はお前のために良いレポート書かなきゃいけねぇのかよ！」と思うだろう。

対人関係で「あなたを信じています」と伝えることは、たとえば金銭の貸し借りの際には適切である。「あなたは私にお金を返すだろうということを、私は信じています。あなたを信じています。だから貸します」という使い方である。「信」用取引とは、そういうことである。これはある部分で、「お前は金を返すよな？　俺の思い通りに動くよな？　いいか、俺の思い通りに動けよ？　そうしないと、法的に制裁を加えるぜ。返せよ」という意味である。

通常の対人関係において、「私はあなたを信じています」と言うとき、「お前は、俺の思い通りに動けよ」という押しつけが起こっている可能性がある。それは、口に出さなくても同じである。

多くの場合人は、自分が相手に何を押し付けているのか、意識化することができない（私も例外ではない）。そして、無意識的に相手に押し付けている自分側の理想を裏切られたとき、怒りが湧き上がる。

金銭の貸し借りならわかりやすい。信じているという言葉を通して相手に押し付けている想念は「金返せ」である。レポートの例では少々複雑になる。教員と学生の関係性にもよってくる。ただ、その学生の成績を、教員側の勲章として、手柄として用いたいのだろう、という予測はつく。

では、「細胞に関する論文」「音楽家の件」「テレビ番組のねつ造」「食品の偽装」に共通する、大衆が信じたかったもの、つまり「無意識的に押し付けていた空想」とは何だったのか。

結論からいえば、それは「魔術的なもの」ではなかったかと私は思っている。細胞については、その細胞があれば臓器移植などのリスクが極めて少なくなり、いわば「不老不死」に近づける、ということ。音楽家については、耳が聞こえないという状況でも、「超人的な能力」で聴こえる能力を獲得し、人の心を動かす音楽を作成した、ということ。テレビ番組の場合には、感動的な出来事が頻繁に身近に起こりうることを確認できる、自分の身の回りにも「奇跡」が起こりうる、ということ。食品については、常に安全で安心できる食品が安定して提供される、素晴らしい「ユートピア」が訪れるということ。

人間が「死ねなくなったら」どうなると思っているのか。超能力を持ってしまったら、幸福とともに、いやそれ以上に不幸も背負う可能性が高まることに気が付かないか。奇跡と同時に強烈な痛みや苦しさが伴われることについて知らないのか。ユートピアにあるのは、波風立たない退屈で無感覚な凪のようなものであることを想像できないか。ニーチェだったら、そんな言い方をするかもしれない。

魔術に託されていたものは、物事を「一気に」変える技術である。「魔女狩り」でも（ネガティブな形で）現れていたのかもしれないが、それは一種の信仰である。科学に対して、思いのほか多くの人々が、物事を「一気に」変える「魔術的なもの」を投影しているのかもしれない。目に見えないものに対して抱くある種の態度が信仰の基礎であるとするならば、確かに科学は信仰の対象である。いや、物理的な作用は目で見えるし実験すれば観察できる、と言うかもしれない。しかし、精神医学では基礎的な知識である「脳内伝達物質」を私はこの目で見たことがない。ブラックホールを実際に観察したことはない。地球が丸いことですら実測したことがない。しかし、それらが存在し、正しい知識であろうと「信じている」。超越的な力を、医療技術や科学技術に投影している。いずれ、「思い通りにならないことが、思い通りになるのではないか」という期待を込めて。「死」ですら、コントロールできるのではないかと期待をして。

そして私は、「死をコントロールしたい」欲望が自分の中にあることを感じる。不老不死と同時に描写されることも多い、裏の権力と、裏の性欲に惹かれている部分を強く感じている。それを消すつもりはないし、消すことなどできないであろう。せめて、できるだけ意識化して、付き合っていたいと思う。

『エスパー魔美』と「調子に乗ること」

幼少期以来久しぶりに、藤子・F・不二雄の『エスパー魔美』をアニメで見た。

魔美の友人である高畑君は、自分がエスパーになったと思い込んでいた。しばらく調子に乗って、「魔美の前でだけは」その「秘密」を打ち明け、二人で特訓をする。しかしある日、魔美のちょっとした失敗のために、エスパーは高畑君自身ではなく、魔美であったことに気がつく。

そのとき高畑君は、「しばらく君とは会いたくない」と言う。「この気持ちに整理がつくまでは」。その理由は、魔美に対する怒りではなかった。「よく考えれば気がつくことなのに、自分がエスパーであると思い込んでいた、その迂闊さが許せない」からであった。

多くの場合、迂闊である自分の姿を気づかせた相手に対して怒りを持ってしまうものである。これが「恥をかかされた」感覚でもあるのだろう。ここで相手に怒りをぶつけず、自らについて内省する方向へエネルギーを用いることができる人間はとても強い。

ただし、エネルギーの向け方にもコツはいる。「どうせ俺なんか」というパターンでは先に進めない。それは、単に慰めてほしいだけであったり、本当は違うよね、君は凄いんだよねと言ってほしいだけであったりする。結局、前には進んでいない。

実際には、「恥」の元となっているものは多くの人に「常時」公開されている。カツラみたいなものである。そのカツラを皆の前で取ったからといって怒りをぶつけても、あるいは何らかの方法で腹いせや仕返しをしても、結局「バレている」のである。周囲の人は、面と向かって「ハゲ」と言っていないだけである（私は実際にハゲていることをここに追記しておく）。

恥を露わにしてしまう行動は、うっかり人前で言ってしまう、叱る、嫌味、吐露など、様々な形式が考えられるだろう。どうでも良いことならば過剰な反応など起こらない。そこにある種の「迂闊さ」が存在する場合には、「恥ずかしさ」がセンサーとなる。

つまり、「恥ずかしさ」があるときこそ、乗り越える契機が訪れていることになる。

しかし、乗り越えるのはそう簡単ではない。先述のように、恥をかかされると、恥をかかせてきた相手に何らかの報復を行いたくなったり、拗ねたくなったりしてしまうものである。この難しさの元には何があるのか。

恥の元となったものを、消してなくしてしまうことはできない。ハゲはハゲである。植毛してもハゲである。多くの場合、恥の大元となった事象は生まれ持った性質に起因していることも多い。消そうにも消せないものも多いのである。ということは、元来の性質をどのように用いるか、という点だけが焦点となると言っても良い。

高畑君はそこに気づいた。「自分がエスパーではなかったことは残念だけど、僕にもやれることがあることに気がついた」。それは、魔美が使い方のわからない力を、適切な形で用いることをサポートする、いわばコーチとしての役割であった。そのために、分析能力や技術補助などを行うことにしたのであった。

最初、高畑君は「ないものねだり」をしていた。自らには備わっていないものを求めることによって、もともと持っている分析能力や冷静さ、論理的に組み立てる能力などを適切に用いることができていなかった。それは、魔美が超能力を持て余してしまっている状態とも相似形である。高畑君は魔美のコーチを行うことによって、自らの能力を用いる術も深めていった。その高畑君の姿がモデルとなり、また適切な論理構築や道具なども助けとなって、魔美もまた、自らの超能力を適切に運用することが可能となる。

もちろん、だからといって、私が誰かに恥をかかせてしまったことを言い訳するつもりはない。恥をかかせてしまったということは、それは伝え方やタイミングが最悪だったということである。恥をかかせずに、大切なことを伝達する必要はある。

結局相手に何も伝えず、ニコニコして見守るだけでは、人前で、沈黙の中で、恥が晒され続けることになってしまう。もし本当に大切な人なのであれば、どこかのタイミングで、その性質を適切に運用できるよう、何らかの形で伝えなければならない。

私はその伝達に失敗する。うまく行く場合もあるが、失敗と成功はほぼ半々という感じがする。ただ、関係ができていれば、その失敗も何とかリカバリーできることはあるらしい。これは実感である。

問題は、関係ができていると思い込んでいるだけのときである。特に、相手に対してある種の「幻想」を投げ込んでいる場合、たとえ周囲からは仲が良く見えたとしても、そこには本来の交流は生まれてはいない。互いに、あるいは片方が、目の前の人ではなく、自らが作り出した映像とやりとりしている一人相撲なのである。

一人相撲を防ぐためには、まず「相手そのものには決して到達できない」「他者のことを十全に理解することは不可能である」という強力な自戒が必要になる。相手のことをわかった気になってはいけない。わかってなどいないのである。

話を戻すが、迂闊さを引き起こす元には、自惚れ、傲慢、自棄などが関わる場合もあるのだろう。このあたりは一括りのカテゴリでもある。これらは総じて「自己評価の低さ」のバリエーションではある。ただし「自己評価」を上げるために、かりそめの成功体験などを積み重ねてしまえば、よけいにあらぬ方向へ調子に乗ることになってしまう。エスパーではないのに、エスパーであると誤解してしまう。迂闊さを助長してしまう。

自己評価とは、自らの能力を実際以上に高く見積もることではない。ないものをあるかのように思い込むことでもない。適切に、正当に、冷静に、自らの性質を査定することなのである。だから、自己評価を適切に育もうとするならば、おだててしまうのはまずい。かといってけなすのもまずい。褒めるにしても工夫は必要で、何らかの留保は必要である。

高畑君に超能力があると思い込ませてはならない。どこかで、君には超能力はない、ということは伝えなければならない。さらに、それと同時に、論理構築能力や手先の器用さ、冷静さなどが備わっていることも伝えなければならない。ただし、それが「エジソン級」であるなどと不当なおだて方をすることもいけない。

「調子に乗る」パターンとしては、「ほんの少しの体験を全般に用いてしまう」ときに起こりやすい高畑君も、たった三回のテレポート体験から、自らがエスパーであると思い込んだのであった。もちろん中井久夫のように、戦時中の小学校における体験から、いじめ全般に関わる本質的な部分を抽出できてしまうような天才もいる。しかし中井久夫は、その分析が「限定的である」ことを言及することを忘れない。

井筒俊彦も、小林秀雄も、自らの読書量は限定的である、知識は狭い範囲であると繰り返し記している。私などからすれば、どこが狭い範囲であるかと言いたくもなる。常人からすれば、それは広大すぎて把握することすら不可能なほどの知識量・読書量なのである。しかし、おそらく本人たちは本当にそう思っているのであろう。

その認識が、「調子に乗ること」にブレーキをかける。ある意味では「謙虚さ」ではあるのだが、これは何も、周囲に合わせて「へぇ。あっしは大した者じゃぁございやせん。いえいえ、皆さま方に比べれば、まぁ、屁みたいなもんでして。へへへ」と言うこととはまるきり違う。その証拠に、中井久夫も井筒俊彦も小林秀雄も、自らが考えた内容を堂々と伝えて来る。頭を低くしてやり過ごそう、あるいは油断させて一発かまそうとしているだけの者には、彼らのような芸当は逆立ちしても不可能である。

だから中井久夫たちも、一見「頭を低くしている」ように見える。しかしこれは、いわば「自分は神ではない」ということの自覚でもあり、自戒でもある。正確な、自らの知識や思考の範囲を把握した上で出てきた言葉である。だから、嫌味には聞こえない。

すぐに合理化してはならないこと

都合の良い部分だけを切り貼りしてはいけない。

たとえば、ディオニュソス信仰の性的奔逸があったからといって、現在自らも行って良いと考えるのは早計である。かつて聖娼がいたからといって、売春を正当化するのも誤っている。それらを基にして、自らの肉欲を、大手を振って自慢するような愚を犯してはならない。文化的な背景と、妊娠や性病に関する知識量と、性的なものに付されていた意味の異なりを排除してはならない。

たとえば、「神を観た者」はアウトサイダーではあろう（付録「アウトサイダーについて」参照）。しかし、自分は「あぶれもの」であるからアウトサイダーである、観た者である、選ばれた者である、などと思い上がってはいけない。それは、単に仲間に入れなかっただけのうつけ者である。

たとえば、自らを愛することが重要課題であったとしても、自己中心的に、他者を鑑みないということはまったく違う問題である。

すべて、単純化しようとしたとき、自省を失う。合理化してしまう。言い訳になってしまう。生は、そんなに単純なものではあるまい。かといって、単純ではないのだから、と開き直ってはいけない。複雑さを抱え、割り切れぬものを、混沌を、生きなければならない。

良い行いをすれば、良い結果が返ってくるなどと思ってはいけない。もちろん、だからといって無関係なわけではない。人間同士の関係であれば、ある程度、良い行いには良い結果が伴うことも多かろう。やはり、開き直ることはよろしくない。

先日、四歳の息子が椅子につまずいて転んだ。彼は「なんでー?」と言いながら泣いていた。彼が言わんとしていたことは、「今日は何も悪いことしてないのに、どうしてバチが当たるの?」という問いであった。そういうものなのである。日頃の行いと不幸な出来事は、ある程度は関係があり、しかしほとんどは私たちの認識能力を超えている。理解し、合理化したければ「バチが当たった」でよろしい。納得もできよう。

しかし、それは甘い。普段の行為など関係なく、交通事故に遭遇し、ウイルスにも感染する。

もちろん、肉体には肉体の理が、物質には物質の理があり、それはそれで動いている。鉄は錆びるし、水は百度で沸騰する。強く身体をぶつければ骨は折れる。そのぐらいの因果はある。

しかし、飛行機事故に遭遇するのは、普段の行いなどほとんど関係はない。どんなに善行を積もうと、死ぬときは死ぬ。

そのような不条理な世界に生きることを苦として、異界に思いを馳せる人はいる。私もそうだ。しかし、異界の条理を、現世の条理に無理につなげてはならない。それは、ある程度つながりはあるかもしれないが、基本的には次元の異なる理によっているのであろう。

たとえば、発電所が電気を産み出す、実に泥臭い過程と、その電気を使ってコンピュータ上で行う表計算の過程は、全く次元の異なるものである。そういう関係に似ている。

いくら、表計算ソフト上で必死に計算をしてみたところで、石油を燃やし、核反応を起こしている燃料棒を用い、水を沸騰させて蒸気でタービンを回し、電気を産み出している様子は浮かばない。次元が異なるからである。

祈れば幸せになれるであるとか、どういう宗教に属せば幸せになれるとか、それはあたかも「表計算でこういう計算をすれば、あなたは電気の力を身につけ、確実な計算の達人になり、金持ちになれます」と言っているようなものである。次元が違うものをつなげてはならない。現世利得を説くものは当てにならないという理由は、そういう部分にある。

異界の存在を示すことが目的であるならば、奇跡もかまわない。しかし、それと現世利得はつながっていない。混同してはならない（注）。

注　「努力は報われる」という学校教育で頻繁に提示される言葉もこの方向から考える必要がある。たとえばゴッホは「努力が報われた」人であろうか。あるいは努力をせずとも金満家になった者はどうするのか。つまり「努力は報われる」という際に、それを金銭的な成功のようなものとつなげてしまうと、これは「この壺を買えばあなたは幸せになります」「このブレスレットをつければ事業に成功します」ということと変わらなくなるのである。教育というものが宗教的なものと構造が似ていることを意識しておかなければならない。現世利得とつなげた瞬間に、それは「偽物の宗教」に変貌する。

七　仕事について

「ファン」と「仕事」

喫茶店にて。

どうやら、実際に声優をしているおじさんと、これから声優になりたい青年が話をしているようだった。

おじさんは、実に現実的な話をしている。「弱い事務所だと、共演者との関連で、大きな事務所に仕事を持って行かれることがある。たとえ、ほとんど内定しているような役であったとしても」「アニメの仕事が相対的に増えているけれど、そういうものは時流によって変わるだろう。今は流行だから。映画、ナレーション、様々なことをする。地方巡業での司会業をすることもある」「本を読んだり、時事問題を知っていなければ、役作りができないことも多い」「映画の吹き替えにおいても、かなり様々な役がある。主人公やヒロインなどの、メインキャラクターだけではないことを知っておいた方が良い」「アニメがやりたい、というだけだと、多分やって行けないだろう」など。

実に真っ当なことを言っている。業界でのことは皆目わからないが、声優業界ということを取り払ってみれば、それは純粋に「会社」の話だった。そう、仕事ってそういうものだよね。そういう印象を持つ内容と語り口であった。少し聞いただけでは、それが証券会社の話なのか、ＩＴ業界での話なのか、すぐにはわからないほどだった、というのは大げさだろうか。

聞いている青年は、「なるほど！」と、急に大きくガッツポーズをしたり、反り返って「あー、それは気付きませんでした……！」と、額を手のひらで叩いたり、なかなか特徴的な反応をしている。まるでアニメの登場人物のような動きであった。青年はとても真摯に、真剣に聞いており、受け答え自体も、文字として書き起こせば極めて自然なものだっただろう。声色と動きが「アニメのよう」であることを除けば。

おじさんは「職業人」であった。青年は「声優ファン」のようであった。おじさんのリアルな話はどこまで届いていただろう。おじさんは、かなり真剣に、業界の辛さ、現実を伝えようとしていた。しかし青年は、「俺、今こうして、実際に業界で働いている人の話を生で聞いている……！」という状況そのものに陶酔しているようにも見えた。

中高生と接していると、「声優になりたい」という生徒は案外多い。私が思い出していたのは、「声優になりたい」という者と、「アイドルになりたい」「お笑い芸人になりたい」「歌手になりたい」という一群との類似であった。つまり、それは「芸能人になりたい」ということでもある。その時々で、「人気」があるものになりたい、ということ。そういうことなのかもしれない。

私には良くわからないが、彼らが「なりたい」と思うような、人気があって、有名な人というのは、「自分から」売り込んで行った人々なのだろうか。少なくとも、放送業界における人気とは、商業的なベースに乗っている。そのため、「売り出そう」とする側がいる、ということである。とすると、ある程度本人側の売り込みは重要であるとはいえ、「見出す」人間がいる、ということである。

そこに、何とも言えない空虚な印象を持ってしまう。純粋に「声で表現したい」という人もいるだろう。自分が歌えば人々が何故か幸せになってしまう、それを分け与えないという選択肢があるだろうか、という程の人もいるのかもしれない。しかし、少なくとも私が接触した中高生にとっては、「人気がある」という点こそが重要であるように、私には感じられた。人気がない、皆から注目されない、それでも「声」を仕事にしたい、という人はほとんどいなかった。業界に疎い私でも知っているような声優の名前を挙げ、その人のようになりたい、ということがほとんどであった。

気になる点が二つある。一つは、中心が自分の側ではなく、他者からの評価そのものに移ってしまっている可能性について。考えていることは、多くの人から羨望の眼差しで見られたい、ということになっていないだろうか。二つ目は、特に自分が好きで好きでたまらなかったアニメの世界の中で活躍していること。そのような自分に酔っていたい、という願望。

もちろん、どちらも異常なものではない。場合によっては「向上心」とも呼ばれるだろう。しかし、それでも私は、奇妙な感覚を受けてしまう。それは「仕事」ではないのではないか、と感じてしまう。仕事を選ぶときの基準ではないように思える。

私はゲームが好きだ。もし、私が好きなクリエーター、須田剛一にインタビューができる、としたら、私は嬉々としてその場に向かうだろう。『スーパーマリオ』や『ゼルダの伝説』の生みの親である宮本茂の仕事風景を見ながら一年間任天堂本社を見学できるとしたら、勇んで参加するだろう。しかし、それは、「私がお金を払って行く」という前提である。

私は写真が好きだ。もし、森山大道の写真展の手伝いができるとしたら、ネガの現像場面を見られるとしたら、嬉々としてその場に向かうだろう。村上春樹の小説も、結局出たら読んでいる。あまり積極的に認めたくはないものの、多分かなり好きである。村上春樹の一日を見させてもらえるのであれば、小説の書き方を見させてもらえるのであれば、私は喜んで行くだろう。お金を払って。

好きなことをするときには金を払う。それがアマチュアである。写真も、ゲーム評論も、小説を読むことも、バンドも、私はアマチュアである。趣味である。ただ、好きでやっている。バンドなどではたまにお金をもらうこともあるが、それはせいぜい実費である。儲けを求めているわけではない。

仕事とは、そうではない。「お金を貰う」のである。全然違う。

受け取る立場ではいけない。与える立場にシフトしていなければならない。「好きだからする」ではない。「イヤだと思われそうなことであっても、それをこなす能力があり、またこなせるよう努力している」からお金がもらえる部分がある。

私にとって、カウンセリングや心理療法は、趣味ではない。仕事である。

臨床心理学をしている人たちが集まっている中で、まれに「臨床家になりたい」「臨床を究めたい」という言葉を聞く。そのときに違和感を感じることがあった。それが、おじさんと青年の会話を聞いていて、少し理解できた気がした。

まず「臨床家」「臨床」という言葉が、一般的な用語ではないことが気になる部分である。もちろん、「身内」で会話しているのであるから、ある種の「隠語」を使うことはかまわないのだろうとは思う。とはいうものの、何か2ちゃんねるの用語を日常で大真面目に使っているかのような、奇妙な印象を受ける。

次に、「臨床を究めたい」と言うとき、カウンセリングには相手がいる、ということが切り捨てられているように聞こえる部分が気になる。会っているクライエントは、その「臨床家」が「臨床を究める」ための

「踏み台」なのだろうか。まるで、居合い切りの達人になるために、切り捨てられる竹のように。

一般的に学歴を気にする人がいることと同じように、「心理の業界」の中でも、誰それ先生の下についている、誰それから訓練を受けているということがステータスとして見られる場合もあるらしい。どの声優養成所に入っている、誰それという有名な人からボイストレーニングを受けている、などの内容を聞いていると、どこの業界でも同じなのかもしれない。

一流の訓練を受け、その中で本当に伸びる人もいる。それはそれでかまわない。しかし、「ファンだから」その人のそばにいる、それだけで満足している、あるいは「虎の威を借る狐」になっている状態というのは、趣味ならば良いのであるが、仕事となると少し考えものである。

その業界に対する「ファン」であるとき、その中に所属しているだけで満足できてしまう、そういうこともあるのだろう。自分が大好きな声優と同じ業界で働けていることがとても嬉しい。自分が凄く好きだった心理学の先生と同じ業界で働けていることが嬉しい。そういうことがあるのはわかる。しかしその感覚のままでは、アマチュアの、趣味の感覚である。

おそらく対人サービスではない職業の場合、それほど問題にはならないだろう。なんとか声優になることができた人が、たとえ大して売れなかったとしても、大好きな声優と競演できたことで天にも昇る気持ちになったとする。そのアニメを見ている人が、さほど大きな実害を被るわけではない。しかし対人サービス、カウンセラーも教師もそうであるが、この場合「ある先生のファン」「業界のファン」で、カウンセラー「ごっこ」、教師「ごっこ」をしてお金を取られたのでは、おそらくクライエントも生徒も納得が行かないだろう。少なくとも私がクライエントや生徒の立場であったら納得が行かない。「なぜ、お前らを満足させるために、俺がクライエントとして金を払わにゃならんのだ」「なぜ先生を満足させるために、俺が金を払って授業を聞いてあげねばならんのだ」と思うだろう。

これは私自身への戒めである。カウンセリングを行い、大学で授業をしている。受け取る立場ではいけない、趣味ではいけないという自戒である。私が、「臨床家になりたい」「臨床を究めたい」という言葉に妙に反応するのは、それは私の中にも、そういう根があるからである。

仕事選びと自分が本当にしたいこと

私は就職活動もしていない。自分で仕事を決めたというより、「私を私よりも知っている人」が私に仕事を任せてくれたおかげで何とか仕事に就けている程度のことなので、偉そうなことなど何も言えない。それでも、仕事選びについて考えられるだけは考えておきたい。

多くの学生が「自分が本当にしたいこと」「本当の自分にあった仕事」という探し方をしているようだ。それは悪いことではないのだろうが、「本当の自分」というものを、一体どのような形で把握しているのかが問題となっては来るのだろう。強烈に深い意味で「本当」を受け取れば（たとえば霊的自己実現など）、私などは「本当の稲垣」をつかむことなど一生できないだろう。軽い意味で「他者に迎合せず、相手に合わせていない自分」というレベルであればつかめてはいるのかもしれない。

ただ「自分が本当にしたいことがわからないんです」と学生が言うとき、私としては奇妙なニュアンスを感じることがある。まるで「まだ見ぬその仕事に就けば、自分のまだ知らない特別な能力が発揮され、周囲から賞賛の眼差しで見られ、楽しく愉快で快活で満足感が得られ、充実感が得られるのではないか。でも、私はまだ本当の自分を見つけられていないので、その夢のような仕事が見つかりません。で、本当の私はどこにありますか？　稲垣先生、わかりますか？」と聞かれているかのような、奇妙なものを感じることがある（誰にでも感じるわけではない）。

また、「本当にしたいこと」の中に、「やっていて楽しいこと」というニュアンスがとても強く感じられる（これは大多数の人から感じる）。

趣味と仕事を混同しているのだろうか。

趣味とは、金を払って楽しむものである。人は、好きなこと、楽しみたいことに対してはお金を払うものである。ディズニーランドに行ったらお金が貰えるはずがなかろう。金を払ってチケットを買い、入場する。私がバンドをするとき、カメラを買うとき、プラモデルを作るとき、CDを買うとき、金を払うのである。やっていて楽しいこと。そのためにお金を払うもののこと。それが趣味である。

対して仕事とは、嫌なことをするかわりに、お金をもらうことである。

この二つは混同してはいけないだろう。

楽しんで、さらにお金も欲しいとなると、それは貰い過ぎである。好きなことだけを行って金銭を取得できるということは、残念ながら極めて少数の天才か恵まれた人間にしか許されてはいない。それは、特権階級なのである。

仕事が楽しい、充実している、という人はいる。私だって、それなりに楽しいと思っているし、充実しているとも思っている。しかし、楽しくて楽しくて仕方がないとは決して思わない。嫌だと思うことも、当然やっている。その中で、考えようによっては随分ありがたいよな、楽しいよな、そういうことを見つけることは可能である。多分、仕事が楽しい、と言っている人の「楽しい」の定義と、夢を見ている学生における「楽しい」の定義が微妙に異なるので混乱も生じているのだろう。苦しいこともやるからお金が貰える。その状態の中で、非常に楽しいことや嬉しいことがあれば「なんかすみません……。ただでさえお金もらっちゃってるのに……。なんとお礼を言ったら良いのか……」と深く感謝するようなものなのである。

以上を踏まえた上で、仕事をどのように選ぶのか、という点を考えてみる。

まず、私が持つ仕事選びの最大の基準は「やっていて、苦ではないもの」である。一種の消去法ではあるのだが、その消去法はかなり緻密に、細部にわたり、徹底的に行わなければならないのだろう。学生はこれを大雑把にしか行っていないために、良くわからないことになってしまう部分があるようだった。

嫌なことをするかわりにお金をもらうのが仕事なのであれば、その「嫌なこと」と感じる主観的な度合いが問題となる。あまりにも苦手なことを無理してやらなければならないとき、その「嫌さ加減」は破滅的になる。対して、他の人が嫌がることをさほど苦ではなくやれるのであれば、それは金銭を貰っても良いのだろう。

たとえば、私は事務仕事が滅法苦手である。本格的に、致命的に苦手である。自分の履歴書すらまともに書けない。集計は致命的に間違える。間違えないようにするために、とんでもない労力を必要とする。その時点で、私の事務職への道は閉ざされる。他にも、始終身体を動かしていたり、寒い中ずっと立っていたりすることはダメである。できないこともないが、それをメインとすると、やはりとんでもない労力を使うことになる。このように、極端に苦手であることから順番に消去して行く。

しかし、誰かの話を聞く、という点では、さほど苦を感じなかった。また、人前で自分が考えていることを滔々と喋ることに関しても、さほど苦を感じなかった。興味関心を広げることに関してもさほど苦を感じなかった。細かい手作業をすることも苦ではなかった。コンピュータをいじることにもさほど苦を感じなかった。文章や映像作品などの作者がどのような気持ちでそれを作成したのか、ということを考え続けることにも苦を感じなかった。得意という意識があるわけではない。あくまで「苦ではない」という認識である。

その結果、カウンセラーやら大学教員やらが、折衷案としてたまたま残ったことになる。他にも占い師や詐欺師も候補にはあったが、胡散臭さが強すぎることや違法行為が関連するために除外されてはいる（占い師は諦めていない）。

大抵、苦ではなく行えるもののことを、他者は才能と呼ぶことが多い。

次に、「好きこそものの上手なれ」という諺について考えたい。好きなことを仕事にしたい。声優であったり、イラストレーターであったり、アニメーターであったり。これは良く聞くものではあるが、少々立ち止まって考えたい。

「得意／不得意」と、「好き／嫌い」は同一次元で考えてはならないように思える。「好きこそものの上手なれ」という諺では、ある意味では一面しかとらえることができない。好きなものであれば、熱中する時間も、総合的に費やす時間も増加するであろう。そのため、嫌いなものよりも上達する可能性は高い。それは確かである。

しかし、たとえば「大工に家を建ててほしい」という希望を持った人がいる。以下のどちらに仕事を依頼するであろうか。

（一）ものを作ることは大好きであるが、器用ではない人
（二）ものを作ることは好きではないが、とても器用な人

もちろん「ものを作ることが大好きで、センスがあり、しかも器用な人」がいるのであれば、その人に依頼したいところではある。しかし、上述の二人しか選択肢がなかった場合、人は器用な人に依頼するであろう。おそらく、それが仕事を依頼する際の最低基準である。残念ながら、仕事の場合には他者との比較が問題となってしまう。金銭が絡むのだから仕方がない。

しかし「好き／嫌い」というものも、きちんとつかまえておかなければ仕事を選ぶ方向性そのものが定まらない。（一）の人と、（二）の人ではどちらが幸せなのか。その判断は容易ではないが、少なくとも作業をする喜びという点に照準を合わせるのであれば、「（一）ものを作ることは大好きであるが、器用ではない人」の方が、大工をしていても喜びを感じるであろう。ただし、仕事は金銭を取得するためのみのものであ

る、となった場合、生きることは苦しくなるだろう。問題は、（一）の場合、仕事の依頼そのものがやって来ない可能性が高いことである。

内的なエネルギーは興味関心が向く方向に流れる。絵が好きであるならば誰でも漫画家になれるわけではない。画家になれるわけではない。しかし、その方向性を見誤らなければ、美術館の学芸員を仕事とすることで喜びを見出すことはできるかもしれないし、漫画雑誌の編集者として喜びを見つけることもできるだろう。その際、たとえば学芸員であるならば、丁寧に美術品を取り扱う技術を修練する必要がある。漫画雑誌の編集者であるならば、時間管理や交渉の力、売れる漫画家を発掘する技術を修練する必要がある。その技術が、金銭と交換可能なものにまで洗練されていること。それが仕事である。そして仕事を行うことができる能力は、「生きる力」の重要な側面である。

以上を通して、条件は二つに絞られる。

・自分が好きなものに共通する系列をつかむこと
・やっていて苦ではないものの系列をつかむこと

好きなものをそのまま行うのではなく、系列をつかむ、という作業が重要である。そして、大まかな方向性の中で、やっていて苦ではないもののクオリティを上げること。それが、金を払ってもらえるだけのものになるように。

しかし、私は就職活動していない。だから、説得力がない。

自信について

自信を持とうとか、自信が持てることを見つけるとか、そういう言葉を良く聞く。特に就職活動が始まると学生たちから質問されることもある。そう言われてみると、私は自分自身について「自信がない」ことに関しては良くわかるのだが、「自信がある」ことが一体何なのか、わからなくなってしまう。

たとえば、大した運動をしていない今「四百メートル全力で走れるか?」と言われたら、その「自信はない」。多分、途中で肉離れを起こす。せいぜいジョギングの速度で四百メートル走る程度であろう。

たとえば、しばらくやっていないロールシャッハテストを今すぐクライエントに実施して欲しい、と言われると、「自信がない」。あまりに久々なので、色々読み返し、練習してからやらせてほしい。

たとえば、私が足を複雑骨折して、一年間まともに歩いていなかったとする。その「病み上がり」の状態で、家から駅まで歩いて行けるか、と言われると、少々「自信がない」と答えるのではないか。やり方はわかっている。しかし、久しぶりでやり方が思い出せなかったり、しくじる確率が高そうである場合に、私は「自信がない」と言うらしい。

では、私が生涯で一度もやったことがないラクロスについて自信があるかと問われれば、自信も何も「やることすら考えたことがないから良くわからない」という答えになる。

ということは、私が「自信がない」と認識するためには「以前、一度はやったことがある」ものである必要があるらしい。「一度もやったことがないもの」に関しては、「情報が少なすぎて、やってみなければ、自信がないかどうかすら判断できない」と答えるよりない（類似のものを一度はやったことがあれば、そこから想像して答えることはあるのだろう）。

では「自信がある」とはどういうことなのか。たとえば特に複雑骨折をしていない今、家から駅まで歩いて行くことに関しては、「自信がないとかそういうことすら考えていない。それはあまりに自然で、特に自慢するものでもない」。多分、「自信がある」とは、私にとってはそのようなものなのだろう。

今、百人の学生を前に一時間喋れ、と言われても「イヤだなぁ、面倒くさいなぁ」とは思うが、特に問題なく行うだろう。それは、仕事上そのくらいの人数に対して継続して授業を行っているからである。これといって自慢するものでもない。

今すぐ誰かのカウンセリングをしろ、と言われても、「まぁやるか」という感じである。これは毎日ではないものの、さすがに長くやってきたことなので、やること自体に問題は感じない。そして、それを自慢するつもりもない。

「自信がある」ものというのは、少なくとも私にとって、「人に自慢できるもの」とは同じではない。あまりに自然で、自分では特に自慢するようなものではないと感じていたようなこと。

自己ＰＲを書こうとする際、人に自慢できるものを書こうとすることがあるようだった。そういうものを書かなければならないこともわかるのだが、もう少し、自然と行っていることを淡々と書いて欲しい気もする。それでは目立たない、ということであれば、書き方に工夫は必要なのだろう。

「あなたは自然にできているが、案外他の人にはできないことらしいよ」というものは、自分ではわからないものである。こういうものに関して、自分の「直観」というものはあまりあてにならない。大抵、うぬぼれとか、変な歪みが生じていることが多いように思う。

ならば、誰かに聞くよりほかない。しかし、誰に聞いても良いものではない。「この人は、私よりも私について良く見えている」人を見抜かなければならない。それは簡単なことではない。一日二日の付け焼き刃でどうにかなるものではない。数年、あるいは十数年かかるようなものかもしれない。それでも、自分のことなど自分ではたいして分からないし（一応、それなりに心理学を続けて来た私はそう実感する）、自分のことよりは他者のことの方が透けて見える場合も多いので（当然、毎回わかるわけではない）、今すぐにでも、自分のことを良く見ている人を見つける努力は開始しても良いのではないか、という気はする。

瓦礫どかし

卒業生から連絡があったり、現在の状況を聞いたりする場面がある。就職をして少し経つと、色々と不満も出て来るようだ。それはそうだろう。

中学から高校に上がる際、どれだけ「勉強」をしたか、あるいはどれだけ「勉強」ができたかによって、進む道が変化する。「勉強」ではなく「運動」の場合もあるが、現在の日本におけるシステムの場合、いずれにしても十五歳前後で一度、大きく振り分けられる。その後、大学に入学する際に、また大きく振り分けられる。当然、大学に入らないパターンもあるが、ここでは大学に入ったパターンについて考えてみる。

入学する学部が文系か理系かでもかなり違う。入学した後で訓練されるものが異なる。いわば、用いる筋肉が違う。トレーニング方法が違う。使う器具が違う。そのため、大学入学後にまじめに訓練に勤しむ場合には、結果的に使える身体部位が変わってくる。だから入学する段階で自らの特性を多少は摑んでおかないと、もともと足が弱いのに「走り込みばかりさせられる学部」に入ってしまって後悔したりする。それは事前の考えが足りなかったというだけであるので、なるべく早期に所属を変更した方が良いのだろう。日本史が大嫌いだったのに史学科に入ってしまった、などの例がそれにあたる。そこまで顕著ではなくとも、事前に良く調べておかないと驚くほど素質と異なる筋トレをさせられることは多々ある。

ひとまず、自らの特性にある程度合致した学部学科に入学できたとしよう。大学の校風や全体的なレベルも合致したとしよう。そこからまた問題が噴出する。

モラトリアムという言葉も一般化したが、学生というのは猶予期間でもある。「誰かに何かを与える」というポジションに軸足を移すまでの間の、「受け取るポジション」のままでいられる最後の期間である。当然「受け取るポジション」のままであると、いきなり「与えるポジション」に変更できないので、学生のうちにアルバイトという名の「仕事ゴッコ」をし、一時的に「与えるポジション」の感覚を摑んでおく必要はあるのだろう（もっと前から「与えるポジション」の予行演習をしていることが好ましいのだろうが）。

良く「学生気分が続いている」と言われるのは、この「与えるポジション」に入ることができず、「受け取るポジション」のまま仕事を始めてしまった人に対して用いられていることは多いようである。私はあまり「学生気分」という言葉を用いることは好まないが、そのように呼称される人々に会ってみると、確かに「受け取るポジション」のままの人だ、と感じることは多い。

「受け取るポジション」から「与えるポジション」に移行するためには、ある種の覚悟が必要である。この場合の覚悟とは一体何であるか。

それは、人を愛する覚悟である。

つまり「受け取るポジション」の人とは、「誰かから愛される」ためにエネルギーを集中して用いており、「誰かを愛する」ためにエネルギーを使えていない人のことである。

学生のうちは可能性が残されている。逆に言えば、可能性が「消されていない」。ある程度、何にでもなれる（ように見える）。当然何にでもなれるわけではないものの、限界を目の当たりにさせられていないため、「夢見る」ことができてしまう。夢想することができる。白日夢に浸ることができる。それを逃げ道に用いることもできる。その白日夢が狭く激しかった者は、実際に仕事が始まると多量の不満を語ることになる。それはそうだ。あなたはヒーローではないし、ヒロインでもない。一般人である。

しかし本当にヒーローと呼ばれるような人も、自覚的にはどこまでヒーローなのかはわかったものではない。実際に大きな名を上げた人も、直接話してみれば私たちと大差ないことに気がつくだろう。ヒーローがヒーローである理由は、表に出ている情報が華々しいもののみに制限されているためでもあり、そのため部分的に見聞きした人々が余白を勝手に埋め、夢想の対象とするからである。大抵どんな仕事も地味で、どんな役職も冴えないものである。芸術家だって大差ないだろう。生きていくこととは極めて地道な作業の連続である。

専属として何らかの仕事に入ると、そこに気付かされる。その地道さに嫌気がさし、もっと華やかでもっと楽しくもっと羨ましがられもっとやりがいのあるようなものを想定していたのに、外から聞いていただけではわからない地味すぎる現実を目の当たりにする。その地味さに耐えられない。まだ可能性が残されているはずである。「派手で、生きがいを感じられるような夢の職業が」。

本当は、地味さを目の当たりにしたところからなのである。可能性が剝ぎ取られ、大したことのない自分を目の当たりにしたときからが勝負である。それが地に足がつくということである。仕事というのは、金銭を稼ぎ、それで衣食住を満たすために行うものである。生きがいを得るために行うものではない。そこを理解できない人間は、その先に進むことができない。

つまり「誰かを愛することができない」。

地に足をつけて歩くことは痛みを伴う。空中に浮遊している（つもりの）最中は、痛みも感じないかもしれないが前にも進まない。仕事の地道さを我慢して不平不満のみを並べているだけの人は、まるで痛みを感じているかのように見えるが、実際はそうではない。「飛べるはずなのに飛べてない」という思いにこだわり、「飛べていた（つもりの）」時期へ郷愁を抱いているだけである。進んではいない。

震災が起こった際、神戸女学院大学の教員であった内田樹はバイクで職場に乗り付け、大学の瓦礫を手でどかし続けたという。ある教員は、瓦礫情報を中央に集中させ、人的リソースを効果的に配分するために会議を行うべきだ、と言っていたという。しかし内田樹は、目の前の瓦礫をどけない、地道な作業を続けない人間に発言権はない、と言ったらしい。まず目の前の瓦礫をどかせ、と。私もそう思う。仕事とは、ある意味では目の前の瓦礫を地道に手で拾う作業のことである。それは地味で、華々しい生きがいなど感じられない、単調なものである。

「浮遊すること」は、趣味の世界で行えばよい。楽しいこと、生きがい、手応え、何とでも言えるが、そういうものは単調な「瓦礫どかし」で得られた金銭を投入して得るものである。金銭とは、何度でも記すが「嫌なことをしているから貰える」のである。「瓦礫どかし」は好き好んで行うものではない。だからこそ、「瓦礫どかし」を継続して行う者は報酬を得て良い。

しかし「瓦礫どかし」にもコツがある。苦痛な表情を浮かべてイヤイヤやっている姿を見せてどうするか。誰かがどかさなければならないし、最終的に道を通れるようにする必要がある。いずれ壁の補修もしなければならない。だったら一緒に「瓦礫どかし」をする人々を励ます必要があるし、その作業自体を多少はマシなものにする必要があろう。私の場合は「授業を面白くする」ことであったり、「論文が興味深い内容になるように努力する」ことであったりする。「依頼されたらなるべく面白い内容の講演をする」ことも同じである。

力の入れ方も、どこから手をつけるかも、様々なコツがある。そのコツ自体を発明することには喜びを感じることがある。しかし、できることなら「瓦礫どかし」はしたくない。誰か他の人がやってくれるならそれに越したことはない。しかし、瓦礫の山を目の前にし、実際に手を動かしてどけてみるまでは、そのコツにも気づかず、道のりの遠さにも気づかない。周囲を見回せば、手札となりうる人々は限られている。この人たちと目の前の瓦礫をどかして行くしかないのである。ならば、近くにいる人々のポテンシャルが最高になる状況を作り、なんとか乗り越えたいものである。

それが「愛する」という具体的行為である。意気を削ぐような言葉をかけず、その人に腕力がなくとも体力がなくとも、瓦礫をどかしてくれるのであれば最大限動いてくれるようになるべく効率の良い身体運用を伝え、食料を分け、あまりひどい弱音は周囲に毒となるから控えてもらい、かといって毒を吐かなければ鬱積するので皆に聞こえない場所で聞き、疲れていそうであれば労る。そして、他者を労るのと同様に自らの身体も労る。自らもまた、瓦礫をどかすための重要な人手なのである。削ぐわけにはいかない。

チームで働くとか組織で動くというのは、そういうことである。

瓦礫がなくなり、道が通れるようになれば、確かに達成感はあるだろう。その達成感が目的となることはある。しかし道が通れるようになるのは、百年先になるような仕事などいくらでも存在する。極めて重要な働きをした人であっても、その人は大きめの瓦礫をどかしただけであることなどいくらでもある。科学の歴史を少し見ただけで、そのような例は掃いて捨てるほど出てくるだろう。どかした先が行き止まりになっていることだってある。その場合、「行き止まりだった」ことをつきとめたことがどれだけ慰めになるだろうか。あまり慰めにはならないのではないか。

当然、猛烈に酷い職場というものは存在する。寝食させずに瓦礫をどかし続けることを強いる場所は避けた方が良い。それは「ブラック」である。しかし、多くの場合は大差ない。いくつも仕事を変更すると、大差ないことが見えてくるだろう。どこかで諦める必要はある。

瓦礫をどかすしかない。

しかし瓦礫をどかすだけで、後は寝て食ってぼーっとするだけの人生というのは味気ない。そこで貰った金銭は、元気に瓦礫をどかすための力となるように用いたいところである。私なら、多少は身体に良いものを食べたいし、うまい酒を飲みたいと思うだろう。踊りたいし、笑いたいだろう。そして、祈りたい。それが「趣味」と呼ばれるものである。

生きがいは、趣味に見出すべきものである。金を払って見出すものである。

趣味が良い、というではないか。日本語における趣味は、hobbyとして用いられることが主であるが、語源的に異なる。趣であり、妙味である。それは本来雅なものであり、色のあるものである。hobbyとtasteを合わせたような概念ということになろうか。しかし、それでもまだ足りない。そこに横たわっているのは、ある種の宗教的な力である。

趣味の中で見出した「本物の力」は、瓦礫をどかす際にも影響を与えるだろう。しかしあくまで趣味は「瓦礫どかし」のためではなく、趣味そのもののためにある。それが「遊ぶ」ということである。たまたま、趣味で得た力が「瓦礫どかし」で発揮されるというだけである。趣味に「瓦礫どかし」的な目的をつけてはならない。絶対的に切っておく必要がある。「瓦礫どかし」と趣味をつなげない「度胸」と「勇気」が必要である。

大したことのない自分を抱きしめること。何度でも記そう。夢は、醒めてこそ夢である。一度、夢から醒める腹をくくる必要がある。可能性が消えていることを自覚する必要がある。もう、「その」可能性は消えているのだ。いつまで可愛がられることを求めるか。いつまで誰かから愛されることを求めるか。

誰かを愛せるようになること。それが、最後の望みなのである。

趣味と仕事の相関

私の趣味にカメラがある。最初は「どこかに写真を撮りに行く」という行為から始まった。最初にしっかりしたデジカメを買ったのは、新婚旅行でタヒチに行った際である。被写体をど真ん中に置いて撮影する手法しか知らず、「被写界深度」も「露出」もわからないまま、そこそこ良いデジカメを持ってタヒチに行った。場所が場所であるので、何を撮っても様になった。それが二十七歳の頃であった。

その後、それなりの値段のする「高級コンパクト・デジカメ」を手に入れる。これはいつでも持ち歩けるサイズのものであった。だから、いつもカバンに入れていた。しかし風景を撮ることしか知らなかったので、いつも移動する範囲をそれなりに撮ってしまえば終わりであった。切り取り方で何とかなるものがあっても、それでも建物は建物であるし、花壇は花壇でしかなかった。

だから、場所を変える。写真を撮りにわざわざ出かけることになる。降りたことのない駅で降り、路地を撮り歩いた。それなりに良かったが、それでも、やはり風景を撮影する、という手法しか手札がない。限界がある。タヒチほど素晴らしい景観が広がっているわけでもない。被写体自体にパワーがない状態で風景写真にしても、いまいちパッとしないものになる。

このあたりから、設定をいじるようになった。写真家森山大道の真似で、コントラストを上げ、白黒で撮影もしてみた。色がどぎつく出るようにもしてみた。すると、同じ景色でも写り方が変わるため、それなりに面白いものにはなった。しかし、それも限界が来る。やはり人工的な、いわば「ケミカルな」手法なのであった。手詰まりがすぐに訪れた。

レンズを変え、カメラを変え、フィルムも試すなど、様々なことを通過した。そして普段歩く風景を、旅行に来たときのイメージで撮影するようになる。通勤途中、職場内、駅構内。それも、接写をしたり、あるいは人の後ろ姿を入れることによって、同じ場所でも随分印象が変わることを知る。旅行に行った際には、知っている土地だとしたらどのように撮影するのか、を意識しながら撮ることになった。普段過ごしている場所であると、建物や風景はそれほど撮影せず、小さな花であるとか、壁の穴であるとか、もっと細かい部分に注目し始めている。そうでなければ撮影しても何の面白みもないからである。ただ、この時点ではまだ無機質なものを撮影することがメインであった。

現在は、植物を撮影すると興味深い印象になることを発見したので、それを続けてはいる。今使っているカメラのレンズは、どうも植物に向いている部分があるようだった。奇妙にみずみずしく撮影できる。ただ、これも機材に依存する撮影方法のため、いずれ離脱するのだろう。

このように、機材に依存するのか、対象に依存するのか、どちらにも依存せず指が動くに任せるのか、頭で撮るのか身体で撮るのかなど、様々な対立がある。これらを葛藤させながら、ああでもないこうでもないと悩みつつ、写真を撮り続けている。これは仕事ではないので、いくらでも悩むことができるし、金銭に影響しない。しかし、こういった「直接仕事に関係がない場所」での悩み方や葛藤の仕方、ミスの仕方、囚われ方などは、仕事上でも同じ性質のものが現れていることを知る。

たとえば、読んだ本の内容に影響されてカウンセリングのやり方が奇妙に歪むことは、カメラ本を読んで、そこに書かれていた手法を無闇に無批判に取り入れて、上手くなったと思い込み調子に乗っているときと同じ型である。理屈で撮るのか感覚で撮るのか身体で撮るのか、という葛藤は、授業において予定通りにシナリオ通りに進めるのか、クラスによってふと思いついたことを喋るのか、身振り手振りを少し控えめにしたくなったりするその身体感覚に従うのか、というようなものにも近い。

仕事上でミスをすることは許されるものではないが、趣味の上ならいくらでも許される。誰にも怒られない。誰を怒らせることもない。だから、趣味の世界で失敗を重ねておくことは極めて重要である。

趣味というものを本気ですればするほど、自分の「型」が見えてくる。ただし、本気にならなければ見えては来ない。というよりも、生きることへの本気になり方が、趣味への取り組み方に現れる。趣味に本気にならず、表面をなでるだけで、他者に合わせるだけで、スタートダッシュは良いけれどすぐにしりすぼみになり……。そういう人は、仕事も同じような型で進むだろうことが予測される。そして、他者との関係の在り方がどのような型をとるかが透けて見える。

多分、私の趣味の行い方はしつこい。かなり粘着質な方だと思われる。そして、できる限り緻密に行う。

おそらく、継続年数は長い方だと思われる。一定のペースを守る。ただし、好きなことしかやらないし、他者に合わせるためだけの趣味には手を出さない。誰かが必要としていようがそうではなかろうが、手持ちの知識は垂れ流して、欲しい人はそこから好きに持っていけば良い、という形式をとる。せっかく金を払って本を買って実際に訓練をして手に入れた知識なのだから秘めておけば良いのに、というようなことを言う人もいる。しかしよく考えて欲しい。知識は、誰かに伝えようと思ったときに最大の定着度を示すではないか。私は自身への定着をはかるためもあり、知識は徹底的に垂れ流すことにしている。体験は一般的に、誰かに向けてアウトプットするあてがあるからこそ、深まりもする。読書も同じである。誰かに伝えるために読むことが、最も深く読書をするコツでもある。

趣味の中で、どのようにしたら上手くいくのか、どのような失敗をする傾向があるのか、という部分を意識的に把握しておくと、仕事の上でもそれなりに役に立つものも手に入れることはできるのだろう。もちろん、趣味は仕事のためではない。むしろ、仕事が趣味のために存在していると考えた方が良いのだろう。趣味に使う金銭を取得するために働く、ということがどれだけ健康であるか。趣味だからといって力をかけない、本気にならないということは非常にもったいないことだと思う。そもそも、仕事も趣味も、同じ人間が行っていることなのである。同じようなパターンが出現するに決まっている。だったら、意識的であった方が良いだろう。なんらかの改善が生まれるとしたら、仕事よりも、趣味の上で改善される方が先であることが多いように、私には思われる。

ぼんくら

「ヒポクラテスの誓い」の中に「First, Do No harm！（まず害を与えてはならない）」というものがあると良く聞くのだが、岩波文庫版『古い医術について』の中を探してみても見当たらない。いわゆる「誓い」の部分は極めて短い章である。すぐに読める。そこにある似た文章は、

わたしの能力と判断力の限りをつくして食養生法を施します。これは患者の福祉のためにするのであり、加害と不正のためにはしないようにつつしみます。（ヒポクラテス『古い医術について』岩波文庫 p. 191）

であろうか。その他の箇所で「まず害を与えてはならない」と意味合いが近い部分でいえば、

医術は助けになる諸々の理論を自らの内にそなえているということ、治療不能の病気に手をくだすのを拒むのは正当であること、もしくは手をくだすばあいは誤りない治療を期するということ（p. 98）

あたりだろうか。

もちろん、「まず害を与えてはならない」というのは極めて重要な観念である。それは認めるが、これは

「素人」の場合である。知識も技術もない素人が下手に手を出して傷つけてしまうのであれば、何もせずそこで突っ立って見ていろよ、と言いたくもなる。にわかな脳外科の知識で頭蓋骨を開けられてはたまったものではない。

しかし、玄人の場合は話が違う。持てる知識と技術を総動員して、困った状況を何とかしてほしいものである。それができないのであれば、達人、エキスパートとは言えない。深い判断のもとで、「これは手を出さない方が結果的に良いだろう」ということで、何も施術を行わない、ということはあるだろう。しかし、それだって判断なのである。害を与えてしまう結果を恐れて手をこまぬいているわけではない。だからヒポクラテスは「わたしの能力と判断力の限りをつくして」と記しているのだろう。

たとえば、以下のような記述がある。

充満が生む疾病は空虚が癒し、空虚からおこる疾病は充満が癒し、激しい労働から生じる疾病は休息が癒し、怠惰から生まれる疾病は激しい労働が癒す。(p. 108)

極めて端的で、当を得ている。ここで記されているのは身体疾患についてではあるが、精神疾患にも当てはまる。これを知らない素人が、たとえば「うつ病? それはゆっくりやすまなければ!」などと一元的に考えて無理矢理休ませたりすると、より病状が悪化することなどざらである。「うつ病は怠けじゃないんだ!」と言われることもあるが、これには注釈がいる。「うつ病は、一見怠けているだけに見えるけれど、全部が全部、怠けている人だというわけではありません。でも、実際には怠けているだけの人もいます」。当たり前である。怠けているだけであるならば、激しく働く機会を提供した方が元気になる。しかし、だからといって、誰にでも激しく仕事をさせれば良いわけではない。本当に充電切れ状態でダウンしているうつ病の人もいるのである。

このように、浅薄な知識と技術で素人が手を出すと、害を与えることはあり得る。だからこそ、それで金を取るのであれば、限りなく正確な知識と技術を身につけましょう、ということに繋がる。

では、対人関係においてはどうか。カウンセリングであるとか心理療法であるとかは、いわば先鋭化された対人関係場面である。この状態で「まず害を与えてはならない」を実行できるかどうかを考えてみた方が良い。

人は、他者の目の前に立つだけで害を与えるのである。害という言い方がきつければ、「影響」と言い換えても良い。完全に、まったく、相手に影響を与えない人間がいるとでもいうのか。そんなはずがあるまい。相手がモノなら、無影響ということはあり得る。しかし、人間は社会的動物だとこれほど言われているではないか。ヒトをモノのように扱うことは、そもそもできないように「つくられている」。ヒトとモノの区別がつかないとしたら、それはある種の疾病なのである。

私はよく「邪悪さを身につけることが必要である」という言い方をしている。しかしそれは、他者に対して害を与えるように振る舞え、ということではない。そうではなくて、じっとしているだけでも他者に対して害を与えてしまう自らの存在を意識した方が良い、ということである。性善説であるとか性悪説であるとか、私が言いたいのはそういうことではない。他者に対する影響のことである。それをなるべく意識化しておく必要がある、と言っている。

対人関係についていえば、どんな人であっても素人ではいられない。誰とも接触せずに生きて行ける人間は存在しない。複数の個体でシステムを構築し、やり取りをして作業を分担し、様々な環境でも生きて行く能力を身につけ、繁栄して来た種なのである。残念ながら、「身勝手」な者は必要ない。私たちは、人間である前に、生物である。

もちろん、対人関係で金を稼がなくても良い。それは私のように、カウンセラーだか心理療法士だか、教育者だか福祉職だか、そういう得体の知れないやくざな仕事についている人間に任せれば良い。とはいえ、多少でも「生きて行こう」という気持ちがあるのであれば、対人関係について「ズブの素人」から「少しはものがわかっている状態」ぐらいまでは持って行きたい。

対人関係における「ズブの素人」のことをガキというのである。対人関係について、多少はものが分かっている人のことを大人というのである。身体だけは大きくなってもガキである人などいくらでもいる。私だってガキであろう。しかし、ガキのままではいたくない。だから、自らの邪悪さを、つまり「平凡さ」を意識しておきたいのである。

他者を自らの思い通りに動かそうとする。他者を欲望の対象とする。他者を道具のように扱う。どんなにきれいごとを並べても、そういう人間の性質から逃れることはできない。それは、そのものでは「悪」ではない。しかし、状況と合わさると、それは「悪」になる。対人関係を基礎としたシステムを害するものとなる。

私は真摯な人間です、などと自称している人間が最も害悪になる。本当に真摯になろうとするのであれば、自らの、人間としての「平凡さ＝邪悪さ」から目を逸らしてはならない。そうでなければ、邪悪さを回避することさえできない（注）。

あなたは、特別な人間ではない。私もまた。

注　邪悪さと平凡さについては、スタンレー・ミルグラム『服従の心理』（河出書房新社）が参考になる。訳者あとがきに端的なまとめが掲載されているので、そちらを引用する。

基本的には……人は権威に命じられると（そして自分では責任をとらなくていいことがわかると）なんでも平気でやってしまいがちらしい。……そして、それをもとにかれは、アーレントによるナチス評価を支持する。彼女は、ユダヤ人虐殺に大きな役割を果たしたアイヒマンでさえ、組織の中で近視眼的に自分の仕事をこなすただの凡庸な官僚だったのだ、と主張する。悪は人間離れした怪物が生むものではなく、むしろ凡庸さ／陳腐さの産物なのだ。したり顔でナチスの残虐行為を糾弾する人も、その場におかれたら平気でガス室のボタンを押していただろう。この説はものすごい非難を浴びたが、ミルグラムの実験はこれがかなり妥当性の高い説だと言うことを如実に示してしまった。（p. 297）

自己分析を進めるにあたって

心理学系の、特に病的な在り方に関して記してある本を読んで、そこに書かれてある内容を自分に当てはめて読むタイプの人がいる。逆に、自分がカウンセラーとして受け持っているクライエントを思い浮かべながら読む人もいる。カウンセラーではない人の場合、自分の身の回りにいる「厄介な人」を思い浮かべながら読む人、ということになろうか。

今までその手の本を読み、クライエントや周囲の人のことを思い浮かべ、自らのことはまったく当てはめないという人は数名いた。その人たちは、不健康な人たちではあった。自分にばかり当てはめ、周囲の人のことを思い浮かべることなく落ち込み続けていくような人も数名いた。やはり、不健康な人たちではあった。精神医療関係の仕事をしている場合や、身近に診断を受けた人がいるために困っている人ならいざ知らず、そのような本を「好んで」読んでいる場合には、「とっても健康」というわけではないのであろう。それはそうなのではあるが、前述の二パターンは、特に不健康ではある。

一応、そういった書籍は、人間の心と呼ばれているものについて、それぞれの著者が、その人なりに深く掘り下げ、なんとか描写しようとした結果、でき上がったものではある。その多くは、著者が受け持ったクライエントを題材として、その心の在り方、特にその「病み方」と、治療によってどのように「病から抜けて行った」のか、そしてどのような治療方法が効果を発揮するのかについて記されている。

確かに、そこに書かれてあることはクライエントのことである。治療のことである。だから、読む際に、クライエントかセラピスト、どちらに自分を重ね合わせるかによって、読み方は変わる。

どちらかだけに自らを重ね合わせる状態は、やはり健康とは言えないように思う。治療者側のみに自らを重ね、周囲の他者を患者になぞらえて読むことが不健康とは何事か、そう思う人もいるかもしれない。しかし、よくよく観察すれば病的な部分が皆無である人間などいない。ある特徴がうまく社会に適合している場合には「病的ではない」と呼び、その特徴がうまく働いていなければ「病的である」と呼ぶだけである。精神疾患の根本にある基準は「金が稼げないか、自分が困っているか、他者が困っているか」である（注1）。いずれも該当しない場合、どれほど基準を満たしていようとも、診断名は必要ではない。そう考えれば、このタイプの書籍に記された特徴をまったく持っていない人間はいないと考えた方が適切である。たまたま、自らの特徴が社会的にうまく合致しているだけにすぎない。

逆に言えば、人間など危ういものなのである。

あまりに自らの暗部を掘り続けることも好ましくはない。しかしそれは、内省とも呼ばれる。ただし、掘り下げるには力がいるし、力がないにも関わらず掘り下げて行くと、溺れ死ぬ。準備ができていない部分まで見ようとするのは危険である。

かといって、自らの暗部を切り離してしまい、その暗部は他者が持っているものだと思い込み、投影してしまうことは避けなければならない。困ったことは全部他者のせいにする心性ができ上がる。

難しいものである。

何か困難な出来事があった場合に、「あいつのせいだ！」としてしまって、その相手を非難し続けるというのは、あまりにも幼い。かといって、「そう、私のせいです。私がぜーんぶ悪いんです」といじけて行くのも、やはり幼い。他者の「せい」であろうが、自分の「せい」であろうが、「〜のせい」という部分で思考が止まってしまう人のことを総称して、幼いと呼ぶのである。

何かの「せい」であることがわかった。それはそれで良い。原因究明は重要である。しかし、原因がわかったからいじけるとか、そいつを痛めつけるとかいうことで状況が変化するのであれば、楽である。そんなはずはない。原因がわかった上で、さて自分が何をするか。それが問題である。

対人関係において、「〜のせい」を究明するだけで終わらせてはならない。その先に進むためにも、自らを分析することと、他者を分析することを、絶えず続けなければならない。どちらかだけではいけない。しかも、人間は変化をして行く。ものすごく大きな変化ではなくとも、微妙に変化している。ということは、分析は一度きりで終わるものではなく、常に仮説を立て、検証して行くことが必要になる。

誰かの「せい」というとき、掘り下げて行くと、最終的には「親のせい」であると認識されることは多い。最初は、上司が悪い、先生が悪い、あいつのせいである、という言明がなされる。しかし、次第に「恋人が悪い」、そして大抵は「父親が悪い」「母親にこういう風に育てられたからだ」など、怒りは両親に向けられることになる（注2）。

実際に親のせいであるかどうかは、成人してからは何とも言えないところである。しかし、子どもを相手にカウンセリングや相談活動を行うと、子どもが抱える問題は、かなりの確率で、その時々の父母との関係が影響を与えている。親の対応が変われば、問題とされている子どもの行動は変化する確率が高い。ということは、両親の、あるいは親的な存在の影響は、やはり無視はできない。

子どもの時分から、周囲の影響によって、特に両親や親的な存在の影響によって、人格 personality が形成されて行く。およそ二十歳になるまでの間に深く関わった親（的）存在によって、人格の形は大きく規定される。もちろん、それが不変であるわけではない。しかし、脳の構造が成人してからは大きく変化しなくなることを考えても、身体的な骨格などの変化も少なくなることを考えても、やはり人格もまた、変化しにくくなることは想像がつくだろう。

成人するまでに形成された人格があまりにも大きく歪んでいる場合には、そこに後から何かを付け加えることで補正しようとしても無駄である。後から追加されただけのものは、多かれ少なかれ、すぐにはがれる。定着しない。

そのため、味が変わるあめ玉のような、何層にも重なった人格というものを、中心部分までなんとか掘り進み、周囲についた歪んだ衣を脱ぎ、コアの部分から「育ち直し」をする必要が出てくる。

当然であるが、身体的な育ち直しではないので、育ち直している間も仕事をし、家庭生活を営み、友人関係を続ける。赤ん坊になるわけではない。あくまで、喩えである。

とはいうものの、一気に掘り進んで、一気に衣を脱いでしまえば、大変に不適応を起こすことになる。心理療法を受けて、歪んだ部分が一気にはがされてしまうと極めて不安定な時期が到来することは良く知られてはいるが、おそらくこういうことであろう。私がカウンセリングをする際にはなるべく、一気に掘り下げていないようにするし、どちらかというと、表層部分を少しずつ掘り、少しずつ修正して行くことを心がけていた。

中心にあるコアのまわりにくっついている歪んだ人格の衣を、どのような形なのかを把握しながら、吟味し、脱いで、着直す。掘り下げて行くわけであるので、時系列としては最近のことから始まり、過去にさかのぼって行くことになる。

その中でどうしても、「親」であったり、「恋人」であったり、「兄弟」であったり、様々な「重要な人」が出てくる。そして先述の通り、「あいつのせいで、自分はこうなった！」というような恨み節に変わってしまいかねない。そこで怒りを表出できるようになることが重要な人もいる。しかしそれは、「〜のせい」にするだけでは終わらず、その上で自分はどのように生きて行くかを考えることができる人の場合である。いわば、健康な人である。ただ、健康であろうがなかろうが、「〜のせいでこうなった」ということが事実であるかどうかではなく、そう思ったということを尊重しつつ、新しい衣を形成して行かなければならない。

親の「せい」で、いびつな衣を着せられていた。そのために歪んだ人格となった。そこまで理解が到達したとしよう。次は、そのいびつな衣を脱がなければならない。脱ぐためには、形を特定しなければならない。たとえば母親のどのような性質とどのようなやり取りによって、どのようないびつな形になったのか。それを、実感として把握できなければ、机上の空論になってしまう。あるいは、恨み節で終わってしまう。

ここで注意しなければならないのは、母親からの影響すべてを脱ぎ捨てることではない、という点である。すべてが悪者の人間がいるわけではない。悪影響を与えていた部分を特定しなければならない。ある程度、状況と衣の範囲を限定しなければならない。

脱いでしまった部分は脆弱になる。良い悪いは別としても、覆われていた衣が剝がれ、真皮がむき出しになる箇所が生まれてしまう。そこに、新しい衣を構築する必要がある。仮面を構築する必要がある。人格personality の語源でもある persona、仮面である。

何でも良いわけがない。カウンセリングの場合には、カウンセラーがその模範形となることもあるだろう。それが治療論となることもあろう。しかし、以上のことを独りで行う場合もある。自己分析とも呼ばれよう。その時には、剝いで行くことまではわりとできるのであるが、剝いだ後、どのようなペルソナを構築するのか、そこが問題である。

そういうクリティカルな時期には、私は、なるべく「まともな」本を読むことが重要だろうと思っている。せめて死後三十年は経っている著者の、ある程度評価が安定している古典が良いだろうと思う。いくら死後三十年経っていたとしても、そこで太宰治を完全インストールするのはさすがにまずい。

自分独りで行う自己分析には限界がある。かといって、頼る指導者を間違えると大変なことにもなる。他者の意見は他者の意見であると、きちんと分けて理解できる人は、つまり健康な人は、友人同士で語り合いながら進めて行くこともできるのだろう。いずれにしても自己分析を進めて行こうとする場合、新刊本やネット記事、自己啓発本などを参照とするのはかなり危険であろうと思う。それらは「売る」というために行っているものでもあり、生きることを伝えるために命をかけた人々の、血の滲みを伴った書籍とは性質が異なる。今はわからなくとも良いが、いずれ訪れる「衣剝ぎ」の時期に向けて、少しでも読書の力をつけておいた方が良いようにも思う。

小説だけでは駄目であるし、理論書だけでも駄目である。

注1　ただしすべての精神疾患に当てはまるわけではない。放置すれば人格が崩壊するようなものも存在するので、これは治療が必要になる。

注2　良い年齢になって親の「おかげ」と言い続けることもまた、逆の意味で幼くはある。いずれにしても、親にこだわっており、適切な距離がとれていないという点で、マザコン、ファザコンである（人によってはバコン、ジジコンもある）。親孝行とは、適切な距離で、適切な頻度の感謝の意を表すことである。ここでも重要なことは「恩送り」である。本当に両親が愛していたのであれば、そこで与えられた愛は、親にではなく、その下の世代、つまり孫の世代に与えて欲しいと考えるだろう。教育と同じである。教師が伝えた恩は、教師に返してはいけない。次の世代に渡さなければならない。家庭も同じである。家庭教育と言われる所以でもある。もし親が、暗黙のうちに「恩を返せ」という圧力を示しているとしたら、それは子離れができていない親であり、幼い親である。誰かを本当の意味で愛することができない人である。

調子に乗ること

大抵、大きなミスをするのは調子が良いときである。それは事業であっても、金融であっても、対人関係であっても、おそらく何でも一緒である。

調子が悪いときというのは、どんな事象もネガティブに感じられる分、様々なものに警戒心が働く。そのため、実際にはそれほど酷いことにはなりにくいことも多い。しかし調子が良いときというのは、どんなものもポジティブに見えてしまう、ある種の高揚感のただ中にいるため、物事を吟味する精度が落ちやすい。それゆえ、迂闊なことや抜かりが生じる。

極端な話ではあるが、たとえば統合失調症の患者さんで、「テンションが高く、睡眠時間も短く、多弁になっている状態」のことを、精神医療関係者は「具合が悪い」と表現する。これは、躁うつ病の患者さんであっても同様である。統合失調症の発病寸前のときに、極めてハイテンションになり、万能感に浸る時期が見られることも多々ある。つまり、「調子に乗っている」のではあるが、その状態が人間にとって、実は「具合が悪い」ときなのである。

私が今まで出会った「人を見る目がある人」は、他者の調子が良い状態を特に観察しているようである。状況や精神的コンディションが良いときに、どれだけ節制（temperance）できる人なのかどうかで、その人のキャパシティを判断することが多いようであった。

私自身が調子に乗りやすい質ではあるが、振り返ってみても、大きなミスをするのは決まって調子が良いときである。最近ではようやく調子が良いときに少しは警戒できるようになった。

連想するのは、アリとキリギリスの話である。真面目でコツコツ努力をして金銭を貯えたアリが最後には笑い、その日暮らしで、その時が楽しければ良い、というキリギリスがしっぺ返しを食らう、という教訓と受け取られることもあるのだろう。しかし私には、「調子が良いときに節制できるものと、調子に乗っているものの視野の狭さを対比させている話」のようにも思える。

金銭的なものの話だけではない。他者からの信頼であっても、仕事の信頼であっても、同じことである。

対人関係が絡む事項すべてに当てはまるものなのであろう。

だから、その人を見極める際には、「調子に乗せる」ことが手っ取り早いことも多い。実際に、企業などの採用面接における技法の中に、このような手法はいくらでもあるのだろう。また、他者を陥れる手管の中に「お世辞攻撃」があることも同様なのであろう。

権力者が失脚するときというのは、大抵調子に乗っているときである。私はさほど詳しくはないが、三国志にしても、戦国武将の逸話にしても、そのような内容には事欠かないのではないか。

調子に乗っているものを馬鹿にするのは容易い。問題は、そういった教訓的な話なり、実際のお調子者なりを見て、自らのこととして考えることができるか否かなのであろう。

患者さんではなくとも、精神的に不安定な方は大抵、気分の波乗りが下手である。調子が悪いときに何もできなくなることを知っているだけに、調子が良いときには「もったいない」感じがしてしまう。そして、睡眠時間を削り、様々な活動をしてしまう。その分、調子が悪くなる波が訪れた際、落ち方が急激なものになってしまう。高く舞い上がれば、落ちるときも派手なものだ。そして、同じことを繰り返すことになる。

人間も生物であるので、気分の波はある。それは決してなくならない。一日の中でも気分の波はあるし、女性の場合にははっきりと、月の周期によって気分は変動する。もう少し大きな流れでいえば、季節の変化と気分の流れは大きく関わりがあるのだろう。

幸田露伴『努力論』からの引用ではあるが、春は「張る」、夏は「生り出ずる」「成り立つ」、秋は「あきらかなること」（空疎晴朗なこと）、冬は「冷ゆる」が語源であるという。これらは、「気」に関する問題である。気が張る、気が成り立つ、気があきらかになる、気が冷える。そういうことである。

「気」などと聞くとうさん臭いものを感じる人も多かろうが、「気」分にしても元「気」にしても「気」が合うにしても、「気」の概念を私たちは日常的に使っている。何も難しく考えることはない。その、普段何気なく使っている言葉の根本にあるエネルギーだと思えば良い。その「気」には、大きな流れがあると、幸田露伴は記しているだけである。

モンスーンの中でも特に四季のはっきりした日本に暮らす以上、季節によって気の変動があることは避けられない。その大きな気の流れを無視して、理性による制御で、常に「調子が良い」状態を望むこと自体がおこがましいことであるともいえる。

理性による、小さな我による欲望の流れに乗ってしまわぬことである。もっとゆるやかな、たおやかな、全体の気の流れに身を委ねる勇気を持っても良いように思う(注)。

注　「大きな気の流れに身を委ねている者」のイメージとしては、熟達した侍や禅者を思い浮かべると良いのではないかと思う。イメージがわきにくい場合には、井上雄彦『バガボンド』(講談社)がわかりやすい。沢庵和尚が良い例、若い時分の又八が悪い例であろう。「お調子者」は、常に小物である。

三年以内に職を変わること

職場がいくつも変わる人がいる。それ自体がいけないわけではない。たとえば欧米では、ある一定期間以上同じ職場に居続けることの方が「異常」扱いされることもある。ヨーロッパでは、二十年同じ職場にいた人が「異常」であるとして扱われることもあるらしい。しかしここは日本であるので、流れている文化的なエネルギーは相当に異なっていることを考慮する必要がある。この国において三年以内に職場を変わる場合「何か」あると考えて差し支えない。

私の「臨床心理士」という立場上、職場を点々とする人の「言い分」を聞くことが多くなってしまう。そのとき、必ずといって良いほど話題に出るのは上司との関係である。上司との関係が良いときには仕事が続く。しかし、上司が変わって相性が悪くなると「色々な理由をつけて」違う職場に変わる。同じ上司であっても、その上司に対して「理想化」が効いているうちは職が続き、「幻滅」するとその上司との関係が一気に悪くなり、まるで違う上司に変わったときのような反応が出現することも多い。

職を転々とできるのであるから、ある意味では能力が高い。バイトだけ、あるいは非正規雇用だけの場合もあるが、正社員、準正社員のような境遇を次から次へと見つけてくる人もいる。

多くの場合に共通するのは、「(自分がどんな状況であっても)頑張っていることを認めてくれて、かわいがってくれる上司なら良い」ということらしい。認め方、かわいがり方は、その人の「してほしい」やり方でなければならないことが多いようだった。

こうやって文章にすると随分なものである。その人自身が上司になった際、部下に対してできることなのであろうか。自分の言いたいことを言いたいように言って、自分のやりたいように勝手に努力をして、頑張って、それを認めろと要求し、褒めろと要求していることになる。しかも、どのように褒められたいのかを先読みしてくれないとダメだ、とまでいう。

実にかわいげがない。

かわいがられるためには、かわいげがなければならない。かわいがられるための努力も必要である。ここでいうかわいげとは、ぶりっ子のことでも、媚びることでもない。「教えてください」という姿勢である。そして、気持ち良く教えさせる技術である。さらに、そこで得たものを自分なりに深めて、より進化したものとして見せることである。つまり、相手の教育欲に火をつけることである。ただ覚え込むだけではダメである。

ここで、「誰にでもかわいがられたいわけではない」という発言が生まれる。それはそうなのだろうが、換言すれば「自分が望んだような理想的な人から、特に工夫を凝らさなくとも、やりたいように努力していれば褒められる」状態が望まれていることになる。

ここに、根深い父親コンプレックス、あるいは母親コンプレックスが見え隠れする。ここでいうコンプレックスとは「劣等感」のことではない。「込み入ってごちゃごちゃしてしまった複合体」のことである。関係が複雑になってしまい、絡まり、ある一定の刺激が入ると深く考えることなく、いつも一定の反応が導き出されてしまう、いわば回路がショートしている状態のことである。象徴的な父性・母性に対するコンプレックスでも、実際の父母に対するコンプレックスでも、三年以内に職場を変わる人の場合、かなりややこしくなっていることは多いように感じられた。

私としては、実際の父母との関係というものはそれほど大きな影響はないと考えていた。しかし、父性・母性という象徴の問題を考えた場合、その象徴を重ねる先は、実の父母であることは当然多くなる。つまり、実の父母との客観的な関係性というより、その人の内的な父性・母性との関わり方が、実の父母に対する行動として現れている、と考えれば良いのだろう。その人の父母に対する言及内容は、「客観的な」父子・母子関係とは異なることなどいくらでもある。それは、結局は内的な想像・幻想の吐露でもある。

そしてその力は、上司、あるいは会社に向けられることが多い。上司には父性的な、会社には母性的なものが投影される確率が高い。上司は叱責し、褒め、支配する。会社は包み込み、育み、守る。そういうことである。

もし自分がそのような傾向を有すると思うのであれば、実の父母をひとつの題材として、自分が父性・母性とどのように関係を持っているのか、探ってみると良いかもしれない。カウンセリングに高い金額を払ってまで通うほどの人は、自分一人ではそのあたりを探ることができないという自覚があるので、むしろ踏張って探ろうとする傾向はある。しかし、健康であると自認している人は「自分には問題がない」と思っているから厄介である。たとえ傍目には仕事が続かないことが明白であり、ファザコン・マザコンが明白であっても、先にも記したように、自らに対して極めて巧妙な「言い分」が存在する。しかしその人たちは、どの職場に移っても、最終的に言っている「愚痴」の内容は酷似してくる。どこかで聞いた話になって来る。

四つめの職場ぐらいで本人がそのことに気づくこともあるが、八つ職場を変わっても、型が同じであることに気づかない人もいる。付き合う男女の場合も同じである。職場との関係と男女関係は、ほぼ同期する。

欧米で転職がスタンダードだとはいっても、日本における職を転々とすることとは意味合いが異なることを十分に吟味しておく必要があるだろう。欧米であっても、何かひとつのことを継続できない、移り気が激しく踏ん張る力が無いものは信用を失う。当然である。実力という一点を持って、その売り物をより高く買ってくれる場所に移るのである。合わないから努力せずに逃げることとは違う。もちろん、あまりに酷い職場というものもあるが、自分のやりたいように努力するだけではない努力というものが存在する。努力なら何でも良いはずがなかろう。極端な話、販売の仕事中にずっと二の腕の筋肉を硬直させ続けるという努力もあり得る。しかし当然、その努力は「お門違い」である。

私はたまたま、非常勤ぐらしが長かったこともあり、職を転々としても「あまり不自然には見えなかった」だけである。しかし、仕事関係で食ってかかる自らの様、努力の身勝手さには、三十歳ぐらいでようやく気づいた。遅い。私のファザコン・マザコンは、おそらく根深い。ただ、無自覚であるよりはマシであろう。マシだというだけだが。

三日、三十日、三ヶ月

標題の三ではじまる単位は、職人になったばかりの人が仕事を継続できるかどうかをはかるための里程標であったという。職人の仕事について、最初の三日はまるで三十日のように長く感じる。三十日は三ヶ月のように感じる。三ヶ月は一年のように。三ヶ月を越せば、なんとか乗り切ることができる。職人になれる可能性が出てくる。そういう目安であったらしい（注1）。

あくまで職人たちの体験から導き出された数字ではあるが、これは人が何らかのトラウマ体験を乗り越える際にも適用されている数字とほとんど同一である。トラウマの場合には、まず一年を乗り越えることが目標になる。震災が最も理解しやすい例ではあるのだろう（注2）。

職人の仕事における里程標がトラウマを乗り越えることと近似であるということは、これは「ストレス」との関係が示唆される数字ということになる。何らかの負荷がかかったとき、人がどのように反応するのか。それがたとえ「新しい仕事」であれ、「新しい恋人との関係」であれ、「震災」「結婚」「失恋」「離婚」、それは何らかのストレスであることには変わりがない。

確かに三十日で恋人がコロコロと変わる人は、仕事も途中で投げ出す率は高いように見える。三ヶ月で仕事を変わる人は、何らかの踏ん張る力が足りない印象を与えるだろう。もちろん物事の好みというものもあり、その人が好んでいることに関しては他のものよりも継続する可能性はあるが、今ここで問題としているのは「ストレス」である。基本的に「やりたくないこと」にどれだけ耐えられるかが焦点となる（注3）。

良く考えてみれば、どんなに「楽しい」ことであっても、そこには何かしらの「やりたくないこと」が含まれていることがわかるだろう。いくら私がカメラが好きであっても、思ったように良い写真が撮れなくなるときがある。そういうときにどれだけ踏ん張ることができるかどうかが、「その先」に進めるかどうかを決定する。投げ出して、新しい趣味に飛びつくこともできる。そういう場合には、「楽しい」部分のみを表面的に撫でて、「楽しかった思い出」のみを確保して次の対象に移ってしまうことになるのかもしれない。作曲だって、歌だって、楽器だって、プラモデルだって、趣味的な活動と呼ばれるものは大抵同じだろう。「三日坊主」と言われるのは、この極端な形であろう。

仕事の場合には「楽しかった思い出」にはならないかもしれない。ただ「きつかった思い出」というのも、裏を返せば「楽しくなかった思い出」ともいえる。仕事は、楽しいか楽しくないかで決めるものではない。ディズニーランドとは違うのである。何度も記してはいるが、「あなたが何を与え得るか」が問題になる。仕事は、与え得るものに対して報酬が支払われる。その報酬を貰っても良いレベルかどうかを第一に考えなければならない。「楽しんでお金を貰う」ことは仕事ではない。もし、仕事でそんなことが行われたとするのであれば、楽しんでいる人以外の誰かが、極端にしわ寄せを食っていると考えた方が良い。誰かが「無理をしてその人を楽しませてくれている」だけである。何故その人を甘えさせてくれているのかはわからない。しかし、「楽しんでお金を貰う」ような甘えた在り方を続けていると、どこかで手痛いしっぺ返しを受けることになるだろう。ほとんどの物事は、どこかで帳尻が合うものである。

そして、「楽しくなった」ら仕事を変える人もいる。どうして楽しくなくなったのか。それは、極端にしわ寄せを食っている「肩代わりしている人」が「肩代わりしてあげていたいやなこと」を、少しずつ当人に戻したということかもしれない。堪忍袋の緒が切れて、一気に戻したのかもしれない。しかしいずれにしても、「いやなこと」に耐えられなくなった、というパターンはとても多いようである。

なんでもかんでも我慢するというのはよろしくない。しかし、ここぞというところで踏ん張ることはとても大切である。では、一体どういう場合が「ここぞ」なのか。

人間は社会的な動物であるという。確かに人類は、社会というシステムを構築して、作業を分担し、協力することで生き延びてきた。ということは「ここぞ」とは、人間関係ということではないのか。本当に大切な人との関係をどのように継続するのか、という点から考える必要があるのではないか(注4)。

システムが巨大になり過ぎて、末端で行っていることがどのように全体に関係しているのかは見えにくくなっている。しかしあくまで仕事とは、巨視的に見れば、人間同士の関係を維持して人類が生き延びるための分担作業なのである。閉じられた、小さな村を考えてみれば良い。靴を作る人、農作物を作る人、酪農を営む人、服を制作する人。分担作業である。どれが欠けても、村民が生きていくことに困難を抱えることになる。靴を作ることに嫌気がさしたとしても、欠けてしまっては困る。仕事とは、そういうものである。大切な人と一緒に生き延びるために必要なものである。

大金持ちになるためとか、生きがいを見つけるためとか、そういうことではない。惑わされてはいけない。仕事を考えるとき、自分は何を分担作業として提供し得るのか、それを第一に考えた方が良い。

「人類システム」全体を見渡すことは、おそらくもう不可能である。広大過ぎる。閉じられた村とは異なる。ただ、「仕事とは分担作業のことである」という意識は大切だと思う。この意識がなくなると、「お金ももらえて楽しませてくれる職場」を探すことになる。そんな場所を提供できるほど、残念ながら人類に余裕はない。もし「楽しんでお金が貰える」という場所があるとしたら、そこは何かが「おかしい」。奇怪な場所であると考えた方が良い。むしろ、そこから離れた方が良い。女性用の高額バイト（ほとんどが風俗）勧誘のキャッチコピーは大抵「楽しんでお金も稼いじゃおう！」ではないか。そういうことである（注5）。

一年を乗り越えたとする。次にやってくるのは「三年」である。これはある種の「間延び」や「マンネリ化」に耐えられるかどうかが試されることにもなるのだろう。課せられたもののみをこなそうとする場合マンネリ化が訪れるのは致し方がない。しかし、何らかの工夫を続ける場合にはマンネリ化は訪れにくくなるだろう。結局ここでも、「受け取る立場」か「与える立場」かによって、耐えられるかどうかが決定している。与えられた指示のみを行うことに慣れすぎている場合、この三年を乗り越えられないことも多いらしい。あるいは、工夫の方向性が間違って発動し、「戦う」とか「喧嘩する」という方略に出る場合もあるようだった。それは、建築する、作り上げていくということができないことでもある。破壊することにシフトし過ぎている（注6）。

三年を乗り越えたら、大分軌道に乗ったと思って良い。次の目標は十年である。十年経ったら一応、一人前と考えて良いのかもしれない。

私が十年、惰性ではなく「本当の意味で」続けられたものは何であろうか。どれも途中で頓挫しているのではなかったか。何も一人前になってなどいない。すべてが、半人前である。

注1　中井久夫『世に棲む患者』（ちくま学芸文庫）pp. 88-89

よく職人は三日、三〇日、三カ月といいますけれども、まぁそういう感じですね。私は一週間と三〇～四〇日目と一〇〇日ということを、それからまぁ、あとは三カ月ごとに疲れる時があって、一年目にまた疲れると。そういう時は手を抜きなさいと。二、三日力を抜くか休んだらいいと。これを最初に気がついたのは、患者さんが働きに行って三〇～四〇日目に「先生もう私やれませんからやめさせて下さい」という人が非常に多かった。四月から始めることが多いので連休明けですね。学生の五月病もこれかもしれない。自分がアルバイトをした時を考えてみても最初の一週間が一カ月ぐらいの長さに感じました。三〇～四〇日目というのは、アメリカの戦争医学なんかのいう、兵隊が突然やる気をなくす時ですね。ベトナム戦争の時に三〇日ぐらいでヘリコプターで後方に連れ返して休養させたのは、四〇日目のくたばりを防ぐためだったんです。また人間の周期は三カ月周期だということは、いろんな所で言われていますが、三カ月ぐらいでくたびれがくると、仕事に就く時、私は紙に書いて渡すわけですね。ちょうど三〇～四〇日目というと、四月から働き始めますと連休にあたりますし、三カ月ぐらいたったら、夏休みに近づきますし、また三カ月ぐらいたったら、文化の日前後で休みが多いですし、それから、次は正月に重なりますし、わりと休めるんですね。そういうこと、仕事のリズムというものを患者さんに教えて軌道にのせる。／私が言うとおりの間隔でなくても、とにかくあそこまでいったら休もうというふうに目安がありますと、人間余り疲れないんですね。目安を言ってあげると随分違うんですね。

注2　中井久夫『徴候　記憶　外傷』（みすず書房）pp. 114-115

震災の際の私は、回復の第一段階を「孤立感」から脱すること（最初の数日）、第二段階を体験を分かち合うこと（続く一ヶ月）、第三段階を生活再建に着手すること（それ以降）とし、すべてを貫くものとして喪の作業の過程を念頭に置き、一周年の記念日現象を乗り越えることを一つの里程標とした。これは侵襲学にもとづき、第一段階はマヒ numbing を主な特徴とするごく短い（分単位の）副交感神経優位期（屈服の段階）とし、第二段階は、これに続く過剰覚醒と過剰活動を主な特徴とする交感神経優位期（反撃の段階）として、これが約一カ月つづくとみた。この時期には細かく見れば、「不調和振動反応」といわれるごとく相対的な交感神経優位と副交感神経優位期とのゆるやかな振動がみられる。その後に続く疲弊期（それは一カ月半後からみられた）からゆるやかな生活再建の時期が始まる。この時期は、震災によって喪失したものの実感がわき、震災以前に戻れない事実に直面し、苦しい喪の作業が始まる。それは、抑鬱、心気症、心身症、引きこもり、アルコール耽溺などの発現する時期である。基本的にストレス反応である外傷は、内因性障害と異なって「芯は健康である」程度が大きい。この健康性を保護し維持することが好ましい。古い外傷の治療困難性は、それが深部に至って、疾病過程の動因となっているところにある。そういう外傷の治療には多くの困難と錯誤と陥穽とがある。

注3　もちろん、とんでもなくブラックな仕事先にうっかり入ってしまったのであれば仕方がない。ただしその場合であっても、「まともな場所」を選り分ける嗅覚を鍛えていなかったことが顕になっている、ともいえる。極めてブラックな職場を辞め、次にまともな場所を見つけられたとする。そこで継続性が発揮されるのであれば良い。しかし、次もブラックな職場を選んでしまうということであれば、その人は嗅覚を発達させることを第一に行わなければならないだろう。

注4　大切な人とは何か、というのも大きな問題である。それは属性ではない。親だから大切だとか、先輩だから大切だとか、そういうことではない。大切さとは何か、ということも十分に吟味する必要がある。

注5　「楽しむ」という言葉も、人によって随分定義が異なるだろう。「何らかの困難を乗り越え、その過程で自らが成長して行くこと自体が楽しい」というような人であるならば、「仕事は楽しい」と称しても何の不都合もない。「楽しい」という言葉は、特に注意して聞かなければならない。

注6　破壊も重要である。硬直化した組織は一度破壊される必要もあるだろう。そのため、「戦う」人が定期的に現れることも大切ではある。ただし、だからあなたが喧嘩をしろということではない。あくまでそのような人は自然発生するものであり、望んでならなくても良いようには思う。

八　目減りするものと増えていくもの

アイドル

電車内で聞いた会話。会社員の男性二名が話している。年齢は三十歳前後。会話の内容は、おそらく、お見合いパーティでの出来事。


「……で、その子、若い頃はグラビアとかもやってたんだって」

「へぇ……」

「しばらくやってて、青年誌の表紙の話が来て。それで、しばらくやってたら女優の話が来たんだって」

「じゃあ、何か出てたんだ」

「あぁ。サスペンスだって」

「へえ?」

「でも、視聴者層が、あれでしょ? それで、もっと若い人が見るようなドラマに出たいんだ、って言ったんだって」

「ふぅん……」

「それで、今はこういうのに出たり、自分のやりたいことをやれてます、っていう話だった」

「ふーん……」

「まぁ……、さっきのヤツの話の方が面白いんだけどね」

「そうだね」

「でも、さすがに綺麗だったよ。はす向かいに座ってたんだけど、ずっと見ちゃった」

私はそのアイドルを知っていた。大学生時代、かなり好きだった。写真集も買ったし、今でも持っている。アイドル、女優という生き方は、どうなのだろう。わからない。何とも言えないが、彼女がお見合いパーティに出席し、その話を電車内でされている、ということは、私にはショックだった。ショックだったということは、もっと違う形で話を聞きたかった、ということなのだろうか。ならば、どのような内容を私は求めていたのか。

偶像が破壊された、と感じるほど彼女をあがめていたわけでもない。見た目として好きだったというだけである。

見た目があまりにも整っていること。美しいこと。かわいいこと。それは一種の「畸形」である。通常の形態ではない、いわゆる統計上の「外れ値」なのである。それが内面と合致した美しさであるならば良い。しかし、見た目側が内面による制御を拒むほどのエネルギーを持っている場合、不幸が訪れることもあるだろう。それはハンディキャップと言っても良い。男女ともに言えることではあるが、残念ながら、女性の方がそのリスクは高い。

男が馬鹿だからである。当然、私も除外されない。男は女性の見た目に驚くほど左右される。もちろん女性だって男性の見た目に左右されることはある。とはいえ男性ほどではない。中吊り広告を見れば明らかである。女性の半裸の写真がいかに乱発されていることか。男は、女性の内面を無視し、女性を性的なモノとして見る、そういう未熟な「能力」が備わっている。

男の場合、本当に魅力的になりたければ、生き方そのものが顔に出るようにすれば良い部分も多少はあるため、女性ほど見た目という点で引きずられることはないのだろう。もちろん男性にとっても、遺伝的な見た目自体は様々な作用を及ぼす。しかしやはり、女性ほどではない。

ユングの「元型」概念のなかに、アニマ・アニムスというものがある。これは、おおまかに言えば「アニマ＝男性の内的に存在している女性性」「アニムス＝女性の内的に存在している男性性」のようなものである（ただ、どちらかというとユングはもっと実体性を伴うイメージとして用いているように感じられる。詳しくは付録「個人的無意識と集合的無意識について」参照のこと）。

アニマとは、男性のなかにある「とりわけすぐれた変容の性質をもつ媒体」である。「その魅力は男性を勇気づけ、魅了し、魂と精神のあらゆる冒険へと駆り立てる。そして内的、および外的世界での行動や創造、変化を促す原動力となる」。アニマのイメージは肯定・否定の両面で情緒的な反応を引き起こす。男性にとっては霊感的な女性、つまり愛すべき創造のミューズ、あるいは運命の女性、すなわち陥れる誘惑者と感じられるかもしれない。人格化されたアニマは、世俗的な娼婦から霊的な叡知の神ソフィアにいたるまで様々なかたちで顕現する。／男性におけるアニマの発達段階は、現実の女性関係に反映される。彼が女性を、邪悪で威嚇的なもの、信用できない人間、あるいは本分をわきまえさせなければならない劣った種として見るなら、それは彼の内なる女性の性質がまだ、男性をすぐにからかったり、嘲笑したりする少女の段階に留まっていることを示している。このような男性は、過度な感傷や場違いな攻撃性が表に現れないように感情を閉ざしている。内なる女性と現実の女性関係は、彼が女性を意識的に評価できるようになったとき、相互に発達してくるものである。／愛の女神の強さと力に崇敬の念を抱いたとき、男性のなかに成熟したアニマが現れてくる。（N・クォールズ・コルベット『聖娼』日本評論社　p. 85）

問題は、「男性におけるアニマの発達段階は、現実の女性関係に反映される」という点である。アニマの発達段階について、ユングの記している部分を引用する。

第一段階のハワ、イヴ、大地は、純粋に生物学的なものである。ここでの女性はすなわち母親で、なにか受胎するものを表象しているにすぎない。第二段階はまだ性的エロスが優勢だが、それは美的でロマンティックなレベルのものであり、女性はすでにいくつかの個別的な価値を獲得している。第三段階では、エロスは宗教的敬虔の高みにまで昇華され、このことによって男性は霊化される。ハワは霊的な母性に置き換えられた。最後に第四段階は、超えることがほとんど不可能といってよい第三段階を、意外にもさらに超えるものがあることを示している。それはすなわち、サピエンティア〔ソフィア〕である……。この段階は、ヘレンの、したがってエロスの霊化を表わしている。サピエンティアが、雅歌に出

てくるシュラムの女と比較されるのはこのためである。（ユング『転移の心理学』みすず書房　pp. 16–17）

私の中のアニマは、せいぜい第二段階である。そしておそらく女性のアイドルとは、この第二段階を特化して投影させる対象でもあるのだろう。第一段階のイヴが霊化すると第三段階のマリアに、第二段階のヘレンが霊化すると第四段階のソフィアとなる、らしい。まったく実感はないが、いわんとしていることは、ぼんやりとは理解できる。

そして、「女性とのやり取り」が「マリアとのやり取り」「ソフィアとのやり取り」のようになったとき、男は成長していることになる。男にとっての内的な、魂の中心部分にあるエネルギー「アニマ」が成熟するとは、外的な女性がそのように見えることとリンクしているということなのだから、そういうことになる。

男側の投影を引き受け続けることを仕事とすることは、意識的に行っているのであれば少しは違うのかもしれないが、かなり苦しいことなのだろう。そこに、留め置かれることにもなる。「若さ」「美貌」「いやらしさ」のようなものを、第二段階「ヘレン」の状態でキープしなければならない。商品でいなければならない。

彼女は、現在二十九歳とのことである。いずれ、第三段階「マリア」の投影を引き受けることができるような人になっていて欲しい。そしてできるならば、第四段階「ソフィア」を。ただ、そのためには、男側が成熟しなければならない。私も含め。一体、どうすれば良いのか。

十年後

喫茶店にて。二十歳前後の男女が向かい合わせで話している。

「なんていうかぁ……、信用され過ぎてて、なんていうの？　既に半分恋人、みたいな？」

そう言う女性Aは、おそらく体重七十キロを超えている。愛嬌はあるので、それは本当のことなのかもしれない。話している相手の男性Bは、見た目としては相当良い男である。関係としては友人なのであろう。この言葉を聞いて、男性Bは少し上を見上げ、「うーん……」と唸ってから、

「なるほどねぇ……。まぁ、関係性としては……、一粒で二度おいしい、みたいな？」

と言う。

その後、彼らの友人の話になる。おそらく大学のサークルなのであろう。誰と誰が付き合っている、誰は告白をしようとしているけれど踏ん切りがつかない、等々。

男性Bは、確かに見た目としては良い男なのではあるが、声は平板で、あまり魅力が感じられない。声だけを聞いていると、女性Aの方が遥かに魅力的に感じられる。

見た目だけではわからない。特に二十歳前後の場合、この後どうなるのかはわからないのである。まだ「固まる前」である。

途中から、Bが付き合っている彼女が、Bの見ている前で他の男性に抱きついたりキスをしたりしている、という話になる。

「俺もしちゃおうかなぁ。あいつが見てる前でさぁ、キスしたり抱きついたり。それで、『何してんのよ』って言われたら、『何が?』ってこたえてさぁ」

Bは、彼女が見ている前で他の女性にキスができることを前提としている。モテていることのアピールでもあり、そのような「派手」な生活を、演戯がかって披露しているようでもあった。

Aは、自分にはそのような体験はないが、そのようなことをしているBを含めた「派手な人々」を目の当たりにしていることによって、気持ちとしてはそちらに「仲間入り」していることを、笑顔でうなずき、話に付いて行っていることで示そうとしているかのようであった。Bたちの「派手」な生活は、ブーストのかかったロケットである。Aはロケットではない。セスナ機ぐらいであろうか。ロケットに必死で追いつこうと無理をして飛んでいる。Bはそれをからかうかのように、ブーストを弱めたり強めたりしている。あたかもサービスで情報を開示しているかのように。悩み相談のように見せて、自分に起こっている性的な情事を披露している。

Aとしても、それには気がついているようであった。

そんなブースターに、そんなロケットに、無理について行かなくて良い。うまく行けば十年後、Aはなかなか良い感じの女性になれるのではないか。奇妙な人々との関係から離れ、奇妙な劣等感から離れ、「ヤケ食い」をやめれば体重も落ち着くだろう。今は頑張って無理に付いて行こうとする服装をしているが、センス自体は悪くない。

二十歳前後で、そういう良くわからない、何ゴッコだかわからないことをしてみなければならない。どっぷり浸かるのもいけないが、覗いてみることは必要である。

Bはどうだろう。何となくダメな気がする。確かに二十歳前後は「固まる前」ではあるが、彼の場合既に、奇妙な形で固まり始めているように感じられた。「容姿の上にあぐらをかいてしまった」パターン。声と表情は誤摩化せない。この声質を持つ人が、「まとも」になって行った場面に出会ったことが、今までのところ一度もない。残念ながら。

目減りするもの

目減りするもので戦ってはならない。これは私が繰り返し伝えようとしている内容ではある。戦うという表現が剣呑であるなら、目減りするものだけに頼ってはならない、と言っても良い。

加齢とともに「確実に」衰えるものとは何か。それが「目減りするもの」である。筋肉のみ、美貌のみ、高音域が出る声のみ、大量に食料を食べることができることのみ。基本的に「肉体」のみを用いるタイプのものが、加齢とともに目減りするものの代表格である。あるいは、知識的なアーカイブ「だけ」のような状態もまた、たとえばコンピュータによって代替可能になり得る。これもある意味では目減りしていくタイプのものである。

投資家の場合を考えてみる。目減りしていくことが確実なものには投資をしない。「今後も成長を続けるもの」に投資をする。だから、目減りしていくものについては「レンタルする」。購入などしない。古くなったら新しいものに替えれば良いのだから、いつでも変更できるよう、身軽な状態をキープしようとするはずである。職場にある多くの機材は「リース」であろう。コピー機などの電化製品など明らかに「消耗品」である。そういうものは購入しない。

筋骨隆々としていて重いものを運ぶことに長けている「だけ」の男は、労働力としてレンタルすれば十分である。若くて綺麗な「だけ」の女の子であれば、それもレンタルで十分である。正規雇用する必要はない。もちろん付加価値として筋肉や美貌がついているのであれば「お買い得」ではあるが、真の投資対象は知性と感性である。

これを結婚に置き換えても良い。見目麗しい「だけ」の女性を、能力が高く多くの人から人気のある大金持ちの男が結婚相手として選ぶかどうかを考えた方が良い。美しさはあくまでも付加価値でしかない。本体がなければならない。

失明したとしても、その人と一緒に居たいと思えるだろうか。『春琴抄』ではないが、それなりに良く用いられる喩えではある。ただこれは、結婚であるとか誰と付き合うかであるとか、そういったことを考える際には非常にわかりやすい。表情にその人の生き方が出ることは確かではあるが、それよりも声質、用いる言葉、そういったものの方にはるかに出やすい（というか、隠しにくい）。脳の情報処理過程を見ても人間は視覚情報に頼りすぎている。逆に言えば、視覚は「誤魔化される」影響を最も強く受けるシステムでもある。視覚から得られる情報を一旦脇に置いておく必要はある。

もちろん、目減りしていくタイプのものを全く用いないというのでは話にならない。あるものはフル活用する必要がある。それが、手札をうまく使うということでもある。しかし、使い勝手が良い、時間限定の、目減りしていくだけの「ジョーカー」だけを用いていたら、他の手札は何も使われず、使い方さえ知られることなく終わる。気づいたときにはもう遅い。大抵、期間限定のものがなくなってから気づく。「若さ」を失ったとき、目減りしていかないタイプのものを「増殖」させていなかったことに気づく。

「若さ」は、そのまま武器として使うのではなく、目減りしていかないタイプのものを「増殖させるため」に用いなければならなかったのである。具体的に言えば、「視力」が整っているうちに本を読むことであったり、「長距離歩いても大丈夫」なうちに様々な場所を見に行っておくことであったり、ということにはなるのだろう。どんな本でも良いわけではないし、どんな場所を見ても良いわけではないから物事はそう単純ではないが、たとえばそういうことである。

私は良く、「容姿の上にあぐらをかく」という言い方をしていた。特に私自身が大学生の頃、見た目が格好良い男、パッと見が綺麗な女性、そこ「だけ」で、目減りしていかないタイプのものを一切磨こうとしない傲慢な男女を見て思っていたことだった。そして自分もその仲間の一人なのではないかと感じ、戦々恐々としていた。私はもがいていた。

学ばなければならない、自分自身に「投資」しなければならない最大のものは、「誰かを愛すること」なのである。大抵の人は、目減りするもの、多くの場合は肉体を「誰かに愛されること」のために用いてしまう。これが最大の敗因である。

「今後成長する」とは、「今後成熟する」ということである。愛されること「のみ」を求める人は、小さなお子さんである。誰かを養育することができるものだけが、後進を育むことができる。そして、それを大人と呼ぶ。養育するとは、与えることである。身体的に慈しむということは必要であるが、与えるものは智慧であっても、感性であっても良い。場合によっては知識や技術というものは必要であるが、特にコンピュータが発達している現在、これらは代替が可能である。「自習」できる。そのため、「知識を得る方法そのもの」であったり、「技術の見つけ方」であったりするものを伝える必要があるのだろう。

Googleで検索できないものをどれだけ与えることができるのか。他の「若い子」に交換できないものは一体何なのか。

これをどれだけ自問したのか、どれだけもがいたのかが、その人の「他者を愛する能力」を決定する。だから、元来体格が良かったり、美貌を持って生まれている人は「ハンデがある」とも言える。体格がそこまで整っていなかったり、さほど容姿が優れていない場合には、目減りしていく筋肉や美貌を「頼ることができない」ため、目減りしないものを探すことを早期に開始できる可能性がある。もちろん、体格が悪いこと、ブサイクであることに腐って、いじけて何もしないという人もいるだろう。過剰にプラスでも、過剰にマイナスでも、どちらも「ハンデ」として効力を発揮するということなのだろう。「誰かを愛する」ことができるかどうか。その能力の修練にとって「ハンデ」である。

しかし私は、その「ハンデ」を乗り越える人に興味がある。

笑顔

笑顔が魅力的であるということは、実際にはかなり難度の高い技術である。「カッコつけ」の人の場合、笑顔は魅力的にはなりにくい。鏡で笑顔を作ってみればわかる。鏡を見ながらであると、その笑顔は実は不自然になる。実際に、自分の笑顔が写った写真を見ると、「キメ顔」に慣れている人の場合特に、心地よい思いはしないことが多いだろう。それは作った顔ではないからである。鏡で見る笑顔は「キメ顔」である。しかし、不意に写真に撮られた笑顔は「キメ顔」ではない。しかしそちらが本物の笑顔である。笑顔とは本来「崩れた表情」なのである。最も強い笑顔の表現を「破顔」というではないか。それは整ったものではない。いわゆる「キメ顔」とは真逆の位置にある。

作り笑いがすぐにバレるのは、それが奇妙に整った笑顔だからである。本当に魅力的な笑顔には、他者の前で「崩せる」余裕が現れる。それは、扉を開けることである。人前で表情を美しく崩すことができる人は開かれている。芯が強くなければできない。

アマテラスが閉じこもった天岩戸は、何を契機に開いたか。岩戸の前で神々が「笑った」ことである。笑いは、相手の戸を開く。笑う人の前にいると自分の戸が開き、まだ識らぬ自らの性質すら垣間見る。

では、アメノウズメはいかにして神々の笑いを引き出したか。乳房を出し、陰部ギリギリまで服を下げることによって、である。しかし、それはいやらしいことではない。下品なものではない。神聖な開きである。腹を割る。胸を開く。あくまで比喩である。リアルに服を脱いで相手が笑う筈がなかろう。性欲と笑いは同居しない。

私としては、普段秘している筈のものを「さらっと」出すこと、それもあからさまにではなく、タイミングを見極め、さっと、ギリギリのラインで示すことが重要なのだろうと思っている。自分でも処理し切れていないようなものを露悪的にさらけ出すことは、決して笑いを誘いはしない。痛々しい思いと嫌悪を引き起こすだけである。それは笑いではない。冷笑である。そうではなくて、十分に処理が終わり、どう触られてもびくともしない部分を、相手の意向も汲みながらさらっと開くことである。上手なお笑い芸人は、これができる。下手なお笑い芸人は、これができない。見ていればわかる。

自己開示が他者の自己開示を引き起こすなどというのは、あくまで表面的な言い方である。開けば何でも良いわけがなかろう。聞いた相手が「引いてしまう」自己開示とは、開示した人が実は処理し切れていないものを露悪的に出したときに起こるものである。性的なものはその傾向を持つことが多い。しかし、たとえば明治時代の銭湯はすべて混浴であった。裸であることと、性的な仕草というものは別種のものである。行ったことがないからわからないものの、ヌーディストビーチに行ったところで、いやらしい気持ちにはならないのではないか。もしそれだけでいやらしい気持ちになるとしたら、それは性的なものに関する何らかの処理が終了していない証でもあろう。

アメノウズメは、性的な意味そのものではなしに、乳房と陰部を露出した。私は、その時のアメノウズメの表情に関心がある。当然、恍惚とした表情ではなかっただろう。かといって爆笑していたとも思えない。あり得るとしたら、穏やかな微笑みか、少し挑戦するような「笑み」だったのではないか。

楽器としての声

もともと言葉と音楽とは一緒に人間に誕生したものである。一つの叫び声は一つの言葉です。リズムや旋律の全くない言葉を、私達は喋ろうにも喋れない。歌はここから自然に発生した。（小林秀雄『考えるヒント3』文春文庫　p. 194）

私は、相手の声色を聞いてその人を判断することがとても多い。平板な声色を持つ者は平板な人であることが大変多い。単調な声色を持つ者は単調である。ねっとりした声色、柔らかな声色、鋭い、温かい、冷たい、豊かな、戦闘的な、尖った、威圧するような、卑屈な。どのような形容詞でもよい。「声色」につく形容詞は、その人が隠そうとしても隠せない「在り方」が出ている。そういうことは大変に多い。つまり、在り方と声色は「連動している」。

それは、生まれ持った声の高さや低さ、かすれ具合などとは関係がない。声の音質自体は、遺伝的な骨格と声帯の形で決定する。ここで問題としているのは、その「生まれ持った楽器」の使い方のことである。たとえば、同じソプラノリコーダーでも奏者によって音色がまったく変わる。バイオリン、サックス、オーボエ。同じ楽器でも、奏者で音色が変わることは周知の事実である。もちろん、サックスの音程が好みの人もいるだろうし、オーボエの音程が好みの人もいるだろう。しかし、豊かなサックスの音色と平板なサックスの音色は、誰でも聞き分けることができる。耳が肥えていないからわからないなどとは言わせない。単体ではわからずとも、その二種を並べて立て続けに聞けば、誰でも聞き分けることができる。

声帯は楽器である。ブレスコントロールによって強弱をつけ、絞り具合で高低をつける。リズムがあり、旋律がある。だから歌の上手い者が管楽器を用いれば表現が豊かになることが多い。また、歌が上手い者は演技も上手いことが多い。声の用い方は、表現力の根本的な部分と直結している。

自分の歌を録音したものを聞きたくないのはなぜか。自分の喋りを録音したものを聞きたくないのはなぜか。色々理由はあるだろう。しかし、「自分では気づいていなかった、自分の在り方の本質をそこに観てしまうから、録音を聞きたくないのだ」と考えてみても面白いかもしれない。

いや、声はいつも自分で聞いている、などと言う。しかし、楽器の演奏はどうか。録音して聞いてみなければ、音が合っているか、リズムが合っているか、豊かか平板か、わからないものである。演奏している最中には、どうしても「演奏するということそのもの」に意識が奪われる。「楽譜」を追ってしまう。「運指」に意識が行ってしまう。自分の演奏を観客として聴くことにエネルギーを割くことができない。そんな余裕はない。

喋ることも同じである。喋っている最中は、喋る「内容」に意識が奪われている。使う「用語」に意識が奪われている。楽譜や運指と同じである。

自分の喋る声を観客として聴くためには、喋る内容は既に自動で再生されるぐらいのところまで持って行けていなければならないことになる。演奏と同じである。練習を重ね、その楽曲を演奏すること自体には意識を割かずに済むようになっているからこそ、パフォーマンスに割く余剰エネルギーが生まれる。

ならば、そこまで意識的に声色を変化させることができるとしたら、声色でその人が判断できなくなるではないか。そう言うかもしれない。しかし「そこまで変化に富む声色を生み出すことができるほど意識的に生きている」という在り方が伺えるではないか。それは、他者をもてなすために全力を尽くす人にしか与えられない称号である。

また、いくら巧みに声色を操ったとしても、やはり詐欺師の声色と、真摯な声色では、「耳触りが違う」。どうしても出るのである。

文章の場合には「内容」ではなく「文体」に現れるのであろう。演奏においては「楽曲」ではなく「トーン」に現れるのであろう。そして声は普段から常に用いている楽器なのである。ないがしろにしてはならない。

美しい声とは、決して生まれ持った声帯と骨格に依存しない。いくら素晴らしい楽器を持っていたとしても、演奏する人間がくだらなければ、くだらない音色しか奏でない。覚醒した奏者であれば、たとえプラスチックできたギターであろうと素晴らしい演奏をするであろう。

二十五歳を越えてからの表情

四歳になる息子の関節は柔らかい。妙な方向に股を開くことも可能である。小さな子どもは大抵柔らかい。しかし、これが小学生、中学生と年齢を重ねて行くごとに硬くなる。

筋も、筋肉も、皮膚も同じである。加齢とともに硬くなる。

表情もまた、関節と筋肉でできている。若い内は良い。柔らかいので形は固定しない。どんなに歪んだ表情を続けていても、まだ可塑性がある。皮膚も柔らかく、皺も固定しない。

しかし、二十五歳を過ぎたあたりから状況は一変する。男女ともに同じである。筋肉は硬くなり、皮膚も可塑性を失う。作り笑いを続けていれば、同じ形の笑顔が繰り返されることになり、奇妙な場所で皺が固定する。全体的な筋肉を使わないために、妙な位置が垂れ下がることになる。特に目元にそれは如実に現れる。口角にも、頬にも現れる。

無表情もまた同様に、筋肉を一切使わないため、皮膚は張りを失い、筋肉は緩み、だらしのないものになる。

張りついた笑顔しか作れない者が泣いた姿を見たことがあるだろうか。それは、笑うことを知らない者が無理をして笑おうとするよりもグロテスクである。

俳優や女優の顔が美しさを保つのは、それを売り物としているという部分もあるだろうが、様々な役、様々な表情を作らざるを得ないために、表情筋がまんべんなく鍛えられるという部分もあるのではないかと思う。「無表情」を売りとする女優が、四十歳を越えても役者を続けているという例がどれだけあるだろうか。表情のバリエーションが少ない役者は、どこかで使われなくなってしまう。それはおそらく、演技力が乏しいという問題だけではないだろう。

誰かの真似をできることは重要である。役になり切ることは重要である。作ることができる表情は、その気持ちを身体で把握することができる。声色もまた（注）。

誰かの真似をしようとするとき、特徴的な口癖のようなもののみを真似るのでは甘い。それは、単に目立つ末梢部分でしかない。その枝先の元にある幹、その根をつかみ、あらゆる状況でどのような枝が伸び得るかを表現できることが、いわば世阿弥のいう「ものまね」である。憑依型の物真似である。

そしてそれが、共感力の源でもある。真似ができぬ在り方は、本当は理解などできていない。

良く笑い、良く泣き、良く疑い、良く落ち込み、良く考え、良く怒り、良く驚くことである。なるべく作らざるを得ない状況を避け、人を愛し、傷つくことである。

注　それを相手の目の前で行うことは、相手をバカにすることにもなるのでやめた方が良いだろう。

知的な踏ん張り力

大学を卒業して数年経つと、思考パターンがある種の偏りを持つ場合があるようだった。当然その傾向は学生の頃から蔵していたものではあろう。しかし、それらが誇張され、より単純になっている様を目にすることがある。

学生でいる頃は、単位を取得するために、ある意味では気に入らない授業も受けなければならない。授業自体には身を入れていなかったとしても、テストやレポート用に、致し方なく覚え込んだり考えたりしなければならない。それが功を奏する場合はあるらしい。

当然、そこで得た「知識」が功を奏するわけではない。授業に腹を立てていたり、つまらないと無関心であったとしても、そのテーマについて何らかの思考を働かせなければならないことは確実なのである。どうも、それが重要らしい。言ってみれば「脳の色々な部分を使う」ということなのであるが、強制されているうちは行っても、義務から離れると途端に行わなくなるタイプのものでもある。いわば、運動嫌いの人が体育の授業がなくなると同時に運動を一切しなくなるようなものである。

健康のためにジムに通う人はそれなりに居るが、脳と思考の健康のために読書会に参加する人というのはほとんど聞かない。しかし、同じくらい重要なことである。特に、「知りたくもないもの」について考えざるを得ない状況を作ることは必要である。

それは知的体力である。つまり社会人になり、読書をせず、本来興味がないことについて考える癖を失った人は知的体力が落ちた者になる、ということでもある。それが人間を「つまらなく」させてしまう。広がりを失わせてしまう。閉じられた人にしてしまう。一般的には、そういう人を「教養がない人」と呼ぶのであろう。教養とは、内田樹がいうように「自分が知らないことがどのあたりにあるかについて、当たりがついていること」なのだろう(注)。そもそも知らないことなのであるが、当たりをつける必要がある。そのためには、大まかな見取り図(既に知っていることの地図ではなく、この先に何があるのかを予測させるような地図)が必要である。その見取り図を持っていることが、教養があるということなのだろう。そもそも「文化」も「教養」も、culture の訳語である。文化と教養ではやはり意味は異なるが、根にあるのは「人為的に耕すこと」である。耕さなければならない。それは、貯めこむことではない。育み、生み出すことである。

もちろん、「知りたくもないものに興味を持つこと」とはいえ、「下劣なものに無理矢理興味を持て」と言いたいわけではない。「運動をする」ことをある種の人が毛嫌いすることと同様に考える必要がある。つまり、大学では「一般教養」と呼ばれるタイプのものを想定している。物理、化学、遺伝学、心理学、哲学、宗教学、社会学、文学、数学、歴史学、経済学等々。大抵は、自分の興味のある一つか二つぐらいしか、読書を継続できない。一つも継続しない、仕事と直接関係のあるもののみになってしまう人も多いのである。

これらは、大きく文系と理系に分かれるが、せめて二つずつ、合計四分野にわたって興味関心を持ち続けることができればかなり良いのだろう。

問題は、興味が出なければ続かない、という点である。大抵、文系は理系に興味を持てず、逆も同様である。ということは、まず自分が興味を持っていることに何とかつなげて興味を広げて行く努力を開始しなければならないことになる。

心理学というのは何でもありなので、ここを起点とすればどこへでも行けるというズルさがある。統計学にも開かれているし、脳科学、身体医学、哲学、文学、神話、宗教学、社会学、ロボット工学、コンピュータ工学、およそ「人間」に多少でも関わるものであれば、どうとでもつなげることができる。これはズルい。ただ、たとえば小林秀雄と湯川秀樹の対談（小林秀雄対話集『直観を磨くもの』新潮文庫）を読めば、彼らが互いに興味を持ち合っていることが良くわかる。伝わり合っているかどうかは別としても、互いに広汎な知識を持ち、大量に読書していることがわかる。小林秀雄はド文系、湯川秀樹はド理系である。にも関わらず、小林秀雄は宇宙論を読み、湯川秀樹はドストエフスキーを読んでいる。しかも、表面的ではなく。完全にはわからないまでも、できる限り深く読み込もうとしていることが良くわかる。

もちろん、自分は小林秀雄ほど偉大な人間ではない、湯川秀樹などノーベル賞受賞者ではないか、と言うかもしれない。しかし、格好良いとは思わないだろうか。少なくとも、私は憧れる。憧れたのであれば、多少は真似してても良いではないか。できる範囲で、自己鍛錬してみても良いではないか。

このような、「努力なしでは理解できぬ分野」へ手を広げるためには、どうしても知的な踏ん張りが必要である。それが中学生の頃に行う「お勉強」によって、ある程度決定されている可能性は否定できない。「嫌なことでもある程度踏ん張って続ける」という、ただそれだけのことではある。しかし途中で投げ出す人というのは、中学生の頃にもやはり、知的なものを投げ出している。成人してから急にその踏ん張る力を身につけようとしても、限界はあるだろう。

限界はあるが、かといって踏ん張る努力はどこかでしなければならない。それは、若ければ若い程良い。他者のご機嫌をとるために、高い評価をもらうためだけに踏ん張るのではいけない。しかし、自己鍛錬という目標であればどうか。

愚直に、ただ単純に字面を追えば良いわけではない。そこが難しいところではある。しかし、課題として課せられなければ手にもとらないような本をひもといてみること。食いついて、最後まで読んでみること。学生の大半はまだ三十歳にもなっていないではないか。私は、やってみても良いのではないかと思う。

注 内田樹『知に働けば蔵が建つ』（文春文庫）p. 11
教養は情報ではない。／教養とはかたちのある情報単位の集積のことではなく、カテゴリーもクラスも重要度もまったく異にする情報単位のあいだの関係性を発見する力である。／雑学は「すでに知っていること」を取り出すことしかできない。教養とは「まだ知らないこと」へフライングする能力のことである。

三十五歳における「生き方」の固定化

小学生の頃からさほど変化はない。昔からの知り合いと会うと、強くそう感じる。もちろん、見た目や言葉遣い、そういった表層的なものは相当変化している。だから、表層的なものしか見えない場合には「変わったねぇ！」ということになるのだろう。しかし、その人の中枢にある芯のようなものに、それほど大きな変化は見られないことが多い。それが変わってしまったら、その人ではなくなってしまうようなもの。

私は中学・高校と男子校であるので、女性のことはわからない。しかし中学の頃、いわば「地味」だった人々は、三十五歳付近になって、まとまった人になっていることが多いような印象を受けた。対して、ある意味では過度に派手であったり、奇妙なものを強く感じた人々、あるいは「雑」に生きている印象を与えていた人々は、どこか「まとまっていない」人になっているようではあった。当然、例外もあるが、おおよそ、そのような印象があった。

何が良いというわけではない。まとまった人が良いかというと、そうとも言えないだろう。しかし、単純に社会生活という点であれば、「地味」だった人々は、やはりある部分では地味に、堅実に組織に入り、安定した金銭を取得し、堅実に結婚をし、順当に子どもを育てているらしい。中学・高校の頃に「もてない」「オタク」と言われていた人ほど、堅実に暮らしているようではある。

堅実が良いかどうかもわからないのである。しかし、中学・高校の頃には彼女ができるなどと考えもせず、結婚など夢のまた夢であるように「見られていた」人々が、大手の企業につとめ、あるいは公務員になり、父親になっている。

どこかで帳尻が合っている。そういう印象を受ける。

「堅実な生き方」など、表面的なものである。内的にどのように生きているか、それはわからない。しかし、表面的に歪んでいる人は、三十五歳付近になると、わりと取り返しがつかないほどの歪みを生じ、その外面的な歪みが内面にも影響を与えているようにも見える。外と内は相互に影響を与え、連動する。

これから皆が五十歳になり、七十歳になると、どのように変化するのかはわからない。「堅実さ」はより固くなり、奇妙な殻になってしまうこともあるだろう。ただそういった何らかの歪みや癖は、三十五歳を境に固定化し、それ以降誇張される傾向はあるように思う。

三十五歳になって、皆、中学生の頃から想像し得る表情をしている。やわらかい表情だった人は、やはりやわらかいまま、固かった人は固く。欺瞞を抱えていた人は胡散臭く、必死だった人の目はギラギラしている。

私はどうだろう。自分ではわからない。しかし、中学生の頃からやはり、あまり変わっていないようにも思う。

私は、後戻りできない年齢を越えた。いや、元々後戻りなどはできなかったのである。今後、私の性質は一層固定化して行くだろう。これまでの生き方が試される。五十歳になって、大きな変化を望むことは難しいだろう。私の場合、ほんの少しの軌道修正が利くのは残り十五年を切っている。転がった岩は、進む方角を真逆には変えられない。

まだ三十五歳になっていない人たちにとって、残された時間はごく僅かである。限りがある。漫然と生きれば、漫然とした固定化が待っている。空虚に生きれば空虚な固定化が、浮ついた者には浮ついた固定化が待っている。

ジャンクに割く時間

ある決定的なタイミングがあって、どのような都合があっても何としてでもやりくりしてそこに合わせる、ということができる人とできない人がいる。どんな誘いでも都合をやりくりして行く必要はない。しかし、「ここぞ」という時にそれができる人とできない人とでは、随分大きな差が生まれるようだった。

時間が空いたときにやる、というパターン「のみ」を採用している場合には論外である。ただ問題は「何としてでも時間を作る」その基準である。

たとえば単発の仕事の依頼。その仕事を行うために、他の仕事を蹴るかどうかの判断をしなければならない。あるいは、いくつかの仕事を調整する必要が出てくる。どこまで調整して駆けつける価値があるのか、その判断が必要になる。

基準はいくつもあるだろう。仕事の内容、貰える金額、かかる時間、行われる場所など。ただ私が見る限り、今記した基準で仕事を選ぶ人は、チャンスを逃す率が高いようではあった。

問題は、金額や時間や場所や内容ではない。「誰が」その要求を出したかである。直接伝えて来た相手が誰であるかだけを見れば良いという問題ではない。本当に注意しなければならないのは、その依頼における背後の意図であり、背後に居る人物の影である。

どのような仕事も人と人との繋がりで成立している。人は、無理をしてくれた人には恩義を感じる。そして、それが次のものに繋がる。

もちろん無理強いをするだけで、他者を都合よく道具のように使う人間もいる。だから、誰の言うことであっても聞いた方が良いはずがない。良く相手を見なければならない。

ただし、やはり問題は、その要求を発した者が繋がっている「先」なのである。

誰からの要求であるか、という表層的な部分に惑わされる人間かどうかが「既に」査定されている場合すらある。承諾するか否か、即刻決断が下せる人か否か、それだけで査定が終了する場合も多い。これは事実である。断ったとしても、次に繋げることができるか、あるいは代案を出せるか、他の人を紹介できるかなどで相当印象は変わる。受けるか断るかだけの判断しか持たない人は、そこまでである。

私はそれほど、前述のようなやり取りが得意なわけではない。しかし、誰からのエネルギーの下で要求されたものであるかが理解できたとき、それが避けては通れない道だと判断できたとき、徹底的に恩を売っておくことに決めている。大抵、そこで売った恩は十倍以上で返ってくることを知っているから。少なくとも、私だったら十倍で返す。特に、それが極めてピンチな状態を救ってくれた相手であればなおさら。

誰かと会う、ということでも同じである。さすがに、いつでも誰でも何処へでも、好き嫌いせずに絶対にやりくりして会いに行く、というのはやり過ぎである。そういうのを悪食とも呼ぶ。しかし、たとえば大切な人の通夜にはどんなことがあっても駆けつけるように、私の大切な人が危機的な状態で私に会いたいと言って来たのであれば、私はかなり無理をしてでもその場へ向かうだろう。

それは「忙しい」ことではない。時間があるときに、などと人は言う。しかし、「時間があるとき」など実際には存在しない。彼女と付き合い始めたばかりだ、新しい仕事を始めたばかりだ、結婚式が間近だ、子どもが生まれたばかりだ、親の介護が始まった、引っ越しだ、等々。言い訳はいくらでも作ることができる。時間を作ることと同じように。何かを「しない」理由は、どこにでも転がっている。

人は「緊急性」に惑わされる。「緊急だが、重要ではないこと」が、まるで重要なことのように見えてしまう。かくいう私もそうなのである。

たとえばパソコンの調子が悪くなったとする。確かに緊急を要する。私の場合、研究室にもパソコンはあるし、以前使用していたパソコンも何とか使うことができる。しかし、今使っているパソコンの調子が悪く、「早く直さなければ」という思いは、他の「緊急ではないが、重要なこと」を行うことを妨げる。

たとえば私が壊れそうなパソコンに関わり合っている最中に、四歳の息子が「マリオカートいっしょにやろう！」と言って来たとする。なるほど、緊急ではない。明日でもマリオカートはやれる。しかし息子は今朝NHKの子ども向けクレイアニメ『パルタ』を見て、まるでマリオカートで走っているかのような場面を見て、頭の中でカートが走る様を想像し、それを主観視点で確かめたくなっていた可能性がある（実際そうであった）。時機を逃すわけにはいかない、重要なことである。また、息子が私の膝の上に乗って一緒にゲームができる時間など、あと何時間残されているのかわかったものではない。回数で言っても五十回ないかもしれない。

それがどれほど重要であるか。

確かに緊急ではない。しかし、パソコンが壊れたことと、残り五十回を切った極めて重大な時間と、一体どちらの方が重要であるか。

この重要性の観点を失わなければ、大抵の選択は間違わない（しかし、私は間違う）。「いつでもできること」など存在しない。二週間に一回行えることは、年に二十四回しかできないのである。しかも、私たちは歳をとる。ある年齢でしかできないことがある。後回しにして、どれだけ悔しい思いをしたことか。私が勝手に行っている勉強会だって、年間十回もできないのである。何としてでも時間を作って私は行いたい。生きている時間など限られている。会を行えるのも、そう長くは続かない。おそらく、今よりももっと身動きが取れなくなるような仕事も、今後は降ってくるだろう。

しかし、何でもやれるような莫大な時間は割り当てられていない。だから、「重要さ」で選択するしかないのである。それら「重要なこと」を行うために、時間は「作る」必要がある。

ジャンクに割く時間はない。たまには良いが、ジャンクを主食とすると、身の破滅が待っている。

生き方の生活習慣病

四十代になる知人の男性がいる。今から振り返ると、三十五歳前後に大きな分かれ道があったようだった。どのような女性と付き合い、どのような仕事を選択し、どのような在り方をするのか、それらが決定されるタイミングがあったようだった。

あくまで「今から振り返れば」である。十年以上前、彼の話を聞きながら、努力をしているのだから良いではないか、と感じていた。ただ、多少の違和感を覚えながら。

見た目も変わった。目は、おどおどしたような傲慢さをたたえ、皮膚はかさつき、笑顔は歪んだ。迷いは奥へと追いやられた。追いやるために、傲慢さはより強く前面に出るようになり、固定した。

はっきりと目に見える大きな分かれ道があるわけではない。本当に小さな分岐点がいくつも連なり、立体的に絡み合い、遠くから見れば「大きな分かれ道」になっているだけである。

それは毛細血管のように細かく張り巡らされている。

小さな分岐とは、今日食べたものであり、今日読んだ本であり、今日話した内容である。昨日寝る前に考えたことであり、昨日見た夢であり、昨日我慢したことである。明日しようと思うことであり、明日誰と会うかであり、明日泣くことである。

四月から何の仕事を始めるのかとか、新しい習い事を始めるとか、そういう目に見えて大きな変化が「分かれ道」なのではない。それは結果である。順序を間違ってはいけない。遠くから見たとき、そのような大きな変化は予め準備されていたことに気がつくだろう。

本当に細かいことの集積なのである。わかりやすい大きな変化「しか」見えない者は、その不運を嘆き、あるいは幸運に大げさに一喜一憂する。当然、戦争に巻き込まれるとか、大飢饉に見舞われるとか、ペスト流行に呑まれるといった、人事の及ばないものについては別である。そういう抗うことのできない大き過ぎる流れもあるが、私の言おうとしていることはそういうもののことではない。大きな流れの中で「どこを流れるか」ということである。

多摩川を下ろうとするとき、左岸か右岸か中央か、流れの速い場所か淀んだ箇所か、様々な選択肢があろう。私はその選択のことを言っている。左岸を通っていれば、左に分かれた支流に入ることもできるだろう。右岸からでは間に合わないだろう。たとえ、最後は「海」に出ることは決まっていたとしても。

今日、あなたは誰と話すか。誰にメールをするか。何の本を読むか。どの音楽を聴くか。何を食べるか。誰を抱きしめるか。

そして、「何をしないか」。

ジャンクフードばかり食べている者が、たった一日だけ有機野菜を食べたところで焼け石に水である。日々食しているものが細胞を形成する。肉体を組成する。生活習慣病と言うではないか。読書も人と話すことも同じである。生き方の歪みは、生き方の生活習慣病である。ジャンクを避け、「まともな」ものを食べるように心がける必要がある。

すべては決定的な作用を及ぼしている。すべて、取り返すことができないものである。川を、逆流することはできない。

人を見る目

人を見る目がある・ない、そういう言い方をすることがある。しかし、「あの人は、人を見る目がある」と言われる人であっても、十年後には「変」になってしまう人を摑んでしまうこともある。百パーセント確実に「良い」人を見出し、そういう人たちだけで組織を作ることができる人など、残念ながら存在しない。

相手は人間であるし、「人を見る目がある」人もまた人間である。人間はミスをする。完全ではない。完全ではないことが人間の定義であるといっても良いぐらいである。

だからといって「私は人間だからミスをします」と開き直るのは愚鈍である。それは、単に自覚のない、成長のない、克己がない人間である。だから、人を見る目を養い、なるべく精度を上げなければならないわけであるが、一体どうすれば良いのか。

先に「十年後」という書き方をしたが、十年後を想像しながら接するというのは案外重要なのであろう。その時点では「良い」ように見えても、十年後までその姿勢がもつかどうか、それは重要である。ただのスタートダッシュでしかないのか、上辺で合わせているだけなのか。この二つは特に騙されることが多い。本人自身も、その姿勢に騙されていることも多い。本人が騙されていると、そこに嘘がなくなるため、見ている側もうっかりその姿勢が今後十年続くだろうと信じてしまう。

とはいえ、スタートダッシュも上辺も作ることができない人間はそもそも査定落ちなので、このあたりはとても難しい。そういう技術的な部分も見ながら、根にある、今後十年変化がない部分を見なければならない。

さすがに三十分で見抜けるわけはなく、少なくとも一年ぐらいは時間をかけなければならない。まず最初に、ある程度親しくならなければ細かな部分を見ることができないので、そこは頑張る。頑張った後、一年かけてどういう点に注目しながら見て行くのか。

たとえば、待ち合わせに来る時間の変化。言葉遣いの変化。メールにおけるやり取りの変化。服装の変化。

よく食べるもの。聞く音楽。読む本。「内面」などというものが直接見えるわけではない。外面的に見えるものから類推するだけである。言葉だって、それは内面そのものではない。そこから内面を透かしてみなければならない。言葉は道具である。そしてその道具に、内面は「支配される」。ならば、表面的に見えているものをかき集め、そこから「遡及的に」推理する必要がある（六章の「思い込みと直観について」参照）。当然、集めただけではただのコレクションでしかない。ガラクタの中から証拠を見出さなければならない。一見ガラクタでも、組み合わせによって証拠となることも多い。それは、朝見る夢と同じである。

しかし、シャーロック・ホームズですら推理を間違う。空想上の卓越した知性ですら間違うということは、私ごとき凡夫は間違いまくりであろう。それでも、遡及的な推理は常に意識していたい。間違ったとしたら、「あぁ、俺はダメだな……」ではなく、どうして間違ったのかを考え、同じことを繰り返さないようにしなければならない。何でも同じであるが、「人を見る目」に関しては、この省察を怠ることが大変多いようである。私も例外ではない。だから、かなり意識的になっていなければならない。

大抵、その間違い方は一定なのである。

どんな友だちを選ぶか。どんな師を選ぶか。どんな彼氏を選ぶか。どんな彼女を選ぶか。それは「無難」なものか。無理をした背伸びか。ランクが下のものか。それが、「人を見る目」の結果である。

そのミスは多くの場合、「自分自身を見る」ことを誤っている証左である。だから、他者は鏡であるとも言われるのだろう。

参照 内田樹『困難な成熟』（夜間飛行）pp. 242-243

人物鑑定眼というものは、申し訳ないけど、知識として教えられるものではありません。客観的に挙証できるものでもありません。／現に世の中には「インチキ霊能者」とか「投資コンサルタント」のことを信じ切ってたいへんな目に遭う人が絶えないわけですけれど、そういう人たちのまわりにだって「ちょっと、あんな人信用して大丈夫なの……」と助言した人はいくらもいると思うんですよ。／でも、耳を貸さなかった。／そういうものなんです。「人を見る眼」というのは、「ありもの」を借りてくることも、誰かに教えてもらうこともできない。煮え湯を飲んで、赤恥をかいて、身銭を切って自分で身につけるしかない。／「この人は見識の高い人だ。私はこの人を信じて、どこまでもついてゆくつもりだ」という人がいたら、黙って静かに微笑んで、「あ、そう。よかったね」と言ってスルーするしかありません。／……「あの人は大人だ」というのは、単なる事実認知的言明ではなく、「私はあの人をロールモデルにして、これから人格陶冶に励むつもりだ」という遂行的誓約でもあるからです。／「大人」というのは、その人にとっての、いわば「理想我」なわけです。うかつな批評は禁物です。……／あなたの選択はそのままあなた自身の個性と成熟度が現れる。あなたが誰のどんな生き方を成熟の道筋として思い描いているか、それがあなたが誰を「大人」だと思うかにそのまま映し出されます。

継続して掘り進む「勇気」について

理論は言語のようなものなのである。同じ出来事についてであったとしても、理論によって分節が異なり、見え方が変わる。逆に言えば、言語は理論のようなものである。

恋愛的な出来事を「男の理論」から見るときと、「女の理論」から見るときでは、分節する区分やセクションが異なるため、見え方も、結論も変わりはする。しかし出来事自体は一つではある。また、最終的に行為をなす者も「その人」でしかない。だから、理論による結論が異なっていたとしても、アウトプット自体は変わらない可能性はある。もちろん、理論自体が杜撰だと、奥まで到達できずに、皮相的で浅薄な行為が導き出されてしまうだろう。ただ、最終的な行為まで行き着く道筋自体は異なっていたとしても、行為自体はそれほど変わらなくなる。そういうことはあり得る。

たとえば、キリスト教、仏教、ユダヤ教、イスラームの「最深部」に到達した者のことを考えてみる。それぞれ道筋は相当異なっていたとしても、「人を殺めることなく、他者を慈しみ、暖かさと厳しさを同時に持ち、厳粛に生きる」というアウトプット自体はそれほど違いがないだろう。

日本語で考えたら到達できず、英語なら最深部に到達できる、というのはあまりにも短絡的である。そんなはずはない。科学でしかわからず、「非科学」は無価値だと断じてしまうこともまた。

ただし、それぞれの理論は、入り口付近では「道筋がはっきり」しており、「答えがある」ように見えることに注意しなければならない。どんな道を通ろうとも、掘り進むほどに複雑さを増し、「こうすれば正解」というものが霧消する。

多くの人は、それを恐れる。恐れるから、表層的で、答えがはっきりしているように見えるものにすがりたくなる。そこから「逃げる」。つまり、「続けられなくなる」。

バスケットボールだって、初心者から少しだけ進んだ段階では、「ある特定の型」に従えば（その「答え」に従えば）、シュートが入るようにはなる。野球も、短距離走も、水泳も同じであろう。

しかし、あるラインを越える際、いきなり「答え」がなくなる。

字の書き方だって、歌だって、踊りだって、楽器だって、おそらく何だって同じである。写真も、ミニ四駆も、ガンダムのプラモデルでさえも、同じである。当然、哲学も、宗教も、心理学も。

様々なことをちょっと触ってやめる（注）ことは、「複雑さに到達していない」「複雑さに堪えることができていない」ことが現れているのかもしれない。

男女関係が続かないことも、友人関係が続かないことも、仕事が続かないことも、皆同じである。人と接していれば、徐々に複雑なものが見えてくる。見えて来ないはずがない。それが「当初の思い通り」ではないことに嫌気がさし、エネルギーを向ける先を変えてしまう。新しい、「答えがはっきりしている」ように見えるものに向かってしまう。

恋人と深い関係になる前に、次の相手に移る。友人とも続かない。仕事も、趣味も、どれも「表層」で終わる。複雑なところまで行かず、ちょっと頑張ればコツがつかめて、初心者状態からちょっとだけ進めて、かりそめの「成功体験」を得る。それを、コレクションして終わる。

ユング心理学における永遠の少年・永遠の少女とは、そういう状態を指す。可能性を捨てることができない、それゆえに、何も選び取ることができない。受け取るだけの立場。

とどまることである。せめて、続けることである。三日坊主でも良い。しかし、三日坊主を止めないことである。全体の中にある種の巨大なルーチンを見、いずれ、元いた場所に戻ることである。そこから離れるとしても、「戻るために離れる」ことである。

複雑さを抱えるために。

そもそも「深い」とは、「単純ではない」ということである。つまり、複雑であることと同義である。男女でも友人でも仕事でも趣味でも、そもそも「合っていない」ものを選んではいけない。「合っていない」ものでは続かない。しかし、合うか合わないかは、やってみなければわからず、始めてみなければわからないという部分がある。

スタートの時点から複雑なのである。

複雑さを抱える、という最終的な目標点のようなものが見えていなければ、ただ嫌なことを堪えて続けるという、よくわからない「我慢比べ」のようになってしまう。「我慢比べ」では結局、複雑さを抱えるところには到達できない。馬鹿の一つ覚えにしかならない。

さらに「合うのか合わないのか」は、自らを深く知らなければ見つけることができない。たまたま相性が良いものに出会ったというだけではやはり、複雑さを抱えるところまで到達できない。しかし何かを続けなければ自らを知ることもできない。

すべて背反する。答えはないのである。その、スタート時点の複雑さを抱えることができる者のみ、その先に進むことができる。

注　もちろん、この「ちょっと」というのは、大きな壁が現れる箇所が、人の生まれ持った資質によっても変わるため、一概には言えない。たとえば、身体能力が非常に高い者にとって百メートルを十二秒台で走ることは、特に壁とは感じられないだろう。

ストックフレーズを用いないように

精神に欠けてつまらなく退屈なのは、その原因を次の点に求めることができよう。それは彼らがいつもただ中途半端な意識で言葉を動かしているにすぎないこと、つまり自分の使う一つ一つの語を習得し、自分のヴォキャブラリの中におさめていると言っても、自分ではその語の本当の意味を理解していないことである。だから彼らの文章は一つ一つの語から組み立てられたのではなく、むしろまとまったきまり文句(フラーズ・バナール)を文章の単位にしている。(ショウペンハウエル『読書について 他二篇』岩波文庫 p. 67)

学生のレポートを読んでいて、決まり文句のようなものが出て来ると「うっ」となる。「僕はやんちゃな生徒だったが」「……という文に同感しました」「とても尊敬する先生でした」。こういう文を見ると、「やんちゃってどういう意味だよ。かわいい響きだけど、犯罪行為も含むんだろ?」「同感って、そもそも使い方が間違ってるんじゃないか?」「尊敬するって、ちゃんと説明できるか?」など、いちいち突っ込みたくなる。なるほど、ショウペンハウエルに言わせると、これは「彼らの文章は一つ一つの語から組み立てられたのではなく、むしろまとまったきまり文句（フラーズ・バナール）を文章の単位にしている」ということなのかもしれない。そして、「彼らがいつもただ中途半端な意識で言葉を動かしているにすぎないこと、つまり自分の使う一つ一つの語を習得し、自分のヴォキャブラリの中におさめていると言っても、自分ではその語の本当の意味を理解していない」ということが原因なのかもしれない。だから、いちいち語の定義を問いたくなるのかもしれない。

そんなことを言う私も、ことばを十分に意識して用いているとはいえない。漱石や鷗外、それこそショウペンハウエルに比べれば、カスのようなものである。しかしそれでも、ことばにはこだわっていたいという気持ちはある。

たとえば、教育心理学の最初の授業では、「責任」という言葉の定義を学生に聞く。責任ということばは、おそらくどこかで使ったことがあるはずなのである。部長になったとき。生徒会役員になったとき。学級委員になったとき。「責任をもって務めさせていただきます」ぐらいのことは宣言したのではなかろうか。しかし、いざ責任ということばの定義を問うと、大抵の学生は詰まる。ということは、「責任をもって務めさせていただきます」というフレーズは、ただの決まり文句・定型文・ストックフレーズであっただけである、ということにもなるのだろう。いわば、コピー・ペーストである。

教員の中にも、「社会に出てから困るぞ」ということばを生徒や学生に用いる人もいる。多分、結構いる。しかし、その人々は「社会」ということばを定義できるのだろうか。

責任、社会ということばに関しては、これらが明治時代につくられた訳語であり、元は responsibility、

societyであったということをある程度知らなければ、定義することは困難であろう。

ちなみに、responsibilityは、responseとabilityの合成語であり、原義は「反応する能力」のことである。ということは実は、責めることでも、任せることでもない。だから、不祥事が起きた際に「責任をとって辞めます」とだけ言うのは、決まり文句、ストックフレーズで反射している証拠なのかもしれない。「私には反応するだけの能力がございませんでした。ないにもかかわらず、このような任についておりました。本当に申し訳ございません」と言うのならば、ある程度正確にことばを用いていることになるのかもしれない。

また、社会、つまりsocietyは、individualと関係の深い概念で、individualが理解できなければ定義が困難なことばである。しかし、individualということばがそもそも、日本語に訳す際に大変困難であった語であるようだ。江戸時代までのことばにindividualに対応するものが皆無であったため、仕方なく「一個の人」と訳し、それがつづまって個人となったらしい。individualは、inとdividualの合成語である。inはこの場合「〜できない」という否定の意味を持っており、dividualは、元々はdivideであるため、individualは「これ以上分割できない」という意味になる。では、何からこれ以上分割できないかというと、societyから、ということになる。これはペアの概念であるので、これ以上分割できない、原子のようなindividualが集まって形成しているシステムのことをsocietyと呼ぶことになる。とすると、「社会に出てから困る」ということばは意味をなしていない。なぜなら、すでにその教室が、individualが構成しているsocietyというシステムのバリエーションだからである。出るも何もあったものではない。ということで、「社会に出てから困るぞ」と言っている人が想定しているものは、societyではなく、人間同士の情緒的なつながりを前提としている、お互い顔が見える範囲の、知り合い同士の、狭い「世間」「浮世」「世の中」のことなのであろう。一応、仕事を想定していることはわかるが、やはりストックフレーズを用いているということは言えるように思う。

　ほかにも、たとえば「ワンチャンあるよ」「やばめだね」「テヘペロ」「マジでか」「激オコ」なども、ストックフレーズという意味ではそうなのであろう。流行った言葉にまでとやかく言うのもどうかとは思うが、単語単位ではなく、フレーズ単位で使っているという意味では同様である。そういう意味で、ことばに敏感な人ほど、ストックフレーズには敏感になり、流行り言葉についてもなるべく用いないように気を使っているように思う。ふざけて使っている分にはかまわないが、使い続けると癖になるものである。英語を覚える際に、フレーズから口癖にするようにするではないか。言語学習と同じことが無意識的に行われてしまう。そして、意識せずに、ストックフレーズが繰り出されることになる。

　結果的に、ストックフレーズを大量に用いて、その組み合わせだけで喋る、あるいは文を書く場合、少々頭が悪いイメージになるようだった。それが、レポートを採点していて気がついたことである。

　頭が悪い印象を意図的に与えたいのであればストックフレーズを用いても良いだろう。そういうことを策略として用いる者もいる。しかし、無意識的に頭が悪い印象を与えてしまっているとしたらどうだろうか。できれば知的に向上したいと思っているのであればどうだろうか。それならば、ストックフレーズの使用には敏感になった方が良い。

　考えていることをことばにする、というより、人間はことばによって考えている。たとえば、言語哲学者の井筒俊彦は『意識の形而上学』（中公文庫）の中で、言語は「元来、意味分節（＝意味による存在の切り分け）を本源的機能とする」とし、「命名は意味分節行為であ」り、さらに「意味分節・即・存在分節」とまで記している。つまり、言語はものの見方の枠を決定しているということであろう。井筒の提出する例は、花（日本語）とflower（英語）とzahrah（アラビア語）である。たとえ種子植物の生殖器官という点では同じであっても、イメージされるものがまったく異なるという。それはそうである。咲いている植物があまりにも違う。桜の花と、砂漠に咲くサボテンの花では、まったく違う。しかし、どちらかしか知らなければ、その語が持つ暗黙の区分によって、イメージが固定される。外国語を学ぶ意味が、自国語を深く知るためであるとは誰の言か忘れたが、おそらくそういうことである。自分の持っている区分とは異なるものを知ることによって、よりいっそう自らが用いている語の区分がはっきりする、ということでもあるのだろう。

これは単語に限ったことではない。ある程度のかたまりを持ったフレーズにも当てはまる。ストックフレーズを使い続けていると、ストックフレーズでしか考えられなくなる。決まり切った、紋切り型の思考パターンしか獲得できなくなる。しかも語をきちんと吟味していないのであるから、思考内容は致命的に稚拙になる。

これはまずい。

とはいえ、私だって随分ストックフレーズを用いているだろうし、変な口癖もあるだろう。ただ、少しでもその口癖を減らすために、自分の講義を録音しては聞き直したりする。自分で書いた文章も、延々と読み直したりする。するたびにうんざりはするものの、たとえ牛歩であろうとも、前には進みたいものである。

誰かを査定しているつもりでも、相手もあなたを査定している

カウンセリングなどをしていると、相手を査定することに慣れてしまう。初めてカウンセリングルームに来所したクライエントを考えてみる。どのような問題をかかえてやって来たのか。うつ病の度合いはどのくらいなのか。本人が言明している内容と本来の問題の合致度はどのくらいか。意識できている範囲はどのくらいで、どのくらいが無意識的に行動してしまう人なのか。知的水準はどうか。情緒的な豊かさはどうか。悩む力はどのくらいあるのか。身体的な健康度はどうか。時間感覚はどうか。家族との関わりはどうか。発達的な問題はどのくらいあるのか。環境要因はどうか。

しかしクライエント側も、初めて会ったカウンセラーを査定している。この人は信頼できるのか。秘密を守れるのか。記憶力はどうか。うなずき方はどうか。安心して喋っても大丈夫な人か。他のカウンセラーよりも良いか。値段に見合っているか。知識はどのくらいあるのか。技術は磨かれているか、等々。

カウンセラー側が行う査定のことを、カタカナ表記でアセスメントと呼んだりする。見て、話しているだけではわからない場合や、ある程度見えたものを確認するために、心理検査と呼ばれるものを行うこともある。知能検査や人格検査である。その方式も、投影法から質問紙法まで様々である。

ただ、検査をしなければわからなかったようなものは面接の中で扱うことはできない。元々、カウンセラー側の感受性にひっかからなかったものなのである。それは、手に負えない。カウンセラー側が未熟であるために看取できなかったのだから。だから心理検査は、予め対話した段階で看取できたものを確認し、クラ

イエントや医師に説明する際の「ある種の権威付け」として用いるために使う方が良いと、私は思っている。

さて、アセスメントをする際には基準がいる。明文化されていれば、ある程度誰でも行うことができる。アメリカで作成された精神疾患に関する診断基準表であるDSMや、WHOが作成したICDなどは、精神疾患の基準を明確にチェックリストにしている。だから確かに、そのチェックリストに沿ってアセスメントを行えば、一応基準を確認することはできる。ただ当然、チェックリストだけではあまり意味はない。聞き方の問題もある。タイミングの問題もある。チェックリストの箇条書きだけではわからない細かなニュアンスもある。あくまで、根本的なことが理解できている医師やカウンセラーが、備忘録としてチェックリストを確認する程度の使い方が良いのだろうと私は思っている。

カウンセラーや精神科医は、疾病や人格特性に関する査定の基準を暗記し、面接技法を訓練している(はずである)。それは、日常生活でもある程度勝手に駆動する。職業病である。ただ当然、日常生活で出会った人にカウンセリングを行うわけではない。少なくともアセスメントだけはオートで行ってしまっている、ということである。

しかし、だからといって、私が他者から査定されていないなどと思ってはいない。カウンセラーをしていると、どうしても上から目線で、他者をアセスメントしているのは自分だけである、というような思い上がった意識を持っている人もいる。

なぜ、自分も査定されていることを忘れてしまうのか。

一時も忘れることなく相手を査定し続け、さらに他者からも査定されていることを片時も忘れない。おそらくそれが、意識の行き届いた状態なのだろうと思う。

たとえば電車に乗っている際。他者から査定されていることを忘れている人間は、頭をボリボリと掻いて、爪の間に挟まったフケの匂いを嗅いでいたりする。これは極端な例ではあるが、電車の中でスマートフォンをいじり続けることも、貧乏揺すりを続けることも、思い出し笑いをすることも、すべて他者から査定されていることを忘れた行動とも言える。美しさに関する意識が失われている。

そこは、誰も見ていない自分の部屋ではない。

他者の目を気にしすぎるというのは病的である。神経症的である。しかし舞台に立った役者は観客からどのように見られているのか、常に意識するではないか。それを神経症とは呼ばない。プロ意識が高い、というだけである。

教育者として教壇に立ったとき、生徒や学生から常に査定されている。だから、着るものから身振り手振り、散髪の度合い、表情、喋り方、内容、正確さ、すべてに気を使う必要がある。それが、金を貰うということである。隅々まで演じる必要がある。それを、演じていることを匂わせないレベルまで先鋭化させなければならない。もちろん、私はできていない。もっと修練しなければならない。

そしてカウンセラーも教師も、相手から査定され続けていることをうっかり忘れる。偉くなったつもりになって、査定しているのは自分側だけであると思い上がる。

ただ、カウンセラーや教師ではなくとも、自分の能力に何らかの奢りがある場合、他者を査定しているのは自分の側だけで、自分自身は他者から査定されていない、というような傲慢な人も存在するのだろう。他者から査定されていることのみに気を奪われ、他者を査定することを怠る人もいるだろう。あるいは、他者を査定することもなく、他者から査定されていることにも意識を向けないような、「単なる哺乳動物」も存在するかもしれない。

どこまで、普段から意識を保つ訓練ができるかどうかである。たとえば私の場合、小田急線に乗っているときには私のことを一方的に知っている学生が乗っている可能性はかなりの率になるため、電車の乗り方一つでも相当に気を遣うことになる。できれば「まっとうな本」を読んでいた方が見た目としては美しいものになるだろう。ゲーム機でゲームをすることもあるが、そのときですら、どのような感想を持ちながらそのゲームを行っているのかを説明できるぐらいの意識水準は保ちたい。身体的な姿勢も同様。居眠りをする際にも見苦しくないような状態を目指したい。大学がある神奈川県から離れた千葉で学生から声をかけられたことも、鎌倉で声をかけられたこともある。受け持つ人数が多いということもあるのだろう。しかし、何線に乗っていようが、どこを歩いていようが、その意識を途絶えることなく保持した方が良いことはよくわかる。

「そんな話を聞くと、稲垣さんは気が休まらないですね」などと言われることもある。ただ、それが常態化すればどうということはないようにも思う。慣れないから疲れるのである。舞台慣れしていない者が学芸会をすれば疲れるであろうが、役者が舞台に立ったところで、それはただの日常であろう。同じである。公共の場、対人関係の場は、すべて舞台である。目の前に観ている者がいるのであるから。

自分に注目させようと派手に行動することではない。そうではなく、見られている可能性を前提として生きる、ということである。

ある友人が、いつドッキリカメラに映されても良いように生きている、と言っていた。冗談ではあろうが、良い表現だと思った。意識が行き届いている。それが疲れる生き方であると考える人はそれはそれで良いだろう。ただ、そのような意識の低さは、私の好みに合わないというだけである。だってその人はきっと、美しくないから。

ツイッターにしても他のSNSにしても何にしても、観客を意識できなければならない。簡易な署名入りの出版物であると考えた方が良い。写真だってつぶやきだって何だって、同じである。

それは、他者から査定される材料を提示していることに他ならない。この本もまた。

付録

投影について

1. はじめに

投影（projection）とは精神分析の概念で、防衛機制（defense mechanism）の一つとされている。授業などで投影の概念を説明する際には、土居健郎『精神分析と精神病理』（医学書院）の内容を元とすることが多い。

投影とはどういうことを言うのか。

たとえば、稲垣がAさんという女性と初めてデートに行ったとしよう。場所はディズニーランド。大変楽しみにしており、また、体力があるところを見せようと気張っていたとする。だが、あまりに気張りすぎていてすぐに疲れてしまった。気をつかいすぎている。しかし、彼女の前で格好悪いところは見せられない。稲垣の「意識」には、「自分が疲れた」などという軟弱な考えは、抱えておくことができない。だから稲垣は、「俺、疲れた……」という「思い」を、無意識側に追いやってしまった（注）。

無意識領域に追いやられた「俺、疲れた……」という「思い」は黙ってはいない。このエネルギーが光源となって、まさにプロジェクターのように、外に向かって映像が投映される。向かう相手は彼女、Aさんである。

すると、Aさんに、稲垣が無意識側に追いやった「俺、疲れた……」という「思い」が映る。さて、稲垣にはAさんがどのように見えるか。そう、「Aさんが疲れた」ように、稲垣には見えるのである。そして稲垣は、たいへん滑稽な言葉をAさんに投げかけることになる。

「ねぇ、Aさん、ちょっと疲れてない？　疲れてるみたいだから、少し休んだ方が良いんじゃないかな？」

（でも、Aさんはピンピンしている）

もちろん、多かれ少なかれ、人間はdefenseしなければならない。外界からの要請、自分の内部に存在している倫理的基準のようなものからの要請、生物学的な本能による欲求。それらすべてをうまいこと調整し、なんとか「わたし」と呼べるものを維持しようと必死なのである。だから投影をすべて非難するわけにはいかない。とはいうものの、過剰に行っている場合には少し考えた方が良いだろう。何せ、周囲から見ると、あまりにも滑稽であるから。

2. 土居健郎の例

土居が引用する例は、さらにえげつない。

自らの結婚を断念している者が他人の結婚の世話は夢中でするという場合がそれにあてはまる（p. 98）

何らかの理由があったのであろう。仕事の関係、家庭の事情。様々なことが考えられる。結婚したいという思いを押さえ込んだまま、五十歳になった。もちろん、今から結婚することもできるであろうが、二十代に思い描いた結婚とは性質は異なってくる。それには納得がいかなかった。結婚したい、という思いは無意識側に追いやった。意識に抱えておくには、あまりにも辛いものだったから。そして、無意識側に追いやった「結婚したい」という思いは、心のプロジェクターによって他者に投映される。彼女には他者が「結婚したがっている」ように見えることになる。だから、世話をやくことになる。土居の提出する例は、換言すればそういうことになるのだろう。

私はそういう「おせっかいおばさん」がいても良いと思う。多少は害があるかもしれないが、それでも実際に出会いを提供してくれるわけであり、案外重要な役割であろうと思っている。

3. カウンセラーや教師は？

しかし、たとえばこれをカウンセラーに当てはめてみる。一応、カウンセラーとは「他者を救う」仕事である。とすると、カウンセラーになって「誰かを救ってあげたい！」と言っているような人間（私のことだ）は、どんな「思い」を無意識に追いやっていることになるのか。そして、何を投影していることになるのか。

そう。「私が救われたい」という思いである。

では、教師はどうか。教師とは、「他者に教える」職業であり、「他者をかまう」仕事であり、「他者に愛を注ぐ」職業である。ならば、教育者になり「誰かに教えてあげる！」などと言っている人間（私のことだ）はどうなるだろう。

「私は教えられたい。育てられたい。かまわれたい。愛を注がれたい」

ふむ。あさましい。

4.「子どもから学ぶ」「クライエントから学ぶ」

そして、「教師は子どもから学んでいる。子どもは、教師の先生である」などという言葉を聞く。これは一見、聞こえが良い。先の例で言うならば、投影している内容を自らに引き戻しているかのように聞こえる。子どもたちの目線に立ち、ある意味では対等に、権力を振りかざすことなく、真摯に仕事に取り組んでいるように聞こえる。

しかしたとえば、以下のような例を考えてみよう。

三十代男性教師B。授業が下手で、見た目にも気を使わず、誤字脱字多発。授業準備もろくにせず、保護者会もまともに開けない。喋り言葉には「えー、まぁ、あのー」が乱発され、歯切れも悪く聞きにくい。時間は守らず、プリントの出し忘れも多い。採点ミスは日常茶飯、テスト問題もろくに作れない。

この男性教師Bが言う。

「教師は子どもからね、えー、学ぶんですよ。子どもたちは、まぁ、教師の先生である、とまぁ、いえるでしょうね、えー」

どうだろうか。同様の内容を、カウンセラーに置き換えてみよう。

三十代男性カウンセラーC。知識も少なく、技術も未熟。文章の誤読も多いし、思い込みが強い。身体化が激しく、考えもまとまらない。傾聴技法はろくにできず、相手に流されその場その場で反応するだけ。記憶もままならない。△△大学の○○先生の下で勉強しているということを誇りとしているのは良いが、先週その先生が言った内容ですら、完全に誤解して受け取っている。時間は守らない、延長もしばしば。ダブルブッキングも多発。

この男性カウンセラーCが言う。

「カウンセラーはですね、クライエントから学ばせてもらっているんですよ。クライエントが私たちを救ってくれるんです……（しんみりしたり顔）」

どうだろうか。

精神分析学者のウィニコットはその著書『Playing and Reality』の謝辞において、以下のように記している。

To my patients who have paid to teach me
（お金を払ってまで、私を学ばせてくれた患者に感謝の意を込めて）

これは、ウィニコットレベルの治療者が言うから格好良いのであって、素人が口にして良い内容ではない。卓越した治療を提供できる技術を持っており、かつ患者側が感謝しているという土台がはっきりと存在してはじめて、効力を発揮する言葉である。客観的にも主観的にも、相当な土台がなければ発言できないレベルの文言である。

5．おわりに

教師になってもいない段階から、「子どもたちから学んで行こうと思います」などと口にしてはいけない。カウンセラーになってもいない段階から、「クライエントが救ってくれるんです」などと口にしてはいけない。まず、「金を取っても良いレベル」まで研鑽を積んで行かなければならない。

もちろんその中で実際に子どもたちから学ぶことは大量にあるだろう。クライエントから救われてしまうこともあるだろう。お金を取っている上に、学ばせてもらい、救われることがあるとしたら、本気で感謝しなければならない。おそらく、そういうことなのだろう。

注　無意識というのは、思い出そうと思えば思い出せる、というもののことではない。そういうものは前意識と呼ぶ。たとえば、今朝食べたご飯のメニューや、来月の予定などは、言われれば思い出せる。そういうものは前意識である。無意識とは、本格的に、夢でも分析しなければ触れることができないような、本人には極めてアンタッチャブルなものである。

個人的無意識と集合的無意識

フロイトは、意識している部分と、意識に抱えておくことができなかったものを追いやる無意識に分けて人間のシステムを考えた。いわば、二つの部屋がある家である。

意識と無意識を「部屋」として考えると、意識の部屋は社交会に使う部屋でお客を通すための綺麗にしている部屋である。昼の、日の当たる部屋である。こちらには見目麗しい人々がやって来る。ホスト役の家人も生き生きしている。

しかし、客を招く際に段ボールだとかゴミだとか古雑誌だとかを押し込んでおく、扉を閉めた物置のような納戸のような部屋があるだろう。それが、無意識の部屋である。夜の、日の当たらない部屋である。こちらの部屋の前には、迂闊に人に入られないように、あるいは押し込めたものが溢れ出て来ないように、ガーディアンが立っている。軍人のような、いかついおっさんが立っている。

フロイトが『ヒステリー研究』の中で提出しているエリザベートという症例がある。妙齢の女性で、神経学的には異常がないにも関わらず、二年以上歩けないという症状を持っていた。エリザベートは、姉の夫であるAさんに惚れていた。あるとき、姉が死んでしまった。エリザベートはうっかり「あ……、わたし、Aさんと結婚できるわ……」と思ってしまった。

しかし時代は十九世紀のオーストリアである。現代とは風習が異なる。いくらなんでもこれは不謹慎すぎる考えであった。エリザベートはそのあらぬ考えを、意識の部屋に、日の当たる部屋に抱えておくことができなかった。だから納戸の部屋、つまり無意識の部屋に追いやった。

追いやった「あ……、わたし、Aさんと結婚できるわ……」という思いには、「ヨレヨレのネグリジェで、頭にはパーマのクルクルをまいたまま煙草をふかしている太めの五十代おばさん」の姿を進呈しよう。このおばさんが納戸に追いやられて黙っているはずがない。そして、意識の部屋に向けて強烈な臭気をドアの隙間から流し込むとか、タバコの煙をガンガン流すとか、とにかくエリザベートの身体というシステムに直接働きかけ、「歩けなくなる」という症状を出させるに至る。それは、おばさんの存在に気が付いて欲しい、意識の部屋に戻りたいというメッセージでもある。そのメッセージを聞き入れ、意識の部屋の中におばさんの居場所を確保しないことには、その症状は消えることがない。

極めて大雑把に言えば、これがフロイト理論の骨子ではある。

しかし、フロイトの弟子でもあったユングは、納戸の奥にもう一つ扉を想定した。薄暗い納戸の奥にある扉は、いわば異界への扉である。

ユングは、統合失調症の患者が観ている「太陽のしっぽ」の幻覚内容が、極めて古く、しかもギリシャ神話の中でもマイナーなものの内容と酷似しているケースを発見した。それをきっかけに、(元から神話・民話・昔話マニアではあったものの、さらに)様々な国の神話を集め、同じような話を見出して行った。当然、同じような話というものは、シルクロードを通って遠方まで語り継がれたから似ているのだ、というような伝播理論が主流である。しかし同時期に、伝播するには時間も労力も交通手段も足りない距離で同様の話があるというのは、伝播理論で説明するのは少々苦しいのではないか、という発想に至る。

そして、世界には「常に一定の、目に見えない巨大なデータベース」があり、そこに「接続」できるエリートが存在していたのではないか、という仮説を打ち立てた（インターネットがこれだけ一般的になるとイメージしやすい）。その巨大なデータベースのことを「集合的無意識」と名付けた。

あくまで仮説である。しかし、そう考えると、統合失調症の患者が「うっかり観てしまう」幻覚が神話の内容と酷似していることも説明できる。統合失調症の患者は、準備ができていない状態でうっかり巨大データベースに接続し、そちらのエネルギーに圧倒されてしまって、データベースの生データをそのままの形で外部へ流してしまっている状態とも考えられる。

さらに、シャーマン（巫女・巫覡。彼らは古代社会において、スーパーエリートである。神話を作り出すのも彼らの仕事であった。日本で似たものは、たとえばイタコやユタ）になり得る人々は、シャーマンとなる前、まさに統合失調症発症の急性期と似た兆候を現す人々であることにも説明がつく。幻覚や妄想などを示すと、シャーマン育成機関から徹底的に訓練が施され、巨大データに圧倒されないよう、肉体的にも知的にもタフになる。ここで訓練に失敗すると、あるいは素質・素養が足りないと、統合失調症の発病となってしまう。

これで、おおかたのことは説明できる。それが真実かどうか、という話ではない。うまく説明できるかどうか、それが重要である。

この考え方を元に、ユングは「元型」というアイデアを提出した。神話とは、いわば当時のスーパーエリートたちが、民族を引っぱって行くために紡ぎ出した、民族のための生き方指南物語でもある。しかもそれが数百年、場合によっては千年以上残っているとしたら、そのエネルギーは計り知れない。そして、各国に残る神話にはおおよそ決まった形式のキャラクターが登場している。白いヒゲの生えた智慧を司る老人、破壊と再生をもたらすいたずらもの、生を育み死んだ者を飲み込むような母なる大地や海、同じような見た目だが聖なる者と邪悪な者の対。そういうものは、神話におけるひな形、神話素などとも呼ばれていたものであるが、一応、ある程度整理して、ユングは「元型」と名付けた。

元型はある種のひな形であるから、そのままの形で現れるわけではない。文化背景によって、そのエネルギーは現れ方を変える。たとえば、「完全武装をして雄叫びを上げる女神」は、ギリシャ神話ではアテネとして出現し、古事記においてはアマテラスとして出現するのかもしれない。アテネとアマテラスでは性質が異なるが、共通項もかなり多い。それが元型のとらえ方である。

たとえば、現在における宇宙理論では、一応以下のように考えられているのだろう。体積はゼロだが質量は無限という無茶苦茶な状態をスタート地点として、ビッグバンと呼ばれる強力な爆発が起こり、その爆発の過程で現在も宇宙は広がり続けている、と。そういう流れの中で太陽ができ、地球ができ、人間が生まれ、ということである。偶然であるのは確かであろうが、それでも、そんなわけがわからないレベルの、考えるだけで気が遠くなってしまうようなエネルギーがビッグバンの元にはあったわけである。そういうエネルギーを発生させている大元を想像する。

それはもう「超強力なエネルギー」としか呼べない。形があるとも思えない。あったとしても、そもそも「体積ゼロで質量無限」ですら想像できないのに、それを生成するエネルギーそのものなど視覚化できるはずがない。それを神と呼ぼうがタオと呼ぼうが、それは私にとって関心事ではない。私にとってはエネルギーとしか呼びようがないのである。

現在も広がり続ける宇宙を覆い尽くしているというか、その根元にあるというか、そういうエネルギーを、一応絵に描いてみる（図6）。禅などで、丸を描くことが空《くう》あるいは無《む》を描くことでもあるというのは、多分このイメージだろうと、私は勝手に思っている（井筒俊彦によれば、「空」とはからっぽのことではなく、中身が無限につまって、あまりにもつまり過ぎて一見ゼロであるような、そんな状態であるらしい。ビッグバンが始まる寸前の宇宙の状態ともいえる）。

このエネルギーの、端の部分を拡大してみる（図7）。すると、細かい突起が出ていることがわかる。この突起一つ一つが、個人であると想定する（もちろん、物体も植物も動物も含まれるのであろうが、複雑になるので人間だけに限定する）。

フロイトの言っている意識と無意識とは、図7にあるように、この突起先端の部分の話である。これが、意識の部屋と、無意識の部屋である。

このエネルギー体の中には、元型が漂っている。ただし、周辺部から中心部に行くに従って、そのエネルギー量は増えて行く。周辺部にある元型は、たとえば「シャドウ」であり、中心に行くに従って、「グレートマザー」や「老賢者」、さらに奥には「アニマ・アニムス」、そして「セルフ」が存在する、といったように。

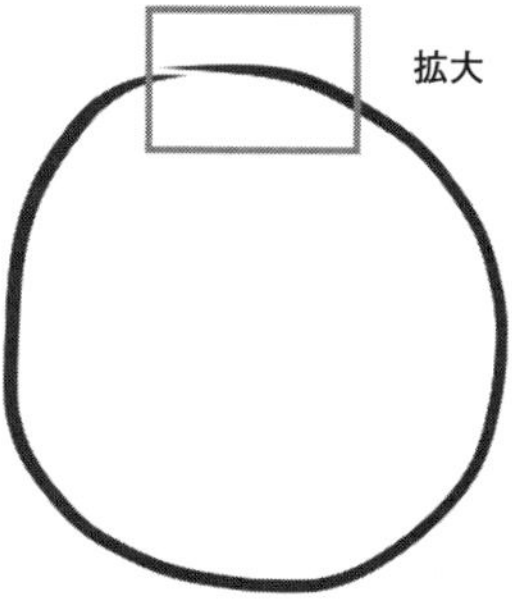

図6　宇宙全体のエネルギーを図にした状態

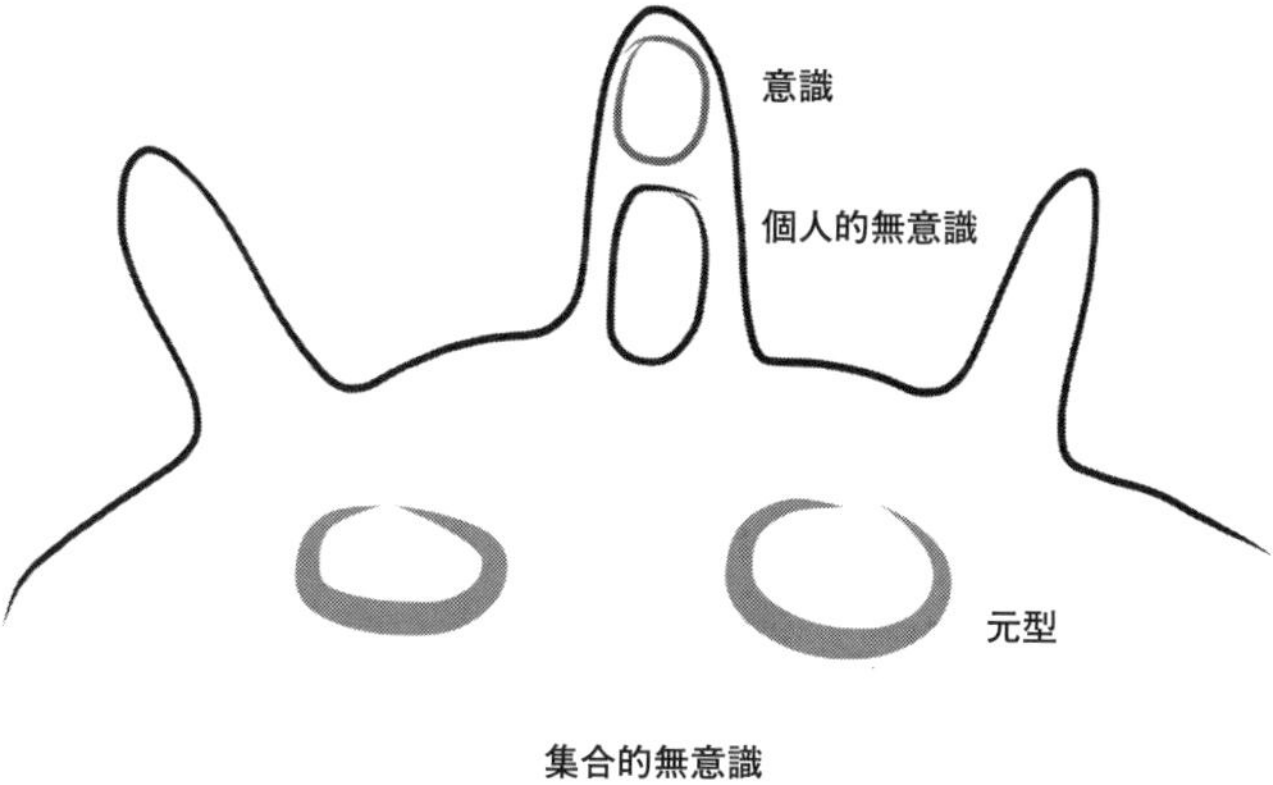

図7　個人的無意識と集合的無意識

それらの元型が「何故」あるのかは知らない。ただ、そういったものを想定すると、ギリシャ神話や古事記、インド神話などの多神教神話における様々な神々の序列や強力さ、イメージなどもうまく説明できる。

これをふまえて『バガヴァッド・ギーター』を見てみよう。『バガヴァッド・ギーター』はインド、ヒンズー教の聖典でもある『マハーバーラタ』の一部である。『バガヴァッド・ギーター』を日本語に訳すと、「神の歌」となるようだ。

マハーバーラタ全体がストーリー仕立てになっている。『バガヴァッド・ギーター』では、親族同士の大戦争になる寸前、戦士アルジュナが戦意を喪失しているところから始まる。以下に、くだけた調子で申し訳ないが、私が理解している内容に沿って、要約する。


傍らにはクリシュナがいる。クリシュナが神の化身であることは、アルジュナは知っているが、見た目が人間なので、少々砕け気味。

「……。クリシュナさん。この戦争、ちょっと無理だ。だって、俺らも、相手も、どっちも親族同士じゃないか。俺らが相手を全部殺したとしても、なんか違う気がしてしまう。じゃぁ、俺らが全滅すれば良いかって言ったら、それも違うと思う。どっちを選択しても、遣り切れない思いになるだろう。一体俺は、どうすれば良いんだろう……」

アルジュナは戦車の中で、呆然としてしまう。その様子を見たクリシュナは言う。

「なぁ、アルジュナ。殺したら、そりゃ肉体は死ぬ。ただ、中心部分は残って、そこに新しい肉体がくっつく。また生まれてくるっていうことだよ。それが輪廻さ。だから、殺すことについてはあんまり考えるな。殺したつもりでも、死んでない。ずっと残る。それからな、お前は戦士で、かつ軍師なんだよ、アルジュナ。それが、今この世でお前が持ってる役割だろ？　これ、下っ端の兵士だったらまた話は別だけど、上位ランクのお前がそうやって戦車でぐったりしてる姿、お前の部下が見たらどう思うかな。怖じ気づいた、と見るかもな。びびってる、と見るかもな。俺たちを見捨てた、と見るかもな。まぁ、あんまり良い効果はない。これはな、もう戦うしかないんだよ。人によって役割がいろいろあるだろ？　学者は知識をきっちり研ぎすまして行くこと。行者は行を極めて行くこと。同じなんだ。お前は、戦士として、行為の結果じゃなくて、今やるべきことに集中して、淡々と全力を尽くせば良い」

「クリシュナさん……。うん。そうなんだよな。そうなんだよ。きっと、そうだ。だけど、それを続けて、一体何になるんだろう……」

「お前が殺した相手も、何もかも、俺につながってる。全部、俺につながってる。一応ね、気づいている人もいるんだけどね。実感はないかもな。で、どうかね。輪廻っていうのも、結構きつい部分はあるわな。生まれ変わるのも悪くないけど、何度も何度も、永遠に生まれては死ぬ、っていうのはちょっと厳しいわな。もちろん、そういうシステムは、全体として必要なんだけどさ。動き続けないといけないんでね、このシステム。でもアルジュナ、お前は相当見込みがあるから、言ってるんだ。これは、本当に一握りの人間にしかできないことでもある。ちゃんと、目の前の行為に専心することを、俺に捧げてごらんよ。結果にとらわれずにさ。それを積み重ねて行けば、お前のエネルギーは、周辺部分の輪廻する部分から、すべてを統括する俺の側へとずれて来る。つまり、肉体がもう一回くっついて輪廻しちまう、という循環から外れるんだよ。そして、すべてがつながれている俺のところにくることになる。それを、ニルヴァーナ（涅槃）というんだ。アルジュナ、多分お前なら行けると思うぜ」

アルジュナは答える。

「……クリシュナさん。本当にありがとう。あなたの言う通りだと思う。本当に。ただ……、クリシュナさん。あなたが神であることを疑うわけじゃない。話の内容もすごくしっくりくるんだ。でも、全部の中心であって、全部がつながっている、ということ、もし良ければ……、見たいんだ……。あなたの本当の姿を」

「なるほど。今まで人間は誰も見てないし、というか神々ですら、見たくて仕方がないって思ってるくらいだからな。でもまぁ、お前には見せてもいいぜ。肉眼じゃ見えないから、天の眼をやるよ。これで見える。いいか……。いくぞ」

ここからである。

われは見る、多くの腕・腹・口・目を有し、一切方に向って無限の形相を示す卿を。われは見ず、卿に終りあり、中間あり、はた始めあることを

冠を戴き、戟《ほこ》を執り、輪盤（cakra）を手にし、一切所に輝き渡る光明の集積として、一切方に火炎・太陽の光線を散じ、凝視し難く、測るべからざる卿を見る

初・中・終なく、無限の威力を有し、無数の腕を有し、日月を眼とし、輝く火炎を口とし、自己の光明によってこの一切を熱しつつある卿を

天地の間のこの空間および一切の方所は、実に卿独りによりて充満せられたり。卿のこの希有にして恐しき形相を見て、三界は愕然たり

急ぎて卿の口に入る、牙突きいでて恐しき。或る者は頭微塵《こうべ》に砕けて、［卿の］歯間に懸りて見ゆ

あたかも河川の幾多の激流、海に向いて奔走するがごとく、かくかの人界の勇者たち、炎《ほむら》立つ卿の口中に入る

卿は一切方において全世界を呑噬《どんぜい》しつつ、燃え立つ口をもちて舐め尽す。卿の恐しき光炎は、全世界を光明もて満たして熱す

聖バガヴァッドは言えり。／われは「時」なり（辻直四郎訳『バガヴァッド・ギーター』講談社 pp. 183-189）

始まりも終わりも見えず、直視できないほど強く様々な色に光り輝いてグラデーションがうねっているような姿。とんでもない数の、太陽と月のような目がある。とんでもない数の腕がある。火炎を吐きまくる口が無数にあり、死したるもの一切を吸い込んで（おそらくは再生したものを吐き出し）、その牙には死体がひっかかっているという凄まじさ。最後に一言、〈われは「時」なり〉。すごい。

さて、このクリシュナの言っている内容を、集合的無意識の図を用いて考えてみる。図8は、集合的無意識の突起部分に肉体がくっついている状態である。肉体は死滅するが、中心部分の突起は消えず、新しい肉体のカバーがぐにゃん、とくっつくイメージを思い浮かべると、クリシュナが言っている内容がわかりやすいかもしれない。

この考え方からすると、突起部分のひとまとまりが、中心部分に回収されるというか、統合される状態が、ニルヴァーナ（涅槃）である。確かに、肉体のカバーが再度くっつくことはない。そして、全体は○なのだが、その中央部分に、このエネルギー全体を司っているセクションがある、という感じであろう。クリシュナが、神々、と言っているのは、ユングの言うところの様々な元型であると考えれば良いかもしれない。

確かにエネルギーの、円（球）の中心点はすべてを司る。それは、元型も、個人も、つながっている大本である。そしてその大本を無理矢理視覚化したとすると、先ほどの凄まじい「神」の描写になるというのは、私には大変しっくりくる。

神の描写として、善なる神、温かい神、そういうのも大切だとは思うのだが、人格神を超えて、死も生も、すべてのエネルギーを司る状態というのはこういうことなのではないか。そう、私は思ってしまう。

クリシュナは言う。「いろんな宗派があっていいんだ。別に。それぞれのやり方で、全体に奉仕すればい

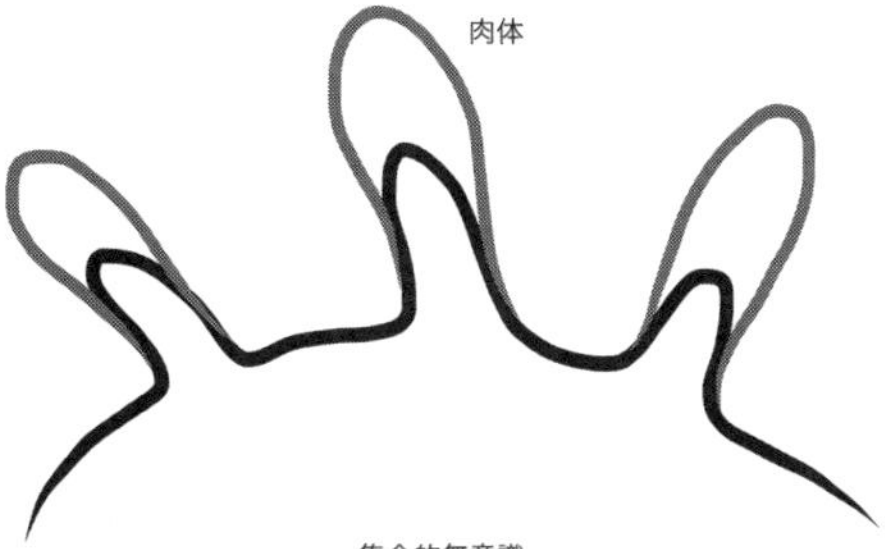

図8　集合的意識と肉体

い。でもな、最終的には俺につながってるんだ。その、浅さによって、いろいろ宗派が分かれてるけどな。俺の名前は、宗派によって随分違うぜ。でも、別にいいんだ。名前が問題じゃないから」。

多分、私は、集合的無意識の図像が頭に浮かんでいなかったら、クリシュナの言っていることは何だか良くわからなかっただろうと思う。図示することは、多分イメージを固定化してしまう弊害はあるが、ある程度抽象的であれば、固定化も多少は和らぎ、理解がスムーズになる部分もあるように思う。

アウトサイダーについて

アウトサイダーが持つ感覚とは、映画『マトリックス』において、主人公ネオが当初感じていた「何か、この世界は違う」という感覚に限りなく近いと、私は思っている。あの映画が尋常ではない人気を博したのは、この喩えが、現代の私たちに上手く入り込んだからではないかと思っている。もちろん、その他にも様々な売れる要因はあったのだろう。VFXであるとか、日本でたまたまPS2が発売されたがソフトがなく、DVDとして売り出された『マトリックス』が絶好の「ソフト」となったことなども、もちろん重要ではある。しかし、プラトン『国家』における「洞窟の喩え」(図9)が、喩えとしての力を失っている中、「ヴァーチャルリアリティ」「コンピュータ」「プログラム」などの概念をアナロジーとして用いたことが、最も重要だったのだろうと思っている。『マトリックス』全体が持つ構造は、プラトンの「洞窟の喩え」そのものである。

図9　プラトンの「洞窟の喩え」

プラトン『国家』における「洞窟の喩え」についての、私なりの解釈は以下の通り。

人間は、椅子に縛られていて、洞窟の壁面を見させられている。背後には塀があって、その後ろを、人々が通り過ぎている。人々は頭の上に、壺であるとか、籠であるとか、色々なものを掲げて通り過ぎて行く。塀と人々の先には、松明がある。その松明の光に照らされ、洞窟の壁面には「影」が映る。椅子に縛られた人々は、その影のみしか見ることができない。その影が、「実体」であると思い込んでいる。ごく稀に、縄の縛りが緩く、後ろを振り向くことができてしまう人が出てくる。しかし、影のみを見ていた目には、松明の光は強すぎる。また、二次元の平面である影に見慣れた目には、立体物はグロテスクに過ぎる。恐ろしくなり、結局また、壁面の影に目を向け、それが「現実」であると思い込もうとする。しかし、洞窟の外には、太陽がある。松明ですら目を潰すのに、太陽が控えているのである。「哲学者」は、洞窟の外まで行かなければならない。しかも、太陽の光に照らされた世界を見た後に、再度、洞窟に戻り、人々にその見方の「コツ」を伝える「義務」が発生する。

どうだろうか。似てはいまいか。

いわば、松明の光をうっかり垣間見てしまった者がアウトサイダーとなる。もう、壁の影だけを見て純粋に喜ぶことはできない。ネオが仕事を放り出して、必死にその理由を解き明かそうと、ほとんど不眠不休でコンピュータに向かっていたのは、うっかり見てしまった松明の光がなんだったのか、その理由を知りたかったからだ、という解釈もできるのだろう。

人類を電池とし、その電源を元に世界を支配するコンピュータ側が、人類が実際に目覚めないよう、脳に直接差し込んだプラグを通して生成しているヴァーチャルリアリティが「マトリックス」であった。つまり人類はみな繭のような中に囚われ、死ぬまでコンピュータが作ったプログラムの中で夢を見続けている、ということである。その違和感をプログラムの中にいながらにして気付くことができるものが「選ばれし者」であった。つまり、これがアウトサイダーである。そのような者はそれなりに沢山いるのだが、違和感をかかえたまま死んでしまうこともありうる。もがくものもいる。考えることを諦めるものもいる。強烈に違和感を感じる者もいれば、プログラムに満足して死んで行く者もいる。

このように、大きなくくりではアウトサイダーではあっても行動はさまざまであり、違和感の覚え方も強度も異なる。

たとえばトルーマン・カポーティの小説『ティファニーで朝食を』において、新人女優であるホリーの言明は、その感覚を適切に表わしているように私には思われる。

「……自分といろんなものごとがひとつになれる場所をみつけたとわかるまで、私はなんにも所有したくないの。そういう場所がどこにあるのか、今のところまだわからない。でもそれがどんなところだかはちゃんとわかっている」、彼女は微笑んで、猫を床に下ろした。「それはティファニーみたいなところなの」と彼女は言った。「といっても私が宝石にぞっこんだっていうことじゃないのよ。ダイアモンドは好きだわ。……でもね、私がティファニーに夢中になるのはそのせいじゃない。ねえ、いいこと。ほら、いやったらしいアカにこころが染まるときってあるじゃない」

「それはブルーになるみたいなことなのかな?」

「それとは違う」と彼女はゆっくりとした声で言った。「ブルーっていうのはね、太っちゃったときとか、雨がいつまでも降り止まないみたいなときにやってくるものよ。哀しい気持ちになる、ただそれだけ。でもいやったらしいアカっていうのは、もっとぜんぜんたちが悪いの。怖くってしかたなくて、だらだら汗をかいちゃうんだけど、でも何を怖がっているのか、自分でもわからない。何かしら悪いことが起ころうとしているってだけはわかるんだけど、それがどんなことなのかはわからない。あなた、そういう思いをしたことある?」

「何度もあるよ。そういうのをアングスト(不安感)と呼ぶ人もいる」

「わかったわ。アングストね。なんでもいいけど、そういうときあなたはどんなことをするの?」

「そうだな、酒を飲むのもいい」

「それはやってみたよ。アスピリンも試してみた。ラスティーはマリファナが効くって言うの。それでちょっと吸ってみたんだけど、ただ意味もなくくすくす笑っちゃうだけ。これまで試した中で一番効果があったのは、タクシーをつかまえてティファニーに行くことだったな。そうするとたんに気分がすっとしちゃうんだ。その店内の静けさと、つんとすましたところがいいのよ。そこではそんなにひどいことは起こるまいってわかるの。……ティファニーの店内にいるみたいな気持ちにさせてくれる場所が、この現実の世界のどこかに見つかれば、家具も揃え、猫に名前をつけてやることだってできるのにな。……」（カポーティ『ティファニーで朝食を』新潮文庫　pp. 64-66）

ここで言う「アングスト」という用語は、ハイデガー『存在と時間』の中でも中核となる概念「アングスト」のことであろう。ある日突然、身の回りのものはそのままなのだが、微妙に異なるもので、そっくり揃えられた火星にワープしてしまったかのような感覚を、ハイデガーは「アングスト」と呼んでいるらしい（マイケル・ゲルヴェンによる）。この「アングスト」には、理由がない。将来の不安など、そういう類いのものではない。もっと根の深い、生きている世界そのもの、しかも構造そのものへの疑問である。

また、ロレンスの『チャタレイ夫人の恋人』内に、はっきりと「この人はアウトサイダーだ！　アウトサイダーだ！」（p. 40）と記されている。これは、チャタレイ夫人が、体験の浅さからうっかり本物だと見まがってしまった劇作家マイクリスに対する評であった。登場人物の中では一応本物のアウトサイダーは、その後に登場する森番メラーズではある。

おそらく、アウトサイダーにもいくつか段階がある。

（一）ただの「あぶれもの」である段階

これは、本来はとけ込みたいと思っているのだが、技術が足りずにあぶれているだけの状態である。

（二）「反逆者」

いってみれば、「あぶれもの」がヤケになって周囲にたてついているだけである。

この二つは、外面的な、行動的な特徴だけを見た場合の分類である。考えていることは、結局多数派に入りたい、大衆的な思考パターンである。

（三）考え方が大多数の人々とは異なる場合

とはいうものの、これもコピー・ペーストで出力することができてしまう部分である。周囲があまり読んでいない本を読んで粋がっている場合には、このパターンなのかもしれない。

（四）存在の在り方が「二重」であること

おそらく本物のアウトサイダーは、あぶれているという状態、反逆しているという行為、考えていると表明している内容という、外面から判断できるもの以外で判断されなければならない。（四）まで来た際に、

（一）から（三）の外面的なものが付随することはあるのだろう。しかし、あぶれている必要はないし、反逆をしている必要もないのである。多数派と異なる考え方をことさら表明しなくても良い。周囲にとけ込んでいて、従順で、考えていることも多数派によりそうものであったとしても、アウトサイダーである状態は存在する。

チャタレイ夫人はどうも、そういうアウトサイダーを嗅ぎ分ける嗅覚を持っていたということなのだろう。その嗅覚が少しずつ成長して行く。しかし、真に成長し切るところまで行かずに、小説は終わる。これは、あくまで途中経過である。私にはそう読めた。

アウトサイダーを嗅ぎ分けるためには、自らがアウトサイダーでなければならない。チャタレイ夫人の場合、自分よりも少し先を行く異性のアウトサイダーに惹かれている。しかしアウトサイダーの深さに差があり、個の差があり、真に結ばれることはない。そのように読むこともできるのだろう。

アウトサイダーが「生きている」と実感できるためには、肉体というものを通さざるを得ない。この場合の肉体は単なる精神が操るインターフェースではなく、精神と肉体が一致している状態を自覚することが必要である、という流れがあるようだった。そのために、性的な描写が頻出するということになる。

これは、いわば心身二元論を乗り越える一種の理想論である。ただ、乗り越えるためには、まず心身二元論的な思考パターンが定着していなければならない。欧米的な、個を主とした思考パターンが定着していなければ、乗り越えるも何もあったものではない。しかし日本人には、個を主とした思考パターンは馴染んでいない。定着など、まったくしていない。河合隼雄によれば、日本は「場」を主とする国である。集団ですらない。それは、「場」なのである。

欧米にあるのは、母性と無意識を代表するドラゴンを、意志の力である勇者が倒し、姫を助け出して結婚するような物語が「しっくり来る」文化なのである。そこに漂うものは、強力な意志の力による「個」である。

対して日本は、「鶴の恩返し」のように、結婚もせず、結局最後は何も起こっていなかった最初の状態に戻りましたとさ、という身もふたもない話が何故か「しっくり来る」文化なのである。これは河合隼雄『昔話と日本人の心』（岩波書店）によって気がついたことであった。確かに浦島太郎など、欧米的観点からすれば物語として「ひどい」のであろう。竜宮城（ドラゴンパレス）に行ったにも関わらず、そもそもドラゴンが出てこない。乙姫はとらわれているわけでもなく、浦島は乙姫に手を出すわけでもなく（当然結婚もしない）、ただ単純にもてなされただけで、あげくトラップ付きの箱を渡される。戻ってみたら数百年経っており、そのトラップ箱を開けたら鶴になるとか爺になるとかで、なんだか意味不明のどうしようもない話とされるかもしれない。しかし、そこに漂うものは「空」「無」である。

当然、「個」を主とする場合と、「場」を主とする場合では、アウトサイダーの性質も自ずと変わってくるだろう。そこさえ間違わなければ、『チャタレイ夫人の恋人』もアウトサイダー文学として、日本人の私でもそれなりに読める。そういう気がする。

ただし、「あぶれもの」である自覚それ自体は、個を主とするシステムの方が意識化しやすいだろうし、文章や物語としても表現しやすいのだろうとも思う。場を主としたシステムの場合、「あぶれもの」は、あくまでその「場」になじめないものであるという文脈に回収されてしまい易い。そして、「あぶれものには皆才能があるのだ」という短絡的な極論に行きやすくもなる（冷静に考えればそんなはずはない）。そして「すずと、小鳥と、それからわたし、みんなちがって、みんないい」という金子みすゞの詩が乱用されることになる。アウトサイダーとはそういう低次の問題ではない。この、金子みすゞの詩が濫用されることそのものに反発を覚える感覚を持つ人間の性質のことを言うのである。

アウトサイダーにとって、周囲の人間は皆、死んだもののように見える。生きながらにして死んでいるように見える。ゾンビである。死んだ魚のような目を持つ人々。機械のように自動で動く人々。金金金と叫び、その使い道を知らぬ木偶の坊。偽物。アンドロイド。エイリアン。何とでも言えるが、とにかくここが自分の存在すべき場所ではないという強烈な感覚を持ち続けて生きている状態である。

つまり、アウトサイダーにとっては、生きている者が重要になる。生気を持つ者が輝いて見える。それは決して幸せそうに見えるとか、そういうことではない。単純に、生を持っている者か否か、ということである。

私の解釈では、生きている者はエネルギーとの接続を保っている。しかしそのエネルギーのとらえ方が、「個」を主とした場合と、「場」を主とした場合では異なっているということなのだろう。「個」を主とした場合には、最強の個である「ヤハウェ」「アッラー」との接続。「場」を主とした場合には、最強の場である「無」「空」との接続。このように考えれば、日本におけるアウトサイダーの在り方も見えてくるように思われる。

あとがき

それぞれの文章は、時期としてもばらばらに記されたものであった。しかしテーマに沿って並べてみると、ある程度一貫した方向性を持って考えていたらしいことがわかる。それぞれの章で用いられるテーマは使い古されたものが多いし、先人たちがすでに言及している内容ばかりである。ただ、それらのテーマがある程度私の実感を伴っていたときに、私としては真剣に、全力で私自身を掘り進み、記して来たものだった。

結局、「人を愛せないこと」が狂気であると、私は考えているようだった。しかしどれだけの人が、本当に人を愛せているのだろう。私は人を愛せているのだろうか。それは私自身が判断できることではないのだろう。私と相対する人がはじめて口にできる言葉なのだろう。

このような身勝手な文章が、どこまで読者の皆様のお役に立てるのか皆目見当がつかない。しかしもし、「自省する」という点に関して参照にしていただけるのであれば幸いである。

書籍としてまとめるにあたり、謝辞をお伝えしたい人がたくさんいる。しかしここに名前を記してしまうとむしろ迷惑になってしまうのではないかと怖れる。

私の考え方が基礎づけられたのは当然、私が受けて来た多くの先生方・先輩方による教育のおかげである。しかし私の考え方は、私を教えて下さった方々からすると「それは違う」ということになっているようにも思う。私は勝手に先生方・先輩方から（かなり歪曲して）受け取り、勝手に後続の人たちに手渡ししているつもりになっている。私の身勝手な行動である。

私が書くエッセイを読んでくれて、細かな感想を伝えてくれた大切な友人たちがいる。文章を書くにあたって想定読者はとても大切で、私にとっての第一想定読者はその友人たちだった。読んでくれる想定読者がいなければそもそも書かなかった。私はその友人たちに喜んでもらおうと、そればかりを考えて文章を書いていた。それが結果的に書籍という形式に至ったのもまた、「縦書きで製本された状態で読みたい」と言ってくれた友人たちのおかげであった。

授業において、特にリアクションペーパーへの返答という形で様々な考えが固まった。その内容を喜んで聞いてくれた学生たちのおかげで、私は色々なことをしゃべりたくなり、書きたくなっていた。大学教員という仕事につかなければこのようなことは起こらなかっただろうと思う。

私の授業を聞いて、私が行う「今月私が思いついたことを聞いて欲しい」という謎の勉強会に参加してくれる学生たちがいた。エッセイという形で記していたものを元に即興的な授業を行っていた。聞いてくれる有志の学生がいなければ、私は話し言葉として表現することはなかっただろう。

私の書いた文章は私の力ではない。元来の出典がわからなくなるほど内面化されてしまっている文章やことばもあるのだろう（以前、ある先生の行う勉強会で、先生の著書を読んだ内容に関して本当にそのようなことが起こった。私は、私が自力で考えたことだと思って真剣に話していたのだが、先生から「その内容……、実はここに私が書いたことでもあったけれど……」と先生ご本人から指摘されてはじめて気がついたことがあった。それほど読み込んでしまっていた。そのとき先生はむしろ喜んでくれたから良かったのではあるが……)。ということは、私が気づかないうちに「丸パクリ」となっているような箇所もあるかもしれない。できる限りそういう箇所がないように引用という形で元となったものを記そうとしたが、うまく行っているかはわからない。

この場で感謝をしたいことが山のようにあるのだが、どのようにすれば良いのかわからないのである。だから、私は直接会って謝辞を伝えに行くことにした。遠く離れていたり、今はもう会えなくなってしまった人たちにもいずれ会えると信じ、そのときに直接ありがとうと伝えたいと思う。

そしてここまで読んでくださった読者の皆様に、本当に感謝しています。ありがとうございました。

稲垣智則

文献

序　狂気について

カミュ（清水徹訳）（1969）『シーシュポスの神話』新潮文庫
ドストエフスキー（江川卓訳）（2004）『悪霊 上・下』新潮文庫
ドストエフスキー（工藤精一郎）（1987）『罪と罰 上・下』新潮文庫
ジョルジュ・バタイユ（酒井健訳）（2004）『エロティシズム』ちくま学芸文庫
ジョルジュ・バタイユ（中条省平訳）（2006）『目玉の話／マダム・エドワルダ』光文社古典新訳文庫

一　ヒトとモノ

中井久夫（2011）『世に棲む患者』ちくま学芸文庫
Baron-Cohen, S. (2012) : *The Science of Evil: On Empathy and the Origins of Cruelty*. Basic Books.
奈良本辰也・駒敏郎訳（2006）『葉隠』中公クラシックス
幸田露伴（1912）『努力論』東亜堂

二　恋愛について

ジョルジュ・バタイユ（酒井健訳）（2004）『エロティシズム』ちくま学芸文庫
ジョルジュ・バタイユ（中条省平訳）（2006）『目玉の話／マダム・エドワルダ』光文社古典新訳文庫
エーリッヒ・フロム（鈴木晶訳）（1991）『愛するということ』紀伊國屋書店
小林秀雄（1961）『モオツァルト・無常という事』新潮文庫
井筒俊彦（1991）『意識と本質―精神的東洋を索めて』岩波文庫

福田和也（2001）『悪の恋愛術』講談社現代新書
スタンダール（大岡昇平訳）（1970）『恋愛論』新潮文庫
土居健郎（1971）『甘えの構造』弘文堂
Heider, F. (1958)：*The psychology of interpersonal relations*. John Wiley & Sons.
Balint, M. (1959)：*Thrills and Regressions*. Maresfield library.
中井久夫（2010）『隣の病い』ちくま学芸文庫
中井久夫（2011）『世に棲む患者』ちくま学芸文庫

三　愛すること
ドストエフスキー（工藤精一郎）（1987）『罪と罰 上・下』新潮文庫
ミヒャエル・エンデ（上田真而子・佐藤真理子訳）（1982）『はてしない物語』岩波書店
和辻哲郎（1979）『風土』岩波文庫
井筒俊彦『井筒俊彦全集 第九巻』慶應義塾大学出版会
エーリッヒ・フロム（鈴木晶訳）（1991）『愛するということ』紀伊國屋書店

四　話を聴くこと
中井久夫（2014）『精神科治療の覚書』日本評論社
横木安良夫（2004）『ロバート・キャパ最後の日』東京書籍

五　共感について
ヴァン・ゴッホ（エミル・ベルナール編　硲伊之助訳）（1978）『ゴッホの手紙　上・中・下』岩波文庫

伊東博・村山正治訳（2001）『ロジャーズ選集（上）』誠心書房
ダーウィン（浜中浜太郎訳）（1931）『人及び動物の表情について』岩波文庫

六　思い込みについて
コナン・ドイル（延原謙訳）（1953）『緋色の研究』新潮文庫
内田樹（2012）『街場の読書論』太田出版

七　仕事について
ヒポクラテス（小川政恭訳）（1963）『古い医術について―他八篇』岩波文庫
スタンレー・ミルグラム（山形浩生訳）（2008）『服従の心理』河出書房新社
中井久夫（2011）『世に棲む患者』ちくま学芸文庫
中井久夫（2004）『徴候　記憶　外傷』みすず書房

八　目減りするものと増えていくもの
N・クォールズ・コルベット（菅野信夫・高石恭子訳）（1998）『聖娼―永遠なる女性の姿』日本評論社
ユング（林道義・磯上恵子訳）（2000）『転移の心理学』みすず書房
小林秀雄（1976）『考えるヒント3』文春文庫
小林秀雄（2013）『直観を磨くもの：小林秀雄対話集』新潮文庫
内田樹（2008）『知に働けば蔵が建つ』文春文庫
内田樹（2015）『困難な成熟』夜間飛行
ショウペンハウエル（斎藤忍随訳）（1983）『読書について他二篇』岩波文庫

土居健郎（1965）『精神分析と精神病理』医学書院
Winnicott, D.W., Winnicott, C.（1982）：*Playing and Reality*. London. Routledge.
ヨーゼフ・ブロイヤー／ジークムント・フロイト（金関猛訳）（2004）『ヒステリー研究』ちくま学芸文庫
上村 勝彦訳（1992）『バガヴァッド・ギーター』岩波文庫
辻直四郎訳（1980）『バガヴァッド・ギーター』講談社
プラトン（藤沢令夫訳）（1979）『国家 上・下』岩波文庫
トルーマン・カポーティ（村上春樹訳）（2008）『ティファニーで朝食を』新潮文庫
マイケル・ゲルヴェン（長谷川西涯訳）（2000）『ハイデッガー『存在と時間』註解』ちくま学芸文庫
ロレンス（伊藤整・伊藤礼翻訳）（1996）『チャタレイ夫人の恋人』新潮文庫
河合隼雄（1982）『昔話と日本人の心』岩波書店

稲垣　智則（いながき　とものり）
一九七八年　東京都生まれ
二〇〇一年　上智大学文学部　心理学科卒業
二〇〇三年　上智大学文学研究科　心理学専攻　博士前期課程　臨床心理学コース修了
二〇〇八年　上智大学文学研究科　心理学専攻　博士後期課程　単位取得後退学
現　　在　東海大学　課程資格教育センター　教育学研究室　講師
臨床心理士

狂気へのグラデーション

発　行　二〇一六年七月二〇日
著　者　稲垣智則
発行者　橋本敏明
発行所　東海大学出版部
〒二五九－一二九二
神奈川県平塚市北金目四－一－一
電話〇四六三（五八）七八一一
ＦＡＸ〇四六三（五八）七八三三
URL http://www.press.tokai.ac.jp/
振替〇〇一〇〇－五－四六六一四
印刷所　港北出版印刷株式会社
製本所　誠製本株式会社

ISBN978-4-486-02113-1